FUNCTIONAL PROGRAMMING IN JAVASCRIPT

함수형 자바스크립트

함수형 자바스크립트 모던 웹 개발에 충실한 실전 함수형 프로그래밍 안내서

초판 1쇄 발행 2018년 2월 1일

지은이 루이스 아텐시오 / **옮긴이** 이일웅 / **펴낸이** 김태헌
펴낸곳 한빛미디어(주) / **주소** 서울시 서대문구 연희로2길 62 한빛미디어(주) IT출판부
전화 02-325-5544 / **팩스** 02-336-7124
등록 1999년 6월 24일 제10-1779호 / **ISBN** 979-11-6224-042-7 93000

총괄 전태호 / **책임편집** 김창수 / **기획 · 편집** 이상복
디자인 표지 박정화 내지 김연정 조판 백지선
영업 김형진, 김진불, 조유미 / **마케팅** 박상용, 송경석, 변지영 / **제작** 박성우, 김정우

이 책에 대한 의견이나 오탈자 및 잘못된 내용에 대한 수정 정보는 한빛미디어(주)의 홈페이지나 다음 이메일로
알려주십시오. 잘못된 책은 구입하신 서점에서 교환해드립니다. 책값은 뒤표지에 표시되어 있습니다.

한빛미디어 홈페이지 www.hanbit.co.kr / 이메일 ask@hanbit.co.kr

지금 하지 않으면 할 수 없는 일이 있습니다.
책으로 펴내고 싶은 아이디어나 원고를 메일(writer@hanbit.co.kr)로 보내주세요.
한빛미디어(주)는 여러분의 소중한 경험과 지식을 기다리고 있습니다.

FUNCTIONAL PROGRAMMING IN JAVASCRIPT

함수형 자바스크립트

모던 웹 개발에 충실한 실전 함수형 프로그래밍 안내서

루이스 아텐시오 지음

이일웅 옮김

지은이 · 옮긴이 소개

지은이 **루이스 아텐시오** Luis Atencio

시트릭스 시스템즈의 선임 소프트웨어 엔지니어. 컴퓨터 과학 학사 및 석사 학위를 취득하고 10년간 자바, PHP, 자바스크립트 등으로 엔터프라이즈 애플리케이션을 구축해왔습니다. 왕성한 커뮤니티 활동을 하면서 지역 모임과 콘퍼런스에 자주 참가합니다. 본서 외 저서로『RxJS in Action』(Manning, 2017),『Functional PHP』(Leanpub, 2016) 등이 있습니다.

옮긴이 **이일웅** leeilwoong@gmail.com

12년 동안 자바/스칼라 개발자, 애플리케이션 아키텍트로 활동하며 엔터프라이즈 프로젝트 현장을 누벼온 야전형 정보 기술자. 동시에 한 여인과 두 딸의 사랑을 한 몸에 받고 사는 행복한 딸바보입니다. 한양대학교에서 기계공학을 전공했고, 미국 조지아 공과대학교에서 산업시스템공학 석사 학위를 마쳤습니다. 2014년 이후로 십수 권의 IT 전문서를 번역하며 동료, 후배 개발자와 지식, 경험을 나누는 일에도 힘쓰고 있습니다. 시간이 나면 피아노를 연주합니다.

옮긴이의 말

요즘 '함수형'이라는 단어가 포함된 책 제목이 심심찮게 눈에 띄고 제 주변에서도 업무 시간에 틈나는 대로 함수형 프로그래밍 학습을 하는 분들이 더러 계신 걸 보면 확실히 3~4년 전 제가 처음 함수형 길들이기를 했던 시절과는 분위기가 많이 달라진 것 같습니다. 더욱이 자바 8 버전이 실무 현장에도 많이 보급되면서 람다 표현식을 구사하는 정도에 그치지 않고 전반적인 함수형 프로그래밍의 독특한 사고방식과 스타일에 관심을 갖고 제대로 배워보려는 개발자가 부쩍 늘었습니다.

하지만 범주론 같은 수학 이론부터 제대로 익히고 하스켈, 클로저 같은 순수 함수형 언어로 입문하기엔 시간이 너무 부족하고 할 일은 너무 많지요. 그렇다고 스칼라 같은 새로운 언어를 배우면서 함수형 사고방식을 깨우치려면 상당한 결심과 각오가 필요하고 중도 포기할 리스크가 꽤 높습니다.

이 책은 모든 개발자들에게 가장 인기 있고 친숙한 언어인 자바스크립트를 통해 함수형 프로그래밍의 세계로 여러분을 안내하기 때문에 일단 새로운 언어를 받아들여야 할 부담도 없고, 커링, 부분 적용, 모나드 등 함수형에서 자주 나오는 핵심 개념들을 최단 시간 내에 학습할 수 있습니다. 물론 자바스크립트가 그리 만만하게 생각할 언어가 아니라는 사실은 이미 경험자이라면 잘 아시겠지만, 그래도 처음 보는 생경한 언어에 수수께끼 같은 구문이 난무하는 몇몇 다른 함수형 도서와 비교하면 여러분의 초기 투자 비용과 학습 시간을 월등히 줄여줄 거라고 확신합니다.

밤에 눈 비비며 짬짬이 옮기느라 부족하기 짝이 없는 역서지만 많은 개발자 선후배에게 좋은 안내서가 되길 바라며, 번역을 맡겨주신 한빛미디어 김창수 팀장님과 이상복 과장님, 그리고 주말, 휴일에 많이 놀아주지 못해 늘 미안한 두 딸, 제이, 솔이, 그리고 사랑하는 아내에게 고마움을 전합니다. 언제나 둘째 아들에게 변함없는 믿음과 사랑을 보내주신 부모님께 진심으로 감사드립니다.

2017년 유난히 무더운 여름에
이일웅

필자가 학부, 대학원 시절에 듣던 수업들은 대개 객체지향 디자인 방법론에 초점을 두고 소프트웨어 시스템 아키텍처를 설명했습니다. 그래서 당시 많은 개발자들처럼 필자도 객체지향 언어로 커리어를 시작했고 온전히 객체지향 스타일로 시스템을 개발했습니다.

개발 경력 전반에 걸쳐 뒤이어 등장한 프로그래밍 언어도 열심히 공부했지요. 새롭고 기발한 뭔가가 없을까, 하는 마음도 있었고, 언어마다 독특한 설계 개념이나 철학에 구미가 당겼습니다. 새로운 언어를 배우면서, 새로운 패러다임을 받아들이면서 소프트웨어 문제를 다른 관점에서 접근하게 되었지요. 아직까진 객체지향이 소프트웨어 설계 방법론의 대세지만, 여러분이 함수형 프로그래밍을 지금 공부해두면 새롭고 유용한 기법에 눈을 뜨게 되어 그 자체로, 아니면 다른 애플리케이션 설계 패러다임과 함께 활용할 수 있을 것입니다.

사실 필자는 이미 오래전에 나온 함수형 프로그래밍 개념을 처음엔 대수롭지 않게 여겼습니다. 하스켈, 리스프, 스킴, 그리고 최근에 나온 스칼라, 클로저, F# 등 함수형 언어의 표현성과 이들 언어를 응용한 플랫폼이 매우 생산적이라는 얘기는 익히 들은 바 있었습니다. 하지만 자바처럼 전통적으로 코드가 장황한 언어조차 함수형 장치를 달면 코드가 간결해집니다. 결과적으로 대수롭지 않게 여겼던 일이 이제는 피할 수 없는 현실이 됐습니다. 더구나 모든 개발자가 즐겨 쓰는 객체지향 언어인 자바스크립트마저 180도 방향을 틀어 함수형으로 전환할 수 있게 됐고, 그것이 자바스크립트를 가장 강력하고 효과적으로 활용할 수 있는 길임이 밝혀졌습니다. 필자는 깨달음을 얻기까지 오랜 시간이 걸렸지만, 여러분은 이 책을 읽고 함수형 자바스크립트를 공부해서 왜 자바스크립트 코드는 복잡할 수밖에 없는 것인지 더 이상 의문을 품지 않길 희망합니다.

필자는 줄곧 개발자로 일해오면서 함수형 프로그래밍의 원리를 응용하여 코드를 더 모듈화하고, 표현적이면서 탄탄하게, 헤아리기 쉽고 테스트하기 쉬운 방향으로 코딩하는 방법을 체득했습니다. 말할 나위 없이 함수형 프로그래밍은 소프트웨어 개발자인 필자에게 지대한 영향을 끼쳤지요. 산전수전 경험을 책으로나마 많은 분들과 공유하고 싶은 마음에 자연스레 매닝 출판사에 연락을 했고, 다트 언어에 기반을 둔 함수형 프로그래밍 책을 쓰고 싶다는 의견을 피력했습니다. 당시 필자는 다트 언어에 푹 빠져 있었고 그간 쌓아온 함수형 배경지식을 이 언어와 잘 접목하면 미지의 신세계를 개척하는 일처럼 재미있겠다고 생각했습니다. 제안서를 썼고 일주일 뒤 담당자를 만나러 갔는데, 출판사 측에서는 자바스크립트 함수형 프로그래밍 도서를 기획 중이라는 사실을 알게 되었죠. 자바스크립트는 필자가 완전히 심취하다시피 한 언어라 이것저것 따져볼 것도 없이 기회를 거머쥐었습니다. 이렇게 쓰인 책을 독자 여러분이 열독하고 함수형 기술을 잘 배워 새로운 방향으로 개발하는 계기가 되었으면 합니다.

감사의 말

책 한 권 쓴다는 게 그리 녹록한 일이 아니더군요. 지금 여러분의 손에 들려 있는(또는 모니터로 보고 있는) 원고 한 줄 한 줄이 많은 분의 다양한 재능과 불굴의 정성으로 맺어진 결실입니다.

양질의 기술 도서를 만들겠다는 일념으로 헌신하고 애써주신 매닝 편집팀 여러분께 진심으로 감사합니다. 팀원 여러분이 아니었으면 이 책은 빛을 보지 못했을 겁니다. 특히 저자인 저와 이 책의 아이디어를 끝까지 밀어주신 마르얀 베이스Marjan Bace, 마이크 스티븐스Mike Stephens, 글 쓰는 내내 미궁에서 헤쳐나갈 등댓불을 밝혀 주신 마리나 마이클스Marina Michaels, 기술 전문서는 이렇게 쓰는 거라고 초단기 특강을 해주신 수전 코넌트Susan Conant, 집필 초기 창조적 영감을 주고 프로그래밍 교수법에 관한 놀라운 식견을 심어주신 버트 베이츠Bert Bates, 그 밖에 메리 피어지스Mary Piergies, 재닛 베일Janet Vail, 케빈 설리번Kevin Sullivan, 티파니 테일러Tiffany Taylor, 케이티 테넌트Katie Tennant, 데니스 달리니크Dennis Dalinnik 등 물밑에서 고생하신 편집/제작팀 여러분 모두 고맙습니다!

잘못된 코드 및 오탈자를 찾고 용어를 바로잡고 토픽을 제안해주신 알렉산더 드라고사블레비치Aleksandar Dragosavljevic가 이끈 기술 감수팀 여러분, 에이미 텅Amy Teng, 앤드루 메러디스Andrew Meredith, 베키 휴엣Becky Huett, 대니얼 램Daniel Lamb, 데이비드 바르콜David Barkol, 에드 그리벨Ed Griebel, 에프란 코비시Efran Cobisi, 에즈라 시멜로프Ezra Simeloff, 존 시어John Shea, 켄 후쿠야마Ken Fukuyama, 피터 에드워즈Peter Edwards, 수바시스 고시Subhasis Ghosh, 테너 슬레이턴Tanner Slayton, 토르슈텐 수츠쿠스Thorsten Szutzkus, 윌프레도 만리케Wilfredo Manrique, 윌리엄 E. 휠러William E. Wheeler, 이링 루Yiling Lu와 포럼 기고자 여러분께도 고마움을 표합니다. 감수 과정을 거치면서 포럼 토픽에서 전달된 여러분의 피드백 덕분에 원고가 좀 더 나은 방향으로 다듬어졌습니다.

기술 편집자 딘 아이버슨Dean Iverson, 교정자 대니얼 램Daniel Lamb, 그리고 책 전반에 걸쳐 문제가 없는지 꼼꼼히 살펴주신 브라이언 하나피Brian Hanafee에게도 특별히 감사드립니다. 더 이상 바랄 것 없는 최고의 기술 편집인이시죠.

마지막으로, 늘 저를 격려하고 힘을 북돋워준 제 아내와, 이 책을 쓰는 하루하루 조금씩 더 나은 제가 될 수 있게 허락하고, 뜸하게 연락해도 이유를 따지지 않고 배려해준 가족들, 고맙습니다! 사전 출간된 장별 원고를 구입하고 읽어준 회사 동료 여러분도 감사드립니다. 이렇게 멋진 분들과 함께 즐겁게 일할 수 있어 늘 감사할 따름입니다.

이 책에 대하여

복잡성complexity은 잘 길들여야 할 야수와도 같습니다. 완전히 없애기란 불가능하고 소프트웨어 개발에서 필연적으로 따라오지요. 그럼, 코드가 복잡해지지 않게 하려면 어떻게 해야 할까요? 필자는 이 질문에 답하기 위해 지금까지 셀 수 없이 많은 시간과 막대한 지력을 소모했습니다. 복잡성을 다스리는 비결은, 코드베이스의 크기가 커질수록 복잡성이 증가하지 않도록 붙잡아 두는 것입니다. 바로 여기서 함수형 프로그래밍이 요긴하게 쓰이지요. 자바스크립트는 지금 그 어느 때보다 활용도가 높은 언어입니다. 자그마한 클라이언트 측 이벤트 처리 정도로 쓰이던 자바스크립트는 제법 육중한 아키텍처로, 이제는 완벽한 동형isomorphic (서버 + 클라이언트) 애플리케이션 제작 언어로까지 발전했습니다. 함수형 프로그래밍은 도구가 아니라, 어떤 환경이든 똑같이 적용 가능한, 하나의 사고 체계입니다.

이 책은 ECMAScript 6(이하 ES6) 명세를 따르는 자바스크립트 언어를 사용하여 여러분의 코드에 함수형 프로그래밍 기법을 적용하는 방법을 설명하고, 함수형 프로그래밍의 이론적, 실제적 내용을 차근차근, 단계별로 소개합니다. 고급 독자들이 점점 더 어려운 개념을 심화 학습할 수 있는 내용도 군데군데 추가했습니다.

책의 구성

이 책은 총 3개 부, 8개 장으로 구성되어, 함수형 프로그래밍의 근본 요소부터 실전 응용에 관한 고급 지식의 세계로 여러분을 안내합니다.

1부 함수형으로 사고하기: 함수형 자바스크립트의 전체 그림을 높은 곳에서 조망합니다. 자바스크립트를 함수형으로 사용하고 함수형 프로그래머로 사고하기 위해 꼭 필요한 핵심을 짚습니다.

- **1장**: 2장부터 설명할 함수형 프로그래밍의 핵심 개념을 소개하고 함수형 세계에 뛰어들 준비운동을 합니다. 순수함수, 부수효과, 선언적 프로그래밍 등 함수형 프로그래밍의 중심 사상을 이야기합니다.

- **2장**: 초/중급 자바스크립트 개발자에게 적합한 지식을 다룹니다. 일정 수준 이상의 고급 개발자에겐 기억을 되살리는 복습이 될 겁니다. 2부에서 본격적으로 함수형 기법을 배우기 앞서 알아야 할 기본적인 프로그래밍 개념도 간간이 넣었습니다.

2부 함수형으로 전환하기: 함수 체인, 커링, 합성, 모나드 등 함수형 프로그래밍의 핵심 기법을 집중 조명합니다.

- **3장**: 함수 체인을 소개하고, 로대시JS 프레임워크로 map, filter, reduce 같은 고계함수와 재귀를 조합하여 프로그램을 작성하는 방법을 설명합니다.
- **4장**: 커링과 합성이라는 중요한 코드 모듈화 기법을 배웁니다. 람다JS 같은 함수형 프레임워크를 사용해 작은 자바스크립트 코드를 합성으로 이어 붙여 전체 프로그램을 완성합니다.
- **5장**: 함수형 프로그래밍의 좀 더 이론적인 세계로 파고들어, 에러를 처리할 때 함수자와 모나드를 어떻게 활용하는지 차근차근 폭넓게 이해합니다.

3부 함수형 스킬 갈고닦기: 함수형 프로그래밍을 실무에 응용하면 어떤 점이 좋은지 알아봅니다.

- **6장**: 원래 함수형 프로그램은 단위 테스트하기 쉬울 뿐만 아니라, **속성 기반 테스트**라는 철저하고 자동화한 테스트를 가능케 합니다. 이에 대해 살펴봅니다.
- **7장**: 자바스크립트가 함수를 어떻게 평가하는지, 내부적인 메모리 모델을 살펴봅니다. 함수형 자바스크립트 애플리케이션의 실행 시간을 최적화하는 데 도움이 되는 기법도 함께 설명합니다.
- **8장**: 이벤트 중심 및 비동기 로직을 다룰 때 자바스크립트 개발자가 일상에서 맞닥뜨리는 여러 가지 난제 중 일부를 소개합니다. 함수형 프로그래밍은 RxJS로 구현된 리액티브 프로그래밍이라는 연관 패러다임을 통해 기존 명령형 프로그램의 복잡도를 획기적으로 줄일 방안을 제시합니다.

대상 독자

이 책은 객체지향의 기본 개념을 이해하고 현대 웹 애플리케이션의 여러 난제들을 두루 알고 있는 자바스크립트 개발자를 대상으로 합니다. 자바스크립트는 워낙 광범위하게 쓰이는 언어이므로, 굳이 하스켈을 배우는 대신 익숙한 구문을 보며 함수형 프로그래밍에 입문하려는 독자에게 안성맞춤입니다(여러분이 하스켈을 좀 더 쉽게 배울 방법을 찾고 있다면, 언어마다 표현하는 방법이 독특하므로 하스켈을 직접 공부하는 편이 가장 빠를 겁니다).

이 책은 초/중급 개발자들이 고계함수, 클로저, 함수 커링/합성 등의 개념과 람다 표현식, 이터레이터, 제너레이터, 프라미스 같은 ES6의 새로운 기법들을 동시에 익히며 한 단계 스킬업을 할 수 있게 안내합니다. 고급 개발자들도 모나드, 리액티브 프로그래밍을 폭넓게 이해하는 즐거움을 누리면서, 이벤트 중심 및 비동기 코드를 다루는 고된 작업을 전혀 새로운 방식으로 접근하여 자바스크립트 플랫폼의 가능성을 최대한 끌어올릴 수 있게 도와줍니다.

이 책을 읽는 방법

함수형 프로그래밍이 낯선 초/중급 자바스크립트 개발자는 1장부터 정독하세요. 내공이 상당한 자바스크립트 개발자는 2장까지 대충 훑어보고 함수 체인 및 함수형 설계 전반을 다루는 3장으로 직행해도 좋습니다.

순수함수, 커링, 합성을 어느 정도 이해한 고수 개발자라면 4장까지 재빨리 읽고 함수자, 모나드가 등장하는 5장부터 시작하세요.

예제와 소스 코드

이 책의 예제는 ES6 자바스크립트 코드로 작성되었기 때문에 서버(노드JS), 클라이언트 어느 쪽이든 똑같이 실행됩니다. 입출력을 일으키고 브라우저 DOM API를 쓰는 예제도 더러 있지만 브라우저 호환성은 걱정하지 않아도 좋습니다. HTML 페이지, 콘솔의 기본적인 사용법은 여러분이 알고 있다고 가정합니다. 특정 브라우저에서만 실행 가능한 자바스크립트 코드는 없습니다.

또 이 책은 로대시JS, 람다JS 등 함수형 자바스크립트 라이브러리를 아주 많이 씁니다. 자세한 API 문서와 설치 매뉴얼은 부록을 참고하세요.

함수형 기법을 설명하면서 명령형/함수형 설계를 비교하는 예제 코드가 꽤 길게 이어지는 경우도 있습니다. 예제 코드는 깃허브 https://github.com/luijar/functional-programming-js 에서 내려받을 수 있습니다.[1]

---

1 역주_ 한국어판 예제 코드는 역자의 깃허브 https://github.com/nililee/functional-programming-js 에서 내려받을 수 있습니다.

CONTENTS

Part I 함수형으로 사고하기

CHAPTER 1 함수형 길들이기

CHAPTER 2 고계 자바스크립트

Part II 함수형으로 전환하기

CHAPTER 3 자료구조는 적게, 일은 더 많이

CONTENTS

CHAPTER 4 재사용 가능한, 모듈적인 코드로

CHAPTER 5 복잡성을 줄이는 디자인 패턴

CONTENTS

CHAPTER 8 비동기 이벤트와 데이터를 관리

CONTENTS

함수형으로 사고하기

이 글을 읽는 여러분은 대부분 객체지향 언어로 애플리케이션을 구축해온 전문 개발자일 것입니다. 함수형 프로그래밍은 책, 블로그, 포럼, 잡지 기사에서 한번 들어보긴 했지만 함수형 코드를 직접 짜본 경험은 없겠죠. 다들 마찬가지니 겁먹지 마세요. 필자도 지금까지 거의 객체지향 환경에서 개발을 해왔으니까요. 함수형 코드는 작성하기 어렵진 않지만, 오랫동안 틀에 박힌 습관에서 벗어나 함수형으로 사고하는 법을 배우기란 결코 쉽지 않습니다. 1부는 여러분이 2, 3부에서 살펴보게 될 함수형 기법을 온전히 받아들일 수 있도록 기초를 닦고 준비운동을 하는 과정입니다.

1장은 함수형 프로그래밍의 정의를 내리고 함수형을 받아들이려면 어떤 마음가짐을 가져야 하는지 알아봅니다. 순수함수, 불변성, 부수효과, 참조 투명성에 기반을 둔, 아주 중요한 기법 몇 가지도 함께 소개합니다. 함수형 코드의 근간을 이루는 기본 기술을 익혀 여러분이 함수형으로 쉽게 전환되도록 이끌고, 2장 이후로 여러 설계 결정을 내리는 데 필수적인 기초 원리를 제공합니다.

2장은 일단 자바스크립트를 함수형 언어로 바라봅니다. 자바스크립트는 워낙 널리 쓰이는 언어라 함수형 언어를 가르치기에 이상적인 언어입니다. 내공이 상당한 자바스크립트 개발자가 아니라도 이 장을 읽고 나면 고계함수, 클로저, 스코핑 규칙 등 함수형 자바스크립트를 이해하는 데 필요한 지식을 빠르게 흡수할 수 있습니다.

함수형으로 사고하기

함수형 길들이기

이 장의 내용

◆ 함수형 사고방식

◆ 함수형 프로그래밍의 정의와 필요성

◆ 불변성, 순수함수 원리

◆ 함수형 프로그래밍 기법 및 그것이 설계 전반에 미치는 영향

> *"객체지향(OO)은 가동부*^{moving parts}*를 캡슐화하여 코드의 이해를 돕는다.*
> *함수형 프로그래밍(FP)은 가동부를 최소화하여 코드의 이해를 돕는다."*
>
> *– 마이클 페더스*Michael Feathers*, 트위터에 쓴 글에서*

독자 여러분은 객체지향/구조적 설계에 관한 실무 지식을 보유한 자바스크립트 개발자로, 함수형 프로그래밍에 관심이 많아 이 책을 읽게 되었을 겁니다. 혼자 애써 공부는 했지만 함수형 프로그래밍을 개인/업무 프로젝트에 제대로 활용해본 적은 없겠죠. 어쨌든, 여러분의 목표는 자신의 개발 실력을 끌어올려 코드 품질을 드높이는 것일 테니, 지금부터 이 책이 그 목표를 달성하게 도와드리겠습니다.

웹 플랫폼은 굉장히 빠른 속도로 발전 중이고 브라우저 역시 꾸준히 진화하고 있지만, 무엇보다 요즘은 최종 사용자들의 요건이 웹 애플리케이션 설계 방식에 지대한 영향을 미칩니다. 사람들은 유려한 외관에 리액티브 위젯이 달린, 네이티브 데스크톱/모바일 앱처럼 움직이는 웹 애플리케이션을 선호하지요. 그러다 보니 자바스크립트 개발자들은 여러 가지 구현 방안을 모

색하면서 그중 최선의 결과를 내는 프로그래밍 패러다임과 최상의 지침을 적용하기 시작했습니다.

개발자의 본능은 확장성 좋고 깔끔한 애플리케이션 아키텍처를 구축하는 데 유용한 프레임워크에 끌리지만, 현행 코드베이스는 이미 너무 복잡해진 상태라서 기본 설계 원리부터 다시 검토해야 하는 어려움이 있습니다. 사실 자바스크립트 개발자 입장에서 오늘날 웹은 수년 전 웹과는 근본적으로 다릅니다. 과거에 기술적으로 거의 불가능했던 일들이 지금은 얼마든지 구현 가능하지요. 노드JS로 대규모 서버 측 애플리케이션을 개발할 수도 있고, 기반 서버는 가볍게 하되 비즈니스 로직은 대부분 클라이언트 측에 심을 수도 있습니다. 여하튼, 요즘 개발자는 저장소와 통신하면서 비동기 프로세스를 생성하고 이벤트를 처리하는 등 다양한 기술을 섭렵해야 합니다.

어떤 문제는 객체지향 설계 방식으로도 해결할 수 있지만, 자바스크립트는 상태 공유가 보편적인, 참으로 동적인 언어라서 조금만 시간이 지나도 복잡해지면서 가독성이 떨어지고 관리하기 어려운 코드가 되기 일쑤입니다. 객체지향 설계 방향이 잘못된 건 아니지만 현실의 문제를 해결하기엔 역부족이죠. 최근 유행하기 시작한 **리액티브 프로그래밍**reactive programming은 데이터 흐름 data flow과 변경 전파propagation of change에 초점을 둡니다. 자바스크립트로 비동기 또는 이벤트 중심 event-driven 코드를 다룰 때에도 이런 부분이 아주 중요합니다. 전반적으로 보면, 이제 자바스크립트에서도 데이터 및 데이터를 다루는 함수에 대해 진지하게 고민하는 프로그래밍 패러다임이 필요한 시기가 도래했습니다. 여러분이 반드시 자문해봐야 할 애플리케이션의 설계 요소를 정리해보겠습니다.

- **확장성**: 추가 기능을 지원하기 위해 계속 코드를 리팩터링해야 하는가?
- **모듈화 용이성**: 파일 하나를 고치면 다른 파일도 영향을 받는가?
- **재사용성**: 중복이 많은가?
- **테스트성**testability: 함수를 단위 테스트하기 어려운가?
- **헤아리기 쉬움**: 체계도 없고 따라가기 어려운 코드인가?

이 중 한가지라도 "예" 또는 "잘 모르겠는데요"라고 대답했다면 이 책은 여러분의 생산성을 높여주는 적합한 안내서일 것입니다. **함수형 프로그래밍**functional programming (FP)이 바로 여러분을 구원해줄 프로그래밍 패러다임이니까요. 단순한 개념에 근거한 FP는 문제를 다른 사고방식으로 바라봅니다. FP는 새로운 도구나 API가 아닙니다. 하지만 FP의 기본 원리를 깨치고 나면 전혀 다른 문제 해결 방법이 아주 친근하고 당연하게 여겨질 것입니다.

1장은 함수형 프로그래밍이 무엇인지 살펴보고, 함수형 패러다임이 왜 중요하면서도 유용한지 설명합니다. 불변성immutability, 순수함수pure function의 핵심 원리를 소개하고, 그다음 다양한 FP 기법과 이런 기법이 프로그램 설계 방식에 어떤 영향을 주는지 알아봅니다. FP 기법을 잘 알아두면 리액티브 프로그래밍을 쉽게 배울 수 있는 데다 복잡한 자바스크립트 코딩에 십분 활용할 수 있습니다. 일단 그 전에, 함수형으로 사고하는 것이 왜 중요한지, 자바스크립트 프로그램의 복잡성을 해결하는 데 어떤 도움을 줄 수 있는지 이해해야 합니다.

1.1 함수형 프로그래밍은 과연 유용한가?

함수형 프로그래밍이 요즘처럼 각광받은 적은 없었습니다. 개발 커뮤니티와 주요 소프트웨어 회사들도 FP 기법을 이용하여 강력한 비즈니스 애플리케이션을 구축하는 것이 이롭다는 사실을 깨닫기 시작했지요. 요즘 많이 쓰는 프로그래밍 언어 대부분(스칼라, 자바 8, F#, 파이썬 등)이 네이티브 또는 API 형태로 FP를 지원합니다. 이제 FP 스킬은 수요가 제법 높은 편인데요, 앞으로 수년간 이런 추세는 지속될 전망입니다.

자바스크립트 맥락에서 보면, FP 사고방식은 자바스크립트만의 매우 표현적인 특성을 가다듬어, 깔끔하면서도 모듈적인, 테스트하기 좋고 간결한 코드를 작성하는 데 도움이 됩니다. 결과적으로 업무 능률 또한 높아지지요. 사실 자바스크립트는 함수형 스타일로 작성해야 더 효과적이라는 측면이 오랫동안 간과됐습니다. 자바스크립트라는 언어를 많이들 오해한 부분도 있지만, 언어 내부에 상태를 적절히 관리할 장치가 마땅찮았던 이유도 있습니다. 자바스크립트는 상태 관리를 개발자에게 떠넘기는 동적인 플랫폼이니까요(결국, 각종 애플리케이션 버그를 양산하는 근원이 되었습니다). 짧은 스크립트는 별문제 없지만 코드베이스가 커지면 점점 다루기가 버거워집니다. 필자는 FP가 여러분을 자바스크립트로부터 지켜주는 수호신이라고 믿습니다(자세한 이야기는 2장에서 이어집니다).

자바스크립트 코드를 함수형으로 작성하면 대부분의 문제가 해결됩니다. 순수함수에 기반을 두고 이미 검증된 기법과 관례에 따라 구현하면 코드가 점점 복잡해지더라도 헤아리기 쉬운 방향으로 작성할 수 있습니다. 그야말로 일석이조지요. 전체 애플리케이션 품질을 향상시키는 동시에 자바스크립트 언어를 더 잘 이해하게 되니 스킬도 향상됩니다.

함수형 프로그래밍은 프레임워크나 도구가 아닙니다. 함수형으로 생각하고 코딩하는 건 지금까지 여러분이 객체지향 관점에서 해왔던 것과는 근본적으로 다릅니다. 그럼 어떻게 함수형으로 전환할 수 있을까요? 함수형으로 사고하려면 어디서부터 시작해야 할까요? 일단 본질을 간파하고 나면 함수형 프로그래밍은 아주 직관적입니다. 오랜 잘못된 습관이 가장 고치기 어려운 것이기에 객체지향으로 무장한 대다수 사람들에겐 엄청난 패러다임의 변화처럼 느껴질 수 있습니다. 함수형 사고 체계를 배우기 전에 과연 FP가 무엇인지 알아봅시다.

1.2 함수형 프로그래밍이란?

함수형 프로그래밍이란, 한마디로 함수 사용을 강조하는 소프트웨어 개발 스타일입니다. "어, 저는 벌써 옛날부터 함수를 써오고 있는데요? 뭐가 다른 거죠?" 이렇게 반문하는 사람들도 있겠지요. FP에서는 눈앞에 맞닥뜨린 문제를 조금 다른 사고방식으로 접근해야 합니다. 단지 어떤 결과를 만드는 함수를 적용하는 그런 단순한 차원의 문제가 아닙니다. 진짜 목표는 애플리케이션의 **부수효과**side effect**를 방지**하고 **상태 변이**mutation of state**를 감소**하기 위해 **데이터의 제어 흐름과 연산을 추상**abstract하는 것입니다. 지금은 조금 난해하게 들리겠지만, 각 용어들을 이 책 전반에 걸쳐 하나씩 탐구할 예정입니다.

FP 책은 보통 피보나치 수열을 예로 들며 시작하지만, 필자는 HTML 페이지에 텍스트를 보여주는 간단한 자바스크립트 프로그램으로 시작하겠습니다. 샘플 텍스트는 "Hello World"만 한 게 없겠군요.

```
document.querySelector('#msg').innerHTML = '<h1>Hello World</h1>';
```

> **NOTE_** 함수형 프로그래밍은 특정 도구가 아닌, 하나의 코드 작성 방법이므로 서버(노드JS) 측은 물론, 클라이언트(브라우저 기반) 측에도 적용 가능하다고 했습니다. 이 책에 실린 자바스크립트 예제는 그냥 브라우저 콘솔에서 코드를 실행하면 됩니다. 다른 프로그램은 필요 없습니다.

이 예제는 모든 걸 하드코딩한 단순한 프로그램이라서 메시지를 동적으로 표시할 수 없습니다. 내용이나 형식을 바꾼다든가, 타깃 요소element를 달리한다든지 할 땐 표현식을 전부 재작성해야

하죠. 함수를 만들어 달라지는 부분만 매개변수로 주면 같은 코드를 다시 사용할 수 있습니다.[1]

```
function printMessage(elementId, format, message) {
  document.querySelector(`#${elementId}`).innerHTML =
    `<${format}>${message}</${format}>`;
}

printMessage('msg', 'h1', 'Hello World');
```

분명히 나아지긴 했으나 아직 완벽히 재사용 가능한 코드는 아닙니다. 메시지를 HTML 페이지 대신 파일에 쓴다면 어떨까요? 매개변수가 단순한 스칼라^{scalar} 값이 아닌, 특정 기능을 함수에 추가하여 매개변수로 전달하는, 다시 말해 함수를 매개변수화^{parameterize}하는 전혀 다른 차원의 과정을 떠올려야 합니다. 함수형 프로그램은 함수를 아주 왕성하게 활용합니다. 여러 함수를 서로 합성하고 평가해서 더 많은 기능을 탑재하는 것이 유일한 목표니까요. 그럼, 좀 전의 코드가 함수형으로 접근하면 어떻게 바뀌는지 보겠습니다.

코드 1-1 함수형 printMessage

```
var printMessage = run(addToDom('msg'), h1, echo);

printMessage('Hello World');
```

언뜻 봐도 원래 코드와는 완전 다르네요. 일단 h1은 스칼라 값이 아닌, addToDom, echo와 같은 함수입니다. 작은 함수들을 재료로 새로운 함수를 만들어내는 것처럼 보이네요.

여기엔 그럴 만한 이유가 있습니다. [코드 1-1]은 재사용성과 믿음성^{reliability}이 좋고 이해하기 쉬운, 더 작은 조각들로 프로그램을 나눈 후, 전체적으로 더 헤아리기 쉬운 형태의 프로그램으로 다시 조합하는 과정을 나타냅니다. 모든 함수형 프로그램이 이 기본 원리를 따릅니다. 지금은 여러분 눈에는 run 함수가 addToDom, h1, echo 함수를 차례대로 실행하는 모습이 무슨 마법을 부린 것처럼 보일지도 모릅니다. run 함수는 세 함수를 마치 자전거 체인처럼 연결해서 한 함수의 반환값이 다른 함수의 입력값으로 전달되게끔 합니다.[2] 그래서 echo가 "Hello

---

1 역주_ ES6부터는 템플릿 리터럴(template literal)이라고 하여 백틱(`) 기호 안에 ${표현식} 형태로 표현식을 포함시킬 수 있습니다. 또 긴 문자열 리터럴을 여러 줄에 걸쳐 표시할 경우, 과거에 작은따옴표('), 큰따옴표(")로 해왔던 것처럼 + 기호로 분리할 필요 없이 그대로 다음 줄로 내릴 수 있습니다. 자세한 내용은 https://developer.mozilla.org/en-US/docs/Web/JavaScript/Reference/Template_literals를 참고하세요.

2 임시 함수 run에 관한 자세한 내용은 http://mng.bz/nmax를 참고하세요.

World" 문자열을 반환하면 h1으로 전달되고, 마지막으로 이 함수의 결괏값이 addToDom에 넘어갑니다.

함수형 코드는 왜 이런 모습일까요? 기본적으로, 마치 알고리즘의 초기 조건을 조정하듯, 본연의 기능은 그대로 간직한 채 코드를 쉽게 변경하기 위해 코드 자체를 매개변수화하는 것입니다. 이렇게 하면 내부 로직은 하나도 안 고치고도 예를 들어 printMessage가 메시지를 2회 표시하게, 헤더는 h2 요소로, DOM 대신 콘솔에 출력하게 변경하는 일도 수월해집니다.

코드 1-2 printMessage를 확장

```
var printMessage = run(console.log, repeat(2), h2, echo);

printMessage('Get Functional');
```

이처럼 시각적으로 명료한 접근 방법은 우연한 부산물이 아닙니다. 함수형/비함수형 해법을 견주어보면 근본적으로 스타일이 다르다는 걸 알 수 있습니다. 결과는 같지만 코드는 완전 딴판이지요. FP 특유의 선언적 개발 방식 때문에 그렇습니다. 함수형 프로그래밍을 온전히 이해하려면, 먼저 그 이면에 깔려 있는 다음 기본 개념을 숙지해야 합니다.

- 선언적 프로그래밍
- 순수함수
- 참조 투명성
- 불변성

1.2.1 함수형 프로그래밍은 선언적

함수형 프로그래밍은 큰 틀에서 **선언적**declarative 프로그래밍 패러다임에 속합니다. 내부적으로 코드를 어떻게 구현했는지, 데이터는 어떻게 흘러가는지 밝히지 않은 채 연산/작업을 표현하는 사상이지요. 아직은 자바, C#, C++ 등의 구조적/객체지향 언어가 지원하는 **명령형**imperative 또는 **절차적**procedural 모델이 더 많이 쓰입니다. 명령형 프로그램은 어떤 결과를 내기 위해 시스템의 상태를 변경하는 구문을 위에서 아래로 죽 늘어놓은 순차열sequence (수열)에 불과합니다.

숫자 배열의 원소들을 모두 제곱수로 바꾸는 간단한 예제를 봅시다. 명령형으로 짠 코드는 이런 모습이겠죠.

```
var array = [0, 1, 2, 3, 4, 5, 6, 7, 8, 9];
for(let i = 0; i < array.length; i++) {
  array[i] = Math.pow(array[i], 2);
}
array; //-> [0, 1, 4, 9, 16, 25, 36, 49, 64, 81]
```

명령형 프로그래밍은 컴퓨터에게 원하는 작업(루프를 반복하면서 각 숫자의 제곱수를 계산)을 **어떻게** 하는지 상세히 이릅니다. 사실 이게 가장 흔한 코딩 방법이고 여러분도 처음에 이런 코드를 떠올렸을 겁니다.

이와 달리 선언적 프로그래밍은 프로그램의 서술부description와 평가부evaluation를 분리하여, 제어 흐름이나 상태 변화를 특정하지 않고도 프로그램 로직이 무엇인지를 **표현식**expression으로 나타냅니다. SQL 구문도 선언적 프로그래밍의 한 예입니다. SQL 쿼리를 보면, 데이터를 실제로 가져오는 내부 메커니즘은 추상한 상태에서 그 결과가 어떻게 나와야 하는지를 구문으로 서술합니다. 3장에서는 함수형 코드를 SQL 쿼리처럼 써서 애플리케이션 및 그 안에서 흘러가는 데이터에 모두 의미를 부여하는 예제를 살펴봅니다.

같은 작업이라도 함수형으로 접근하면, 개발자가 각 요소를 올바르게 작동시키는 일에만 전념하고 루프 제어는 시스템의 다른 파트에 일임할 수 있습니다. 다음과 같이 힘든 일은 Array.map()에게 모두 맡기면 그만이지요.

```
[0, 1, 2, 3, 4, 5, 6, 7, 8, 9].map(
  function(num) {
    return Math.pow(num, 2);      ◁—┤ map은 각 숫자의 제곱수를
  }                                   계산하는 함수를 받습니다.
);

//-> [0, 1, 4, 9, 16, 25, 36, 49, 64, 81]
```

이전 코드와 비교하면 루프 카운터를 관리하고 배열 인덱스에 정확하게 접근하는 일 따위는 개발자가 신경 쓸 필요가 없어 부담이 줄어듭니다. 사실 코드가 길어지면 버그가 날 가능성도 높아지고, 일반 루프는 함수로 추상하지 않는 한 재사용 자체가 안 됩니다. 지금부터 우리가 할 일이 바로 함수로 추상하는 작업입니다. 3장에선 수동 루프를 완전히 들어내고 함수를 매개변수로 받는 map, reduce, filter 같은 일급 고계함수higher-order function를 이용해 재사용성, 확장성이 우수한 선언적 코드로 대체합니다. [코드 1-1], [코드 1-2]에서 마법 함수 run으로 한 일도 같은 맥락입니다.

루프를 함수로 추상하면 ES6부터 새로 선보인 **람다 표현식**lambda expression이나 **화살표 함수**arrow function를 쓸 수 있습니다. 람다 표현식은 함수 인수[3]로 전달 가능한 익명 함수anonymous function를 대체할 수 있는 깔끔한 수단입니다. 코드도 덜 쓰면서 말이죠.

```
[0, 1, 2, 3, 4, 5, 6, 7, 8, 9].map(num => Math.pow(num, 2));
//-> [0, 1, 4, 9, 16, 25, 36, 49, 64, 81]
```

람다 표기를 일반 함수 표기로 전환

람다 표현식은 함수 호출의 구조를 가장 중요한 부분만 남기고 축약하므로 일반 함수 표기보다 구문상 이점이 많습니다. 예를 들어 다음 ES6 람다 표현식을 보죠.

```
num => Math.pow(num, 2)
```

이 함수는 아래 함수와 같습니다.

```
function(num) {
  return Math.pow(num, 2);
}
```

왜 루프를 제거해야 할까요? 루프는 재사용하기도 어렵거니와 다른 연산에 끼워 넣기도 어려운 명령형 제어 구조물입니다. 또 루프는 성격상 반복할 때마다 값이나 상태가 계속 바뀝니다. 그러나 함수형 프로그램은 **무상태성**statelessness과 **불변성**immutability을 지향합니다. 무상태 코드는 전역 상태를 바꾸거나 혼선을 일으킬 가능성이 단 1%도 없습니다. 상태를 두지 않으려면 부수효과와 상태 변이를 일으키지 않는 **순수함수**pure function를 써야 합니다.

1.2.2 순수함수와 부수효과

함수형 프로그래밍은 순수함수로 구성된 불변 프로그램 구축을 전제로 합니다. 순수함수의 특성을 정리하면 다음과 같습니다.

- 주어진 입력에만 의존할 뿐, 평가 도중 또는 호출 간 변경될 수 있는 숨겨진 값이나 외부

---

3 역주_ 매개변수(parameter)는 함수 서명 괄호부에 정의하여 함수 내에서 사용하는 변수를, 인수(argument)는 호출자(caller)가 함수를 호출할 때 매개변수에 전달하는 값을 가리킵니다. 헷갈리기 쉬운 용어이므로 분명히 구분하여 사용하는 편이 좋고, 이 책에서도 둘을 구분해서 적겠습니다.

상태와 무관하게 작동합니다.

- 전역 객체나 레퍼런스로 전달된 매개변수를 수정하는 등 함수 스코프 밖에서 어떠한 변경도 일으키지 않습니다.

당연히 위 요건이 성립되지 않는 함수는 모두 '불순impure'하다고 볼 수 있습니다. 불변성을 바탕으로 프로그래밍하는 것이 처음엔 다소 낯설게 느껴질지 모르지만, 어쨌든 우리가 익숙한 명령형 프로그래밍에서는 변수variable가 한 구문에서 다른 구문으로 옮겨지면서 그 값이 변하는 것이 기본입니다(변수란 말 자체가 '변하는 것variable'을 뜻하니까요). 지극히 상식적인 얘기지요. 다음 함수를 봅시다.

```
var counter = 0;
function increment() {
  return ++counter;
}
```

이 함수는 자신의 스코프에 없는 외부 변수 counter를 읽고 수정하므로 불순합니다. [그림 1-1]에서 보다시피 일반적으로 외부 자원을 상대로 데이터를 읽고 쓰는 함수는 부수효과를 동반합니다. Date.now()처럼 많이 쓰이는 날짜/시간 함수도 미리 헤아릴 수 있는 일정한 결괏값을 내지 않기 때문에 순수함수가 아닙니다.

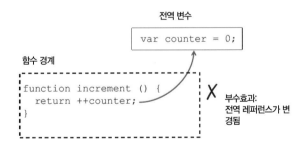

그림 1-1 increment() 함수는 외부 변수 counter의 값을 읽고 바꾸는 부수효과를 일으킵니다. 호출 도중에 counter 값은 언제라도 변할 수 있어서 어떤 값이 반환될지 알 수 없습니다.

여기서 counter는 암시적implicit 전역 변수(브라우저 기반 자바스크립트에서는 window 객체)를 통해 접근합니다. this 키워드를 거쳐 인스턴스 데이터에 접근하는 것 역시 부수효과가 유발되는 흔한 예입니다. 특히 자바스크립트의 this는 해당 함수의 런타임 콘텍스트에 따라 달라지므로 여타 프로그래밍 언어와는 작동 방식이 다릅니다. 그래서 코드가 더더욱 헷갈릴 수 있어 필자도 가급적 this는 쓰지 않습니다(2장에서 다시 설명합니다). 부수효과가 발생하는 상황은 다양합니다.

- 전역 범위에서 변수, 속성, 자료구조를 변경

- 함수의 원래 인수 값을 변경

- 사용자 입력을 처리

- 예외를 일으킨 해당 함수가 붙잡지 않고[catch] 그대로 예외를 던짐[throw]

- 화면 또는 로그 파일에 출력

- HTML 문서, 브라우저 쿠키, DB에 질의

객체를 생성/변경하지 못하고 콘솔에 출력조차 할 수 없다면 그런 프로그램이 대체 무슨 소용일까요? 역동적으로 움직이며 온갖 변경이 난무하는 프로그램에서 순수함수를 사용하기란 현실적으로 어려울 수 있지만, 실제로 함수형 프로그래밍은 모든 상태 변이를 근절하자는 건 아니고, 상태 변이를 줄이고 관리할 수 있는 프레임워크를 제공하여 순수/불순 함수를 구분하자는 겁니다. 불순한 코드는 방금 전에도 예시했듯이 밖에서 가시적인 부수효과를 일으키죠. 이 책을 읽는 내내 여러분은 이런 코드를 다루는 방법을 살펴보게 됩니다.

이제 좀 더 현실적인 예를 들어볼까요? 여러분은 모 대학교 전산실에 근무하는 개발자로, 학생 데이터를 관리하는 애플리케이션을 개발하는 프로젝트에 참여 중이라고 가정합시다. [코드 1-3]은 사회보장번호(SSN)로 학생 레코드를 검색하여 브라우저에 표시하는 명령형 프로그램입니다(꼭 브라우저일 이유는 없습니다. 콘솔, DB, 파일 등 쓰는 대상은 여러 매체일 수 있습니다). 앞으로 [코드 1-3]은 (객체 배열 같은) 외부 객체 저장소와 연동하여 어떤 IO 작업을 수행하며 부수효과를 일으키는 전형적인 시나리오로 자주 언급될 것입니다.

코드 1-3 부수효과를 일으키는 명령형 showStudent 함수

```
function showStudent(ssn) {
  let student = db.find(ssn);        ←— 저장 객체에 접근해서 주어진 SSN으로 학생을 찾습니다. 비
  if(student !== null) {                 동기 코드는 8장에서 자세히 다루니 지금은 그냥 동기 방식으
    document.querySelector(`#${elementId}`).innerHTML =   로 검색한다고 보세요.
      `${student.ssn},                 ←— 함수 밖에서 ID가 elementId
      ${student.firstname},                인 요소를 찾습니다.
```

```
      ${student.lastname}`;
  }
  else {
    throw new Error('학생을 찾을 수 없습니다!');   ◁──  올바른 학생이 아니면
  }                                                    예외를 던집니다.
}

showStudent('444-44-4444');   ◁──  SSN 444-44-4444으로 프로그램을 실행하고
                                    해당 학생 정보를 페이지에 붙입니다.
```

자세히 코드를 뜯어봅시다. 이 함수는 확실히 자신의 스코프를 벗어나 몇 가지 부수효과의 파
장을 일으킵니다.

- 변수 db를 통해 데이터에 접근하는데, 함수 서명^{signature}에는 이런 매개변수가 없으니 이는
  외부 변수입니다. 문제는 이 변수가 실행 중 언제라도 null을 참조하거나 호출 단계마다
  상이한 값을 가리키면 결괏값이 완전히 달라지고 프로그램의 무결성이 깨질 수 있다는
  점입니다.

- elementId는 그 값이 언제라도 바뀔 수 있는 전역 변수라 이 함수가 어쩔 도리가 없습
  니다.

- HTML 요소를 직접 고칩니다. HTML 문서(DOM)는 그 자체로 가변적인, 전역 공유
  자원입니다.

- 학생 레코드를 찾지 못해 예외를 던지면 전체 프로그램의 스택이 툭 풀리면서 종료될 것
  입니다.

[코드 1-3]의 함수는 외부 자원에 의존하므로 코드가 유연하지 않고 다루기가 힘들뿐더러 테
스트 역시 어렵습니다. 반면, 순수함수는 서명에 정규 매개변수^{formal parameter}(입력 집합)를 빠짐
없이 명시하므로 코드를 이해하고 사용하기가 쉽습니다.

그럼, 함수형 마음가짐으로 방금 전 printMessage 프로그램에서 배웠던 내용을 실제 시나리
오에도 하나씩 적용해봅시다. 책장을 넘기면서 함수형이 더 편하게 느껴질수록 새로운 기법으
로 구현부를 조금씩 개선해보겠습니다. 일단 여기선 두 가지를 개선합니다.

- 긴 함수를 하나의 목적을 가진 짧은 함수로 각각 분리한다.

- 함수가 해야 할 작업에 필요한 인수를 모두 명시하여 부수효과 개수를 줄인다.

먼저, 학생 레코드를 조회하는 일과 이를 화면에 그리는 일을 분리합시다. 외부 저장소 및 DOM과 연동하면서 비롯되는 부수효과는 당연히 불가피하지만, 조금이라도 더 다루기 쉽고 주요 로직에 충실한 코드로 떼어낼 수는 있겠지요. 여기서 **커링**currying이라는 유명한 FP 기법을 여러분에게 소개합니다. 커링은 함수의 여러 인수를 부분적으로 나누어 세팅하는 것입니다. 다음 [코드 1-4]는 find와 append 두 함수를 커링을 통해 쉽게 조합해서 실행 가능한 단항 함수unary function로 나눕니다.

코드 1-4 showStudent 프로그램을 분해

```
var find = curry((db, id) => {        ◁──   find 함수는 객체가 저장된 곳을 가리키는 레퍼런스와
  let obj = db.find(id);                     검색할 학생 ID를 받습니다.
  if(obj === null) {
    throw new Error('객체를 찾을 수 없습니다!');
  }
  return obj;
});
                              │  student 객체를
var csv = student =>          ◁──  콤마로 분리된 문자열로 바꿉니다.
  `${student.ssn}, ${student.firstname}, ${student.lastname}`;

var append = curry((selector, info) => {    ◁──   학생 상세 정보를
  document.querySelector(selector).innerHTML = info;      페이지에 표시하려면
});                                                        요소 ID, 학생 데이터가 필요합니다.
```

한 가지만 개선했는데도 벌써 여러 가지 장점이 눈에 띄네요.

- 재사용 가능한 컴포넌트 3개로 나뉘어 코드가 훨씬 유연해졌습니다.

- 이렇게 잘게 나뉜fine-grained 함수를 재사용하면 신경 써서 관리할 코드 크기가 확 줄기 때문에 생산성을 높일 수 있습니다.

- 프로그램이 해야 할 일들을 고수준high-level에서 단계별로 명확하게 보여주는 선언적 스타일을 따르므로 코드 가독성이 향상됩니다.

- 무엇보다 중요한 건, HTML 객체와의 상호작용을 자체 함수로 빼내어 순수하지 않은(불순한) 로직을 순수함수에서 배제했다는 점입니다. 커링 및 순수/불순한 부분을 다루는 방법은 4장에서 자세히 이야기합니다.

아직은 느슨한 편이라 바짝 죄어야 할 부분이 남아 있긴 하지만, 부수효과를 줄임으로써 외부 조건 변화에 덜 취약한 프로그램이 되었습니다. find 함수를 자세히 보면 예외를 내는 별도의 null 체크 분기문이 포함되어 있습니다. 나중에 다시 언급하겠지만 이처럼 함수가 일관된 반환값을 보장하도록 해서 전체 함수 결과를 예측 가능한 방향으로 유도하면 여러모로 이롭습니다. 이것이 바로 **참조 투명성**referential transparency이라는 순수함수 본연의 특징입니다.

1.2.3 참조 투명성과 치환성

참조 투명성은 순수함수를 정의하는 좀 더 공식적인 방법이며, 여기서 **순수성**purity이란 함수의 인수와 결괏값 사이의 순수한 매핑 관계를 의미합니다. 따라서 어떤 함수가 동일한 입력을 받았을 때 동일한 결과를 내면 이를 **참조 투명한** 함수라고 합니다. 예컨대 좀 전에 보았던 increment는 상태적stateful 함수로서 외부 변수 counter에 완전히 종속된 반환값을 내므로 참조 투명하지 않습니다. 코드를 다시 볼까요?

```
var counter = 0;

function increment() {
  return ++counter;
}
```

참조 투명한 함수로 만들려면 이 함수가 의존하는 상태, 즉 외부 변수를 제거하고 함수 서명에 정규 매개변수로 명시해야 합니다. 다음과 같이 ES6 람다 표현식으로 바꾸면 됩니다.

```
var increment = counter => counter + 1;
```

이제 increment는 같은 입력에 같은 결과를 반환하는 안전한 함수입니다. 그렇지 않으면 함수가 내는 반환값이 어떤 외부 요소의 영향을 받겠지요.

이런 함수는 코드를 테스트하기 쉽고 **전체 로직을 파악**하는 것도 쉽습니다. 참조 투명성 혹은 **등식 정합성**equational correctness은 수학에서 나온 용어지만 프로그래밍 언어의 함수는 수학 함수처럼 움직이지 않기 때문에 참조 투명성은 전적으로 개발자의 숙제로 남습니다. [그림 1–2]는 increment 함수의 명령형 버전과 마법의 run 함수를 이용한 함수형 버전을 비교한 그림입니다.

```
increment();
increment();
print(counter); //-> ?
```

```
var plus2 = run(increment, increment);

print(plus2(0));
```

이 값은 counter의 초깃값에
의존하고 호출 도중 변경되면
값이 어떻게 변할지 알 수 없다.

항상 초깃값을 2만큼 증가시킨다.

그림 1-2 increment 함수의 명령형 버전과 함수형 버전의 작동 방식을 비교. 명령형 버전은 외부 변수 counter 값이 언제 어떻게 바뀔지 모르므로 반환값을 예측하기 어렵고 일관성이 없으므로 함수를 계속 호출하면 엉뚱한 결괏값이 나올 수 있습니다. 참조 투명한 함수형 버전은 항상 옳은 결과를 내며 에러 날 일이 없습니다.

이런 식으로 구축한 프로그램은 시스템의 상태를 머릿속으로 그려볼 수 있고(멘털 모델) 코드를 **재작성**하거나 **치환**하더라도 원하는 결과를 얻을 수 있기 때문에 헤아리기가 쉽습니다. 좀 더 구체적으로 살펴볼까요? 주어진 입력을 처리해서 결과를 내는 일련의 함수들로 임의의 프로그램을 정의한다고 합시다. 의사 형식pseudo form으로 나타내면 이런 모습이겠죠.

```
Program = [Input] + [func1, func2, func3, ...] -> Output
```

[func1, func2, func3, ...]이 모두 순수함수면 이들이 내는 결과를 바꾸지 않고 [val1, val2, val3, ...] 식으로 나열하여 프로그램을 쉽게 고칠 수 있습니다. 학생들 평균 점수를 계산하는 간단한 예제를 볼까요?

```
var input = [80, 90, 100];
var average = (arr) => divide(sum(arr), size(arr));
average (input); //-> 90
```

sum, size는 둘 다 참조 투명한 함수라서 이 표현식은 다음과 같이 입력값을 넣어 쉽게 바꿔 쓸 수 있습니다.

```
var average = divide(270, 3); //-> 90
```

divide는 100% 순수함수여서 수식으로 표기할 수도 있습니다. 그래서 평균은 항상 270 / 3 = 90이겠죠. 참조 투명성 덕분에 이렇게 체계적인, 거의 수학적인 형태로 프로그램을 헤아릴 수 있는 것입니다. 다음은 전체 프로그램입니다.

```
var sum = (total, current) => total + current;
```

```
var total = arr => arr.reduce(sum);        ◁—┐ reduce는 map처럼 전체 컬렉션을 반복하는 새로 나온 함
var size = arr => arr.length;                  수입니다. 인수가 sum 함수라서 배열 숫자를 하나씩 합한
var divide = (a, b) => a / b;                  총계를 냅니다.
var average = arr => divide(total(arr), size(arr));  ◁—┐ average 함수를 합성하는 방법은
average(input); //-> 90                              4장에서 설명합니다.
```

이 책의 모든 예제 코드를 이처럼 일일이 추론하진 않겠지만, 순수 함수형 프로그램의 밑바탕
에는 이러한 사고방식이 내재되어 있으며, 부수효과가 있는 함수라면 이런 일이 가능하지 않다
는 점을 꼭 이해하기 바랍니다. 6장에서 함수형 코드를 단위 테스트할 때 이 원리의 중요성을
다시 한번 강조할 것입니다. 함수 인수를 전부 명확하게 정의하면 스칼라 값을 비롯해 대부분
의 경우 부수효과를 예방할 수 있지만, 객체를 레퍼런스로 넘길 때 실수로 객체에 변이를 일으
키지 않도록 주의해야 합니다.

1.2.4 불변 데이터 유지하기

불변 데이터는 한번 생성된 후에는 절대 바뀌지 않습니다. 다른 언어도 그렇듯이 문자열, 숫자
등 자바스크립트의 모든 기본형^{primitive type}(원시 자료형)은 처음부터 불변입니다. 그러나 배열
등의 객체는 불변이 아니어서 함수 인수로 전달해도 원래 내용이 변경되어 부수효과가 발생할
소지는 남아 있습니다. 배열을 정렬하는 간단한 코드를 봅시다.

```
var sortDesc = arr => {
  arr.sort(
    (a, b) => b - a
  );
};
```

얼핏 보기에 위 코드는 부수효과와 전혀 무관한, 좋은 코드 같습니다. 인수로 받은 배열의 원소
를 내림차순으로 정렬한 뒤 그대로 반환하는 정해진 임무를 문제없이 완수합니다.

```
var arr = [1,2,3,4,5,6,7,8,9];
sortDesc(arr); //-> [9,8,7,6,5,4,3,2,1]
```

하지만 불행히도 상태적 함수인 Array.sort는 원본 레퍼런스가 가리키는 배열의 원소를 정렬
하는 부수효과를 일으킵니다. 이는 언어 자체의 심각한 결함이기도 한데, 이를 극복하는 방안
은 다음 장 이후에 논의합니다.

자, 함수형 프로그래밍의 밑그림에 해당하는 기본 원리들(선언형, 순수, 불변)을 대략 엿보았으니 이제 좀 더 간명하게 정의를 내리겠습니다. **함수형 프로그래밍은, 외부에서 관찰 가능한 부수효과가 제거된 불변 프로그램을 작성하기 위해 순수함수를 선언적으로 평가하는 것입니다.** 더 이상 간명할 순 없을 것 같군요. 필자는 함수형으로 애플리케이션을 제작하면 어떤 점이 이로운지 실질적인 관점에서 지극히 피상적으로 훑어보았습니다만, 지금쯤 여러분은 함수형으로 사고한다는 게 어떤 것인지 차츰 감을 잡기 시작했을 것입니다.

오늘날 자바스크립트 개발자가 직면한 문제의 원인은, 대부분 뚜렷한 체계 없이 분기 처리를 남발하고 외부 공유 변수에 지나치게 의존하는 덩치 큰 함수를 과용하는 데 있습니다. 안타깝지만 아직도 많은 자바스크립트 애플리케이션이 이런 딱한 상황에 처해 있고, 심지어 성공적이라는 작품조차 많은 파일이 한데 뒤섞여 추적/디버깅이 어려운 가변/전역 데이터를 공유하는 촘촘한 그물망이 형성된 경우가 있습니다.

함수를 순수 연산의 관점에서 데이터를 절대 변경하지 않는 고정된 **작업 단위**^{unit of work}로 바라본다면 확실히 잠재적인 버그는 줄게 될 것입니다. 함수형 프로그래밍을 여러분의 코드에 도입해서 반드시 이익을 보려면, 복잡성을 극복하는 길로 안내하는 함수형 프로그래밍의 핵심 원리를 반드시 이해해야 합니다.

1.3 함수형 프로그래밍의 좋은 점

함수형 프로그래밍의 덕을 보려면, 함수형으로 생각하며 적절한 도구를 구사할 줄 알아야 합니다. 이 절은 여러분의 **함수형 인지력**을 향상시키고자 핵심 기법 몇 가지를 소개합니다. 이를 익히면 직관적으로 단순한 함수들을 조합해서 완전한 해법을 제시할 수 있게 될 것입니다. 여기서 다루는 내용이 후속 장들의 머릿말 정도 된다고 보면 됩니다. 당장 이해하기 어려운 개념이라도 너무 걱정하지 마세요. 2장부터 책장을 넘기면서 점점 뚜렷하게 그려질 것입니다.

자, FP로 개발한 자바스크립트 애플리케이션은 어떤 점이 좋은지 고수준에서 살펴봅시다. 다음 세 가지 측면에서 하위 절로 나누어 살펴보겠습니다.

- 간단한 함수들로 작업을 분해한다.
- 흐름 체인^{fluent chain}으로 데이터를 처리한다.

- 리액티브 패러다임을 실현하여 이벤트 중심 코드의 복잡성을 줄인다.

1.3.1 복잡한 작업을 분해하도록 유도

함수형 프로그래밍은 고수준에서 보면, 사실상 분해(프로그램을 작은 조각들로 쪼갬)와 합성 (작은 조각들을 다시 합침) 간의 상호작용이라 할 수 있습니다. 이러한 양면성duality 덕분에 함수형 프로그램은 모듈적으로, 효율적으로 동작합니다. 이미 언급했듯이 모듈성의 단위, 곧 **작업 단위**는 바로 함수 자신입니다. showStudent를 분해한 [그림 1-3]을 보세요. 대개 함수형 사고는 이처럼 어떤 작업을 논리적 하위작업subtask(함수)으로 분할하는 행위부터 시작됩니다.

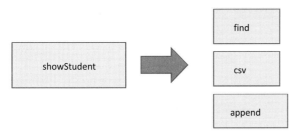

그림 1-3 showStudent를 더 작은 부분들로 나누는 과정. 하위작업은 서로 독립적이고 쉽게 이해할 수 있어서 이들을 조합해서 더 큰 그림을 그려보면 문제 해결에 도움이 됩니다.

필요하다면 이렇게 나뉜 하위작업을 더 단순한 순수함수로 분해해서 독립적인 작업 단위로 나타낼 수 있습니다([코드 1-4]에서 showStudent를 리팩터링할 때에도 이러한 사고 과정을 거쳤습니다). FP에서 모듈화modularization는 **단일성**singularity의 원리와 밀접한 관련이 있습니다. 모름지기 함수는 저마다 한 가지 목표만 바라봐야 한다는 사상이지요. 좀 전의 평균을 구하는 코드 역시 그랬습니다. 단순 함수를 엮어 붙이려면 반드시 입력 및 출력 형식을 서로 맞춰야 하는데, 순수성과 참조 투명성이 여러분이 이런 사고방식을 가지도록 안내합니다. 참조 투명성을 설명할 때, 함수의 복잡도는 함수가 받는 인수의 개수와 직접적으로 연관되는 경우가 많다고 했습니다(실무를 하다 보니 그렇다는 말이지, 함수 매개변수가 적을수록 더 간단한 함수라는 사실을 입증하는 어떤 정규 이론 따위는 없습니다).

이제 함수를 묶을 때 썼던 run 함수라는 흑마술의 내막을 밝힐 때가 되었네요. run은 이 책에서 가장 중요한 **합성**composition이라는 기법을 구현한 함수로, 두 함수를 합성하면 첫 번째 함수의 결과를 다음 함수에 밀어 넣는 새로운 함수가 탄생합니다. 두 함수 f, g의 합성 함수를 수학적으로 쓰면 다음과 같습니다.

f · g = f(g(x))

이 수식은 'f 합성 g'라고 읽습니다. 이로써 g의 반환값과 f의 인수 간에 느슨하고loose 형식 안전한type-safe 관계가 맺어집니다. 두 함수를 섞어 쓰려면 당연히 인수 개수와 형식이 서로 맞아야 하겠죠? 자세한 내용은 3장에서 다시 이어지니, 지금은 함수명을 compose로 바로잡고 showStudent의 합성을 도식화한 [그림 1-4]를 봅시다.

```
var showStudent = compose(append('#student-info'), csv, find(db));

showStudent('444-44-4444');
```

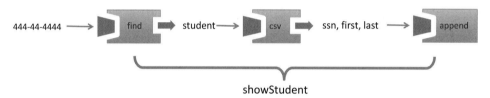

그림 1-4 두 함수를 합성한 상태에서의 데이터 흐름. find의 반환값은 csv에 줄 인수와 형식, 개수가 일치해야 하며, csv 역시 append가 쓸 수 있는 값을 반환해야 합니다. 데이터 흐름을 명확하게 나타내고자 함수 호출 순서는 반대로 했습니다.

compose 함수는 함수형 애플리케이션의 모듈성과 재사용성을 학습하는 데 매우 각별한 의미를 지닙니다(자세한 내용은 4장에서 다룹니다). 함수형으로 합성한 코드는 전체 표현식의 의미를 개별 조각의 의미에서 추론할 수 있습니다. 다른 패러다임에선 절대로 이루기가 쉽지 않은 특성이지요.

또한, 함수 합성은 고수준의 추상화를 통해 자세한 내막을 밝히지 않아도 코드가 수행하는 전 단계를 일목요연하게 나타냅니다. compose는 다른 함수를 인수로 받으므로 **고계함수**higher-order function라고 합니다. 부드럽게 흘러가는 모듈적인 코드를 작성하는 방법이 합성만 있는 건 아닙니다. 이번에는 체인을 걸 듯 연산을 연결하여 연산 순차열을 만드는 방법을 살펴보겠습니다.

1.3.2 데이터를 매끄럽게 체이닝하여 처리

map 이외에도 쾌적하고 강력한 함수형 라이브러리를 이용하면 어느 자바스크립트 프로젝트라도 다양한 고계함수를 마음껏 가져다 쓸 수 있습니다. 3, 4장에서는 로대시JS^Lodash, 람다JS^Ramda처럼 인기 있는 함수형 자바스크립트 도구 세트에 구현된 고계함수를 둘러봅니다. 두 라이브러리는 겹치는 부분이 많지만 각자 독특한 방식으로 함수 체인을 조립합니다.

제이쿼리를 써본 적 있는 독자라면 이런 용어가 그리 낯설지 않을 겁니다. **체인**^chain은 ($ 또는 jQuery처럼) 같은 객체를 반환하는 순차적인 함수 호출입니다. 체인도 합성처럼 코드를 간결명료하게 작성하게 하고, 함수형은 물론 리액티브 자바스크립트 라이브러리에서도 활발히 쓰입니다. 이번엔 다른 문제로 넘어가, 복수 과목을 수강한 학생들의 평균 점수를 계산하는 프로그램을 작성해보겠습니다. 과목 수와 평균 점수 데이터는 다음과 같습니다.

```
let enrollment = [
  {enrolled: 2, grade: 100},
  {enrolled: 2, grade: 80},
  {enrolled: 1, grade: 89}
];
```

명령형으로 짜면 이런 코드가 되겠죠.

```
var totalGrades = 0;
var totalStudentsFound = 0;
for(let i = 0; i < enrollment.length; i++) {
  let student = enrollment[i];
  if(student !== null) {
    if(student.enrolled > 1) {
      totalGrades += student.grade;
      totalStudentsFound++;
    }
  }
}
var average = totalGrades / totalStudentsFound; //-> 90
```

좀 전에 보았던 예제처럼 함수형 마음가짐으로 이 문제를 분해하면 대략 세 가지 단계를 거쳐야 합니다.

- (수강 과목이 2개 이상인) 자료 집합을 적절히 선택합니다.

- 학생의 점수를 얻습니다.

- 평균 점수를 계산합니다.

각 단계에 해당하는 함수를 로대시JS로 묶으면 [코드 1-5] 같은 함수 체인이 형성됩니다(각 함수가 무슨 일을 하는지 꼼꼼이 찾아보고 싶은 독자는 부록에서 문서 URL을 참고하세요). 함수 체인은 필요한 시점까지 실행을 미루는 **느긋한 평가**lazy evaluation(게으른 평가)를 수행합니다. 다른 데에선 전혀 쓸 일이 없는 일련의 코드를 전부 실행하지 않아도 되니 CPU 부하가 줄어들어 성능이 좋아지죠. 이렇게 하면 다른 함수형 언어에 기본 탑재된 **필요 시 호출**call-by-need 동작을 효과적으로 모방할 수 있습니다.

코드 1-5 함수 체인으로 프로그래밍

```
_.chain(enrollment)
  .filter(student => student.enrolled > 1)
  .pluck('grade')
  .average()
  .value(); //-> 90          _.value()를 호출해야 체인에
                             연결된 모든 연산들이 실행됩니다.
```

지금은 이 코드의 로직을 너무 깊이 파고들 필요가 없습니다. 명령형 프로그램에서 변수를 선언해서 그 값을 바꾸고, 루프를 반복하고, if-else 구문으로 분기했던 일들을 이제 더 이상 할 필요가 없다는 사실만 기억하기 바랍니다. 7장에서 설명하겠지만, 루프나 분기 같은 명령형 흐름 제어 장치는 조건에 따라 실행 경로가 시시각각 달라지는 까닭에 함수는 더 복잡해지고 테스트는 감히 생각조차 할 수 없습니다.

하지만 공정하게 보자면 위 예제는 실제로 우리가 사용하는 프로그램에 삽입기 마련인 많은 에러 처리 코드를 모두 무시하고 건너뛰었습니다. 예외를 던지는 건 부수효과를 유발한다고 했었죠. 순수 학문적인 함수형 프로그래밍에는 예외가 존재하지 않지만, 실세계에서 예외를 완전히 배제하기란 어렵습니다. 순수 에러 처리와 예외 처리는 구별해야 하는데, 어쨌든 우리의 목표는 가급적 순수 에러 처리를 하도록 구현하고, 이전 코드처럼 진짜 예외적인 상황에서는 예외가 나게끔 허용하는 것입니다.

다행히 몇몇 순수 함수형 디자인 패턴을 적용하면 풍부한 표현성을 희생하지 않고도 탄탄한 에러 처리 로직을 구사할 수 있습니다. 이 내용은 5장에서 다룹니다.

테스트 가능하고 모듈적인, 확장성 좋은 애플리케이션을 개발하는 데 FP가 어떤 도움을 줄 수 있는지 살펴보았습니다. 그럼 사용자 입력, 원격 웹 요청, 파일 시스템, 영구 저장소 등에서 비동기/이벤트 기반 데이터가 수시로 발생하는 환경에서는 FP를 어떻게 활용할 수 있을까요?

1.3.3 복잡한 비동기 애플리케이션에서도 신속하게 반응

원격 데이터 조회, 사용자 입력 데이터 처리, 지역 저장소와 연동… 이런 일들을 경험한 독자라면 비즈니스 로직을 구현한 코드가 중첩된 콜백 함수와 함께 뒤범벅됐던 끔찍한 기억을 떠올릴지도 모르겠습니다. 콜백 패턴은 성공/실패 처리 로직이 중첩된 형태로 흩뿌려져 있기 때문에 코드의 선형 흐름이 깨지고 무슨 일을 하는지 파악하기 어렵습니다.

앞서 말했듯이 지금 함수형 프로그래밍을 익히는 건, 특히 여러분이 자바스크립트 개발자라면 엄청나게 중요합니다. 대규모 애플리케이션을 구축할 때에도 이제는 백본JS 같은 객체지향 프레임워크보다는 리액티브 프로그래밍 패러다임을 따르는 프레임워크에 더 많은 관심이 쏠리고 있습니다. 앵귤러JS 같은 웹 프레임워크가 아직 널리 쓰이고 있긴 하지만, RxJS처럼 FP의 강력한 장점으로 무장하여 난제를 척척 해결하는 신흥 강자들이 실무에 등장하고 있습니다.

리액티브 프로그래밍은 함수형 프로그래밍 중에서 가장 흥미진진한 응용 분야일 겁니다. 자바스크립트 개발자들이 서버는 물론 클라이언트 측에서 매일매일 씨름하는 비동기 코드, 이벤트 중심 코드의 복잡도를 현저하게 줄이는 데 큰 도움이 되지요.

리액티브 패러다임의 가장 큰 장점은, 더 높은 수준으로 코드를 추상하여 비동기, 이벤트 기반 프로그램을 설정하느라 반복되는 판박이^{boilerplate} 코드는 아예 잊고 비즈니스 로직에만 전념할 수 있게 해준다는 겁니다. 또 함수를 체인으로 묶고 합성하는 FP의 능력을 최대한 이끌어낼 수 있습니다.

이벤트 발생원은 마우스 클릭, 텍스트 필드 값의 변경, 포커스 변경, 새로운 HTTP 요청 처리, DB 쿼리, 파일 쓰기 등 천차만별입니다. 어떤 학생의 SSN이 올바른 번호인지 검증하는 함수를 봅시다. 명령형으로 생각하면 다음 [코드 1-6]과 같습니다.

코드 1-6 학생의 SSN을 읽고 올바른지 검증하는 명령형 프로그램

```
var valid = false;
var elem = document.querySelector('#student-ssn');
elem.onkeyup = function(event) {
  var val = elem.value;                ←
  if(val !== null && val.length !== 0) {
    val = val.replace(/^\s*|\s*$|\-s/g, '');    ←  입력 데이터를    함수 스코프
    if(val.length === 9) {   ←┤ 중첩된 분기 로직    정제/변경합니다.   바깥 데이터에
      console.log(`올바른 SSN: ${val}!`);                           접근하는 부수효과
      valid = true;   ←
```

```
    }
  }
  else {
    console.log(`잘못된 SSN: ${val}!`);
  }
};
```

하려는 일은 단순한데 코드는 적잖이 복잡해 보이고, 게다가 비즈니스 로직이 모두 한곳에 집
중되어 있어 모듈성도 결여되어 있습니다. 무엇보다 이 함수는 외부 상태에 의존하는 탓에 재
사용이 어렵습니다. 함수형 프로그래밍에 기반을 둔 리액티브 프로그램은 순수함수를 이용하
여 map, reduce처럼 많이 쓰는 연산으로 데이터를 처리할 수 있고 람다 표현식의 간결함을 누
릴 수 있다는 이점이 있습니다. 사실 함수형을 마스터했다면 리액티브 학습도 거의 절반은 끝
난 것이나 다름없습니다.

리액티브 패러다임은 **옵저버블**^{observable} (관찰 가능)이라는 아주 중요한 장치를 매개로 움직입니
다. 옵저버블을 이용하면 데이터 스트림을 구독해서 원하는 연산을 우아하게 합성 및 체이닝
^{chaning}하여 처리할 수 있습니다. 학생 SSN 입력 필드를 구독하는 간단한 예를 봅시다.

코드 1-7 학생의 SSN을 읽고 올바른지 검증하는 함수형 프로그램

```
Rx.Observable.fromEvent(document.querySelector('#student-ssn'), 'keyup')
  .pluck('srcElement', 'value')
  .map(ssn => ssn.replace(/^\s*|\s*$|\-/g, ''))
  .filter(ssn => ssn !== null && ssn.length === 9)
  .subscribe(validSsn => {
    console.log(`올바른 SSN ${validSsn}!`);
  });
```

[코드 1-7]과 체인으로 연결한 [코드 1-5]의 공통점은 무엇일까요? 네, 어떤 요소의 컬렉션이
든 사용자 입력이든 모두 정확히 동일한 수법으로 추상하여 처리합니다. 더 자세한 얘기는 8장
에서 이어집니다.

[코드 1-7]에서 가장 주목해야 할 부분은, 수행하는 모든 연산이 완전한 불변이고 비즈니스
로직은 모두 개별 함수로 나뉘었다는 점입니다. 굳이 리액티브/함수형을 섞어 쓸 **필요는** 없지
만, 함수형으로 사고하다 보면 두 가지를 혼용하게 되어 결국 **함수형 리액티브 프로그래밍**^{functional}

reactive programming (FRP)이라는 정말 기막힌 아키텍처에 눈을 뜨게 됩니다.

함수형 프로그래밍은 지금까지 여러분이 맞닥뜨린 프로그래밍 난제를 전혀 다른 방식으로 접근/도전하게 유도하는 일대 패러다임의 전환입니다. 그럼, 이미 널리 알려진 객체지향 설계를 FP가 완전히 대체하는 것일까요? 이 장 처음에 인용한 마이클 페더스의 말에 의하면 함수형 프로그래밍을 코드에 적용하는 건 전부를 얻거나 전부를 잃는 식의 접근 방법이 아닙니다. 이미 객체지향형 아키텍처와 FP를 병용하여 혜택을 본 애플리케이션 사례는 많습니다. FP는 불변성과 공유 상태를 엄격하게 통제하므로 멀티스레드 프로그램도 보다 직관적으로 작성할 수 있습니다. 자바스크립트는 싱글스레드로 작동하는 플랫폼이므로 멀티스레드는 우리가 걱정하거나 이 책에서 다룰 주제는 아닙니다. 2장에서는 다소 지면을 할애해서라도 여러분이 함수형 사고방식을 마음속으로 받아들이는 데 도움이 되도록, 함수형 설계와 객체지향 설계 사이의 몇 가지 중요한 차이점을 부각하고자 합니다.

이번 장에서는 여러분이 앞으로 점점 함수형 세계에 탐닉하면서 품게 될 주제들을 간략히 훑어보았습니다. 지금까지 개념을 모두 잘 따라왔다면 아주 좋습니다. 하지만 몇 가지를 빼먹은 것 같더라도 걱정할 필요는 없습니다. 그건 여러분이 아주 딱 맞는 책을 골라 들었다는 증거니까요. 기존 OOP의 명령형/절차적 스타일에 길들여진 여러분이 함수형으로 전환하려면 지금부터 모든 문제를 '함수형'으로 바라보기 시작해야 합니다. 결국 여러분의 사고방식에 일대 혁명을 가져오게 될 것입니다.

1.4 마치며

- 순수함수를 사용한 코드는 전역 상태를 바꾸거나 깨뜨릴 일이 전혀 없으므로 테스트, 유지보수가 더 쉬운 코드를 개발하는 데 도움이 됩니다.
- 함수형 프로그래밍은 코드를 선언적으로 작성하므로 헤아리기 쉽고 전체 애플리케이션의 가독성 역시 향상됩니다. 또 함수와 람다 표현식을 조합하여 깔끔하게 코딩할 수 있습니다.
- 여러 원소로 구성된 컬렉션 데이터는 map, reduce 같은 연산을 함수 체인으로 연결하여 물 흐르듯 매끄럽게 처리할 수 있습니다.

- 함수형 프로그래밍은 함수를 기본적인 구성 요소로 취급합니다. 이는 일급/고계함수 개념에 기반을 두며 코드의 모듈성, 재사용성을 높입니다.
- 리액티브/함수형 프로그래밍을 융합하면 이벤트 기반 프로그램 특유의 복잡성을 줄일 수 있습니다.

## CHAPTER 2

고계 자바스크립트

이 장의 내용

◆ 자바스크립트가 함수형 언어로 적합한 이유

◆ 자바스크립트는 다중 패러다임 개발이 가능한 언어

◆ 불변성 및 변경에 대한 정책

◆ 고계함수와 일급 함수

◆ 클로저와 스코프 개념

◆ 클로저의 활용

자연어는 지배적인 패러다임이 없습니다. 자바스크립트도 마찬가지입니다.
개발자들은 절차적, 함수형, 객체지향형 접근 방법이 들어 있는 손가방에서
적절히 골라 섞어 쓰면 됩니다.

– 『만약 헤밍웨이가 자바스크립트로 코딩한다면』(한빛미디어, 2016) 서문에서

애플리케이션의 규모가 커지면 점점 더 복잡해지기 마련입니다. 아무리 명석한 두뇌의 개발자라 해도 올바른 프로그래밍 모델을 정립하지 않으면 혼란은 불가피합니다. 함수형 프로그래밍이 왜 우리가 모두 받아들여야 하는 강력한 패러다임인지는 1장에서 설명했습니다. 하지만 패러다임은 그저 프로그래밍 모델일 뿐, 올바른 언어로 그것을 살려내야 의미가 있습니다.

2장은 객체지향과 함수형을 혼합한 하이브리드 언어인 자바스크립트를 빠르게 둘러봅니다. 자바스크립트 언어의 구석구석까지 살펴보지는 않고, 자바스크립트가 함수형 언어로서 손색이 없는 이유와 그럼에도 미흡한 점(예: 언어 자체로 불변성 지원 못 함)을 위주로 설명합니다. 이와 함께 자바스크립트를 함수형 스타일로 개발할 수 있게 해주는 핵심 주역인 고계함수와 클로저도 등장합니다. 자, 뜸 들이지 말고 바로 시작하죠!

2.1 왜 자바스크립트인가?

1장 서두는 '왜 함수형인가?'라는 질문으로 시작됐는데요, 그럼 '왜 하필 자바스크립트인가?' 하는 의문도 듭니다. 이유는 간단합니다. 편재성omnipresence(어디에나 있음) 때문이죠. 표현력 풍부한 구문을 가지고 있는 자바스크립트는 동적 형식dynamically typed이고 객체지향적 범용 언어이자, 지금까지 인류가 만든 모든 언어 중 가장 널리 쓰이면서, 모바일 애플리케이션, 웹사이트, 웹 서버, 데스크톱, 임베디드 애플리케이션, 심지어 DB에 이르기까지 응용 분야가 실로 광대합니다. 특히 **웹 세상을 대표하는** 맹주 언어라는 점에서 지금까지 창조된 그 어느 언어보다 폭 넓게 쓰이는 FP 언어입니다.

자바스크립트 구문은 C 언어와 비슷하지만 리스프Lisp, 스킴Scheme 같은 함수형 언어의 영향을 많이 받았습니다. 리스프, 스킴의 고계함수, 클로저, 배열 리터럴 등 공통점은 자바스크립트가 FP 기법을 활용할 수 있는 탁월한 플랫폼으로 발돋움하는 데 초석이 되었습니다. 사실 자바스크립트 함수는 주요 **작업 단위**로서 애플리케이션에게 할 일을 시키는 역할뿐만 아니라 객체 정의, 모듈 생성, 이벤트 처리 등의 책임도 맡습니다.

자바스크립트는 아직도 진화하고 있고 꾸준히 개선 중입니다. 이 글을 쓰는 현재 ECMAScript(ES)의 주력 버전은 ES6로서 화살표 함수, 상수, 이터레이터iterator(반복기), 프라미스promise 등 함수형 프로그래밍에 걸맞은 기능이 많이 추가됐습니다.

여러 가지 강력한 함수형 장치가 탑재되긴 했지만, 자바스크립트는 어디까지나 함수형인 동시에 객체지향 언어라는 사실을 명심해야 합니다. 안타깝게도 아직은 많은 개발자들이 함수형 스타일에 반하는 가변 연산, 명령식 제어 구조, 객체 인스턴스의 상태를 변경하는 코드를 아무렇지 않게 사용하고 있어서 진짜 함수형 자바스크립트 코드는 흔치 않습니다. 자, 그럼 여러분이 두 패러다임 간의 주요 차이점을 잘 이해할 수 있도록 객체지향 언어로서의 자바스크립트를 먼저 살펴본 다음, 함수형 프로그래밍의 바다에 풍덩 뛰어들겠습니다.

2.2 함수형 대 객체지향 프로그래밍

함수형/객체지향 프로그래밍 모두 중대형 시스템 개발에 사용 가능하며, 스칼라, F# 같은 하이브리드 언어는 이 두 패러다임을 잘 버무려놓았습니다. 자바스크립트도 비슷한 능력을 지닌 언어라 완전히 숙달되면 자유자재로 둘을 조합해서 사용할 수 있습니다. 다만, 어디쯤에서 선을 그어야 할지는 개발자의 개인적인 취향과 해결해야 할 문제의 요건에 따라 달라집니다. 함수형/객체지향 두 접근 방법이 서로 어떤 차이점이 있는지 이해하고 나면 어느 한 편의 입장에서 바라보거나 상호 전환 시 도움이 될 것입니다.

어떤 학습 관리 시스템의 Student 객체를 간단히 모형화^{modeling}한다고 합시다. Student는 클래스나 형식 계층 관점에서 성, 이름, 주소 같은 기본 속성을 포함한 Person의 하위형이라고 볼 수 있습니다.

객체지향 자바스크립트

객체 간의 관계를 **하위형**^{subtype} 혹은 **파생형**^{derived type}이라고 표현하는 건, 이들 사이에 존재하는 프로토타입 관계를 의미합니다. 자바스크립트는 객체지향 언어지만 자바 등 타 언어에서는 당연한 클래스 상속을 지원하지 않는다는 점을 잊지 마세요.

ES6부터는 객체 간 프로토타입 링크를 class나 extends같이 보기 좋은 키워드로 설정 가능하게 단장했습니다(많은 이들이 잘못된 판단이라고 여기지요). 직관적 코드로 객체 상속을 표현한 의도는 좋지만, 자바스크립트 프로토타입 체제의 진정한 작동 방식과 강력함을 애써 숨기는 꼴이 되고 말았습니다. 객체지향 자바스크립트는 이 책에서 다루지 않습니다.

추가할 기능이 있으면 Student보다 더 구체화한 형식, 이를테면 CollegeStudent 같은 형식을 만들어 붙이면 됩니다. 객체지향 프로그램의 핵심이 새로운 파생 객체를 생성하여 코드를 재사용하는 것이지요. CollegeStudent는 부모형의 데이터와 기능을 모두 꺼내 쓸 수 있지만, 문제는 모든 하위형에 적용할 필요가 없는 기능을 기존 객체에 추가할 때입니다. firstname, lastname은 Person과 하위형 모두 의미가 있지만, workAddress는 Student보다는 (Person의 파생형인) Employee 객체 전용 속성입니다. 객체지향과 함수형의 가장 중요한 차이점은 바로 이런 데이터(객체 속성)와 기능(함수)을 조직하는 방법에 있습니다.

명령형 코드로 이루어진 객체지향 애플리케이션은 인스턴스 메서드를 통해 가변 상태를 노출하고 조작할 수 있도록, 객체 기반의 캡슐화에 지나치게 의존한 채 가변 상태의 무결성을 유지합니다. 결국 객체의 데이터와 잘게 나뉜 기능이 단단히 유착되어 응집도가 높은 패키지가 형성됩니다. 이는 객체지향 프로그램이 추구하는 목적이자, 모든 추상화의 주요 형태가 객체인 이유이기도 합니다.

한편, 함수형 프로그램은 호출자caller로부터 데이터를 숨길 필요 없이 소규모의, 아주 단순한 자료형만을 대상으로 움직입니다. 만사가 불변이니 얼마든지 객체를 직접 만지작거려도 되지만, 객체 스코프 밖에 위치한 일반적인 함수를 거치는 편이 좋겠죠? 한마디로, 데이터와 기능을 느슨하게 결합하는 겁니다. [그림 2-1]을 보면, 함수형 코드는 잘게 나뉜fine-grained 인스턴스 메서드 대신 여러 자료형에 두루 적용 가능하고 굵게 나뉜coarse-grained 연산에 더 의존합니다. 함수는 함수형 패러다임의 **주된 추상화 형태**입니다.

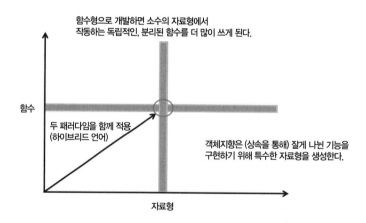

그림 2-1 객체지향 프로그래밍은 특정 기능이 구현된 여러 자료형을 논리적으로 연결해서 쓰지만, 함수형 프로그래밍은 합성을 통해 이런 자료형에 수행할 연산을 묶습니다. 두 패러다임을 병용하면 그 결과가 매우 생산적인 최적점이 있습니다. 스칼라, F#, 자바스크립트 같은 하이브리드 언어는 이렇게 양수겸장이 가능합니다.

[그림 2-1] 그래프에서 오른쪽 상단으로 갈수록 차이가 벌어집니다. 필자는 실제로 이 그래프의 교차점에서 두 패러다임을 함께 활용한, 최고의 객체지향 코드를 본 적이 있습니다. 그렇게 하려면 객체를 불변 개체entitiy나 불변 값으로 바라보고 기능을 함수로 분리하여 객체 내에서 작동되게끔 해야 합니다. Person 객체를 예로 들면 다음과 같습니다.

```
get fullname() {
  return [this._firstname, this._lastname].join(' ');
}
```

◀── 메서드는 대개 this로 객체 상태에 접근합니다.

이는 다음과 같이 나눌 수 있습니다.

```
var fullname =
  person => [person.firstname, person.lastname].join(' ');
```

◀── this는 사실상 전달받은 객체로 교체됩니다.

여러분도 잘 알다시피 자바스크립트는 (객체 레퍼런스 다음에 형식을 명시할 필요가 없는) 동적 형식 언어라서 [그림 2-2]에서 보다시피 fullname( )은 Person의 모든 파생형 객체(또는 여기선 firstname, lastname 속성을 지닌 객체 전부)에서 잘 작동합니다. 동적인 천성 덕분에 자바스크립트는 일반화한 다형성polymorphic 함수를 지원합니다. 다시 말해, 기반형(Person)을 가리키는 레퍼런스를 사용하는 함수라면 파생형(Student, CollegeStudent) 객체에서도 문제없이 작동합니다.

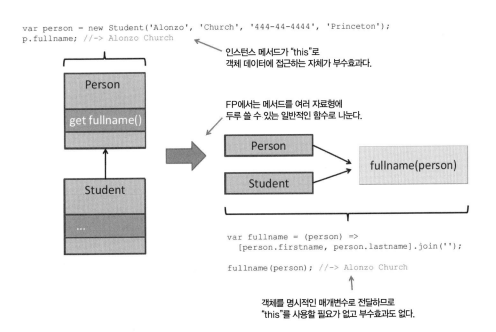

그림 2-2 OOP는 (Parent에서 Student가 나오듯) 메서드에 상속 계층을 두고 데이터를 서로 단단히 묶는 일에 열중합니다. 이와 달리 함수형 프로그래밍은 다양한 자료형을 아우르는 일반적인 다형성 함수를 선호하며 this는 가급적 사용하지 않습니다.

[그림 2-2]에서 보다시피, fullname()을 독립형 함수로 분리하면 객체 데이터를 this로 접근할 이유가 사라집니다. this를 쓰면 메서드 스코프 밖에 위치한 인스턴스 수준의 데이터에 접근할 수 있어서 부수효과를 야기할 수 있습니다. 그래서 FP로 개발한 코드는 객체 데이터가 특정 코드에 종속되지 않아 재사용성, 유지보수성이 좋습니다.

파생형을 여럿 만들지 않고도 함수를 다른 함수의 인수로 전달하여 함수의 기능을 확장하는 방법도 있습니다. 먼저 Person 클래스와 하위 클래스 Student를 정의합니다(코드 2-1). 비록 단순하지만 이 책 예제에서 줄곧 사용할 데이터 모델이니 눈여겨봐두세요.

코드 2-1 Person/Student 클래스 정의

```
class Person {
  constructor(firstname, lastname, ssn) {
    this._firstname = firstname;
    this._lastname = lastname;
    this._ssn = ssn;
    this._address = null;
    this._birthYear = null;
  }

  get ssn() {
    return this._ssn;
  }

  get firstname() {
    return this._firstname;
  }

  get lastname() {
    return this._lastname;
  }

  get address() {
    return this._address;
  }

  get birthYear() {
    return this._birthYear;
  }

  set birthYear(year) {
```

세터 메서드는 객체 변이를 지원하기 위해서가 아니라, 생성자를 길게 쓰지 않고도 속성이 다른 객체를 쉽게 만들기 위해 사용됩니다. 객체는 일단 생성되고 내용이 채워지면 절대로 상태가 바뀌지 않습니다(이 문제는 이 장 후반부에서 다룹니다).

```
    this._birthYear = year;
  }

  set address(addr){ //
    this._address = addr;
  }

  toString() {
    return `Person(${this._firstname}, ${this._lastname})`;
  }
}

class Student extends Person {
  constructor(firstname, lastname, ssn, school) {
    super(firstname, lastname, ssn);
    this._school = school;
  }

  get school() {
    return this._school;
  }
}
```

---

1 역주_ 이 책을 옮기는 현재, 크롬 59 버전, 파이어폭스 54 버전은 꼬리 호출 최적화를 제외한 사실상 모든 ES6 기능을 지원하므로 (지원율 97%) 굳이 바벨 등의 트랜스파일러를 써서 ES5 호환 자바스크립트 코드로 바꿀 필요는 없습니다. 자세한 내용은 https://kangax.github.io/compat-table/es6/를 참고하세요.

일부 기능은 트랜스파일러 없이도 브라우저에서 사용할 수 있습니다. 실험 모드에서 실행(크롬에서는 Experimental JavaScript 사용[2])할 경우, 자바스크립트 파일 맨 앞에 반드시 'use strict'를 넣어 **엄격(스트릭트) 모드**로 전환해야 합니다.

자, 어떤 사람(Person)과 거주 국가가 같은 사람을 전부 찾고, 어떤 학생(Student)과 거주 국가와 다니는 학교가 모두 같은 학생을 전부 찾는 코드를 개발하려고 합니다. 객체지향 스타일로 작성하면 다음과 같이 this와 super로 한 객체와 그 부모 객체가 단단히 결합된 코드가 되겠죠.

```
// Person 클래스
peopleInSameCountry(friends) {
  var result = [];
  for (let idx in friends) {
    var friend = friends [idx];
    if (this.address.country === friend.address.country) {
      result.push(friend);
    }
  }
  return result;
};


// Student 클래스
studentsInSameCountryAndSchool(friends) {
  var closeFriends = super.peopleInSameCountry(friends);
  var result = [];
  for (let idx in closeFriends) {
    var friend = closeFriends[idx];
    if (friend.school === this.school) {
      result.push(friend);
    }
  }
  return result;
};
```

← super로 부모 클래스에 접근하여 데이터를 받아옵니다.

한편, 순수성과 참조 투명성에 기반을 둔 FP 방식을 따르면, 상태와 기능을 철저히 분리한 다

----

2 역주_ 크롬에서 chrome://flags/#enable-javascript-harmony 페이지에 접속 후 Experimental JavaScript 항목을 사용 (Enable)으로 바꾼 다음, 브라우저를 재시작하면 됩니다.

음 이들을 다시 조합한 새로운 함수로 연산을 추가할 수 있습니다. 그러다 보면 데이터 저장만을 맡은 단순 객체와 이런 객체를 인자로 받아 작동하는 범용 함수를 만들 수 있고, 다시 이들을 합성하여 원하는 구체적인 기능을 수행할 수 있습니다. 아직 (4장에서 다룰 주제라) 설명하지 않은 '합성'은 함수형 패러다임을 부각하는 또 다른 근본적인 특징입니다. OOP의 상속이나 FP의 합성 모두 본질적으로는 다양한 자료형에 새로운 기능을 부여한다는 점에서 같습니다. 다음은 코드 실행에 필요한 테스트 데이터입니다.

```
var curry = new Student('Haskell', 'Curry', '111-11-1111', 'Penn State');
curry.address = new Address('US');

var turing = new Student('Alan', 'Turing', '222-22-2222', 'Princeton');
turing.address = new Address('England');

var church = new Student('Alonzo', 'Church', '333-33-3333', 'Princeton');
church.address = new Address('US');

var kleene = new Student('Stephen', 'Kleene', '444-44-4444', 'Princeton');
kleene.address = new Address('US');
```

객체지향 프로그램은 Student의 메서드로 같은 학교를 다니는 학생을 찾습니다.

```
church.studentsInSameCountryAndSchool([curry, turing, kleene]);
//-> [kleene]
```

반면, 함수형 프로그램은 문제를 작은 함수들로 잘게 나눕니다.

```
var selector = (country, school) =>        ← 학생의 거주 국가와 학교를 비교하는
  (student) =>                                selector 함수를 만듭니다.
    student.address.country === country &&  ← 객체 그래프를 따라갑니다. 객체 속성에
    student.school === school;                 접근하는 더 좋은 방법은 이 장 뒷부분에서
                                               설명합니다.
var findStudentsBy = (friends, selector) => ← 원하는 필터 기준을 selector 함수로 주입하여
  friends.filter(selector);                    배열 원소를 걸러냅니다.

findStudentsBy([curry, turing, church, kleene],
  selector('US', 'Princeton')
); //-> [church, kleene]
```

함수형 프로그래밍으로 작성하니 findStudentsBy 같은 전혀 새로운 함수가 탄생했고 다루기가 훨씬 쉬워졌습니다. findStudentsBy는 Person과 연관된 객체, 또 school과 country를 조합한 객체를 받아 작동하는 함수입니다.

이제 두 패러다임의 차이점이 확실히 보이나요? 객체지향은 데이터와 데이터 관계의 본질에 초점을 두는 반면, 함수형의 관심사는 해야 할 일, 즉 기능입니다. [표 2-1]은 눈여겨볼 다른 차이점까지 함께 정리한 표입니다.

표 2-1 객체지향, 함수형 프로그래밍의 중요한 특징을 비교한 표. 앞으로 이 책 전반에 걸쳐 계속 다룰 주제입니다.

	함수형	객체지향형
합성 단위	함수	객체(클래스)
프로그래밍 스타일	선언적	명령형
데이터와 기능	독립적인 순수함수가 느슨하게 결합	클래스 안에서 메서드와 단단히 결합
상태 관리	객체를 불변 값으로 취급	인스턴스 메서드를 통해 객체를 변이시킴
제어 흐름	함수와 재귀	루프와 조건 분기
스레드 안전	동시성 프로그래밍 가능	캡슐화하기 어려움
캡슐화	모든 것이 불변이라 필요 없음	데이터 무결성을 지키기 위해 필요함

분명히 다른 패러다임이지만 둘을 모으면 아주 강력한 애플리케이션을 구축할 수 있습니다. 한 편으론 애플리케이션을 구성하는 형식 간의 관계가 자연스러운 풍성한 도메인 모델을 손에 넣고, 다른 한편으론 이들 형식을 가지고 어떤 일을 할 수 있는 순수함수까지 거머쥘 수 있습니다. 그 선을 어디쯤에 그어야 할지는 여러분에게 어느 패러다임이 더 편한지에 따라 달라집니다. 자바스크립트는 객체지향 + 함수형 언어이므로 함수형 자바스크립트로 개발할 때에는 상태 변화 관리에 특히 신경을 써야 합니다.

2.2.1 자바스크립트 객체의 상태 관리

프로그램의 **상태**state란 어느 한 시점에 찍은 모든 객체에 저장된 데이터의 스냅샷snapshot입니다. 안타깝게도 객체 상태를 보호하는 측면에서 자바스크립트는 최악의 언어 중 하납니다. 자바스크립트 객체는 너무나 동적이어서 언제건 속성을 추가, 삭제, 수정할 수 있습니다. 이를테면 [코드 2-1]에서 _address가 (앞에 붙인 언더스코어는 그냥 구문임) Person 내부에 캡슐화한 속성이라고 생각하면 오산입니다. 클래스 밖에서도 마음만 먹으면 얼마든지 이 속성에 접근해서 날려버릴 수 있으니까요.

자유에는 언제나 막중한 책임이 수반되는 법입니다. 자바스크립트의 이런 특성 덕분에 속성을 동적으로 생성하는 등 개발자는 여러 가지 잔재주를 부릴 자유가 있지만, 중대형 규모의 프로그램에서는 자칫 도저히 관리 안 되는 코드로 발전할 소지가 있습니다.

코드를 순수함수로 작동시키면 이해/관리하기가 더 쉽다고 했습니다(1장). 그런데 정말 순수한 객체 같은 게 있기는 할까요? 불변 기능을 지닌 불변 객체는 순수 객체로 볼 수 있습니다. 단순 객체에 했던 것처럼 함수에도 같은 추론이 가능합니다. 자바스크립트를 함수형 언어로 쓸 경우 상태 관리는 아주 중차대한 문제입니다. 다음 절에서 불변성을 관리하는 몇 가지 지침과 패턴을 살펴보겠지만, 데이터를 완전히 캡슐화하고 보호하는 건 여러분 스스로 훈련을 통해 엄격히 지켜야 할 목표입니다.

2.2.2 객체를 값으로 취급

프로그래밍 언어에서 문자열과 숫자는 처음부터 불변 값이기 때문에 가장 이해하기 쉬운 자료형입니다. 그래서 여타 사용자 정의 형식과는 달리 마음의 평화마저 느껴집니다. 함수형 프로그래밍에서는 이런 식으로 움직이는 형식을 값^{value}이라고 합니다. 1장에서 불변성을 바탕으로 사고하려면 사실상 모든 객체를 값으로 취급해야 한다고 했습니다. 그래야만 객체가 도중에 바뀔지 모른다는 불안감을 갖지 않고 객체를 주고받는 함수를 구사할 수 있습니다.

클래스와 관련된 다양한 간편 구문^{syntactic sugar}이 ES6에 추가되긴 했지만, 사실 자바스크립트 객체는 속성을 넣어둔 손가방에 지나지 않아 속성 값은 언제라도 바꿀 수 있습니다. 뭔가 뾰족한 수가 없을까요? 여러 프로그래밍 언어는 객체의 속성을 불변 상태로 고정시키는 장치를 지원합니다. 자바 final 키워드가 그렇지요. F# 같은 언어는 별도로 지정하지 않으면 불변 변수가 기본입니다. 자바스크립트에서는 이런 호사를 누릴 수 없습니다. 기본형 값은 변경할 수 없지만, 기본형을 가리키는 변수 상태가 바뀌니까요. 다른 언어를 적어도 흉내라도 내려면, 데이터를 불변 레퍼런스로 바라보게 해서 사용자 정의 객체도 마치 처음부터 불변이었던 것처럼 작동시킬 수 있어야 합니다.

상수 레퍼런스^{constant reference}는 ES6부터 추가된 const 키워드로 선언합니다. 값을 재할당하거나 레퍼런스를 다시 선언할 수 없지요. 실제로 함수형 프로그램에서는 단순 구성 데이터(URL 문자열, DB 명 등)를 가리키는 변수 앞에 const를 붙입니다. 외부 변수를 읽는 행위 자체는 부수효과지만, 그 값이 함수 호출 간에 예기치 않게 바뀌지 않도록 플랫폼 차원에서 상수라는 특별한 의미를 부여한 것입니다. 상수 값은 다음과 같이 선언합니다.

```
const gravity_ms = 9.806;
                                        ┌─ 자바스크립트 런타임이 상수 값의
gravity_ms = 20;        ◄───────┘  재할당을 허용하지 않습니다.
```

그러나 const만으로는 FP가 요구하는 수준의 불변성을 실현하기 어렵습니다. 어떤 변수에 값을 재할당하지 못하게 막는다 해도, 객체의 내부 상태가 변하는 것까지 봉쇄할 수 있을까요? 가령 다음과 같은 일도 얼마든지 가능합니다.

```
const student = new Student('Alonzo', 'Church',
  '666-66-6666', 'Princeton');

student.lastname = 'Mourning';        ◄──┤ 속성 값이 바뀝니다.
```

아무래도 더 엄격한 불변성 정책이 필요합니다. 변이를 방지할 목적으로 캡슐화도 좋은 전략이고, 객체 구조가 단순하면 **값 객체 패턴**value object pattern도 괜찮은 방안입니다. 값 객체는 객체의 동등성equality이 항등성identity이나 레퍼런스가 아닌, 오직 값에 따라 좌우되는 객체입니다. 일단 값 객체를 선언한 이후엔 그 상태는 절대 변하지 않지요. 문자열, 숫자 외에도 tuple, pair, point, zipCode, coordinate, money, date 같은 형식이 모두 값 객체입니다. 우편번호를 구현한 zipCode를 봅시다.

```
function zipCode(code, location) {
  let _code = code;
  let _location = location || '';

  return {
    code: function () {
      return _code;
    },
    location: function () {
      return _location;
    },
    fromString: function (str) {
      let parts = str.split('-');
      return zipCode(parts[0], parts[1]);
    },
    toString: function () {
      return _code + '-' + _location;
    }
  };
}
```

```
const princetonZip = zipCode('08544', '3345');
princetonZip.toString(); //-> '08544-3345'
```

메서드를 일부만 호출자에 공개하고 _code, _location를 의사—프라이빗pseudo-private 변수처럼
다루는 **객체 리터럴 인터페이스**object literal interface를 반환하는 식으로 자바스크립트 함수를 이용하
면 우편번호의 내부 상태 접근을 차단할 수 있습니다. 이런 변수는 클로저closure를 거쳐야만 객
체 리터럴에 접근할 수 있는데요, 이 장 뒷부분에서 다시 설명합니다.

이렇게 반환된 객체는 사실상 변이를 일으키는 메서드가 전혀 없는 기본형처럼 작동합니다. 따
라서 toString 메서드는 순수함수가 아니지만 순수함수처럼 작동하면서 해당 객체를 순수한
문자열 형태로 나타냅니다. 값 객체는 함수형/객체지향 모두 가볍고 다루기 편합니다. const
와 함께 쓰면 문자열, 숫자와 의미가 유사한 객체를 생성할 수 있죠. 다른 예제를 볼까요?

```
function coordinate(lat, long) {
  let _lat = lat;
  let _long = long;

  return {
    latitude: function () {
      return _lat;
    },
    longitude: function () {
      return _long;
    },
    translate: function (dx, dy) {
      return coordinate(_lat + dx, _long + dy);  // ← 변환된 좌표를 새 사본 객체로
    },                                           //    반환합니다.
    toString: function () {
      return '(' + _lat + ',' + _long + ')';
    }
  };
}

const greenwich = coordinate(51.4778, 0.0015);
greenwich.toString(); //-> '(51.4778, 0.0015)'
```

(translate처럼) 사본을 새로 만들어 반환하는 메서드 역시 불변성을 구현하는 또 다른 수단
입니다. 이렇게 좌표 변환을 하면 새 coordinate 객체가 만들어집니다.

```
greenwich.translate(10, 10).toString(); //-> '(61.4778, 10.0015)'
```

값 객체는 함수형 프로그래밍의 영향을 받은 객체지향 디자인 패턴으로, 서로 다른 패러다임이 상호 보완적인 관계를 유지할 수 있음을 보여주는 또 다른 실례입니다. 값 객체는 이상적인 패턴이긴 하지만, 그래도 실세계의 문제를 전부 모형화하기엔 충분치 않습니다. 실무에서는 레거시legacy 객체와 상호작용하거나 (Person, Student 같은) 계층적 데이터를 처리하는 코드가 필요할 때가 생깁니다. 다행히 자바스크립트에는 Object.freeze라는 멋진 방법이 있습니다.

2.2.3 가동부를 깊이 동결

자바스크립트의 새로운 클래스 구문 중에 불변 필드를 표시하는 키워드는 따로 없지만, writable처럼 숨겨진 메타속성metaproperty을 제어하면 내부 조작이 가능합니다. Object. freeze()함수는 writable 속성을 false로 세팅해서 객체 상태를 못 바꾸게 동결합니다. [코드 2-1]의 Person 객체를 한번 동결해봅시다.

```
const person = Object.freeze(new Person('Haskell', 'Curry', '444-44-4444'));
person.firstname = 'Bob';        ◄── 허용되지 않습니다.
```

위 코드를 실행하면 person의 속성은 모두 읽기 전용read-only 상태로 바뀌어 속성(여기선 _firstname)을 변경하려고 시도하면 에러가 납니다.

```
TypeError: Cannot assign to read only property '_firstname' of #<Person>
(#<Person>의 읽기 전용 속성 '_firstname'에 값을 할당할 수 없습니다.)
```

Object.freeze()는 상속한 속성까지 고정하므로 Student 인스턴스를 동결하면 이 객체의 프로토타입 체인을 따라가 Person이 물려준 속성 역시 모두 같은 방법으로 동결합니다. 단, 중첩된 객체 속성까지 동결하는 건 불가능합니다(그림 2-3).

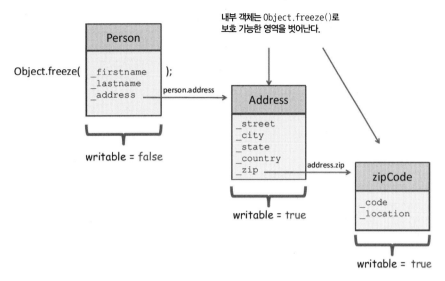

그림 2-3 Person 형을 동결해도 (_address 같은) 내부 객체 속성까지는 동결되지 않으므로 person.adress. country 값은 언제든지 바꿀 수 있습니다. 이렇게 최상위 객체만 동결되는 것을 얕은 동결(shallow freeze)이라고 합니다.

다음은 Address 형식의 정의부입니다.

```
class Address {
  constructor(country, state, city, zip, street) {
    this._country = country;
    this._state = state;
    this._city = city;
    this._zip = zip;
    this._street = street;
  }

  get street() {
    return this._street;
  }

  get city() {
    return this._city;
  }

  get state() {
    return this._state;
  }
```

```
  get zip() {
    return this._zip;
  }

  get country() {
    return this._country;
  }
}
```

다음 코드를 실행하면 아무 에러도 나지 않습니다.

```
var person = new Person('Haskell', 'Curry', '444-44-4444');
person.address = new Address(
  'US', 'NJ', 'Princeton',
  zipCode('08544','1234'), 'Alexander St.');

person = Object.freeze(person);

person.address._country = 'France'; //-> 허용!
person.address.country; //-> 'France'
```

Object.freeze()는 얕은 연산이라서 확실히 동결하고 싶을 땐 다음 코드처럼 한 객체의 중첩 구조를 일일이 수작업으로 동결해야 합니다.

코드 2-2 재귀 함수로 객체를 깊이 동결함

```
var isObject = (val) => val && typeof val === 'object';

function deepFreeze(obj) {
  if(isObject(obj)
    && !Object.isFrozen(obj)) {

    Object.keys(obj).
      forEach(name => deepFreeze(obj[name]));

    Object.freeze(obj);
  }
  return obj;
}
```

함수는 건너뜁니다. 물론, 자바스크립트 함수는 변이를 일으킬 수 있지만, 이 예제는 데이터 속성에 초점을 둡니다.

이미 동결된 객체는 무시하고 아직 동결되지 않은 객체만 동결합니다.

모든 속성을 하나씩 반복하며 동결되지 않은 속성에 Object.freeze()를 재귀 호출합니다 (map 함수는 3장에서 설명합니다).

자기 자신을 재귀 호출합니다 (재귀는 3장에서 다룹니다).

루트 객체를 동결합니다.

지금까지 어느 수준 이상의 불변성을 코드에 강제하는 기법을 몇 가지 제시했지만, 상태를 전혀 바꾸지 않는 애플리케이션이란 그리 현실적이지 않습니다. 따라서 자바스크립트 애플리케이션의 복잡다기함을 줄인다는 차원에서 (coordinate.translate( )처럼) 원본 객체에서 새 객체를 만드는 엄격한 정책을 적용하면 큰 도움이 될 것입니다. 함수형으로 접근법해서 객체의 불변 상태를 한곳에서 관리하는 렌즈lense라는 기법도 있습니다.

2.2.4 객체 그래프를 렌즈로 탐색/수정

OOP에서는 메서드를 호출해서 상태적 객체의 내부 내용을 바꾸는 일이 비일비재합니다. 그 결과, 상태를 조회한 결과를 보장하기 어렵고 어떤 객체가 원래 그대로일 거라 기대했던 모듈은 기능 자체가 무용지물이 될 가능성이 있습니다. 개발자가 직접 **카피 온 라이트**Copy-On-Write[3] 전략으로 메서드를 호출할 때마다 새 객체를 만들어 반환하는 방법도 있지만, 단언컨대 그 과정이 정말 따분하기 짝이 없고 에러도 나기 십상입니다. 다음은 Person 클래스의 단순 세터 함수입니다.

```
set lastname(lastname) {
   return new Person(this._firstname, lastname, this._ssn);
};
```

다른 속성의 상태도 전부 새 인스턴스에 일일이 복사해 넣어야 합니다(끔찍하네요!).

도메인 모델에 존재하는 모든 형식, 모든 속성에 이런 작업을 다 한다고 상상해봅시다. 판박이 코드로 도배를 하지 않고도 은밀하게 상태적 객체를 불변 상태로 바꿀 수 있는 묘안이 필요하겠죠. **렌즈**lense, 또는 **함수형 레퍼런스**functional reference라고도 불리는 이 기법은 상태적 자료형의 속성에 접근하여 불변화하는 함수형 프로그래밍 기법입니다. 렌즈의 작동 방식은 카피 온 라이트와 비슷합니다. 상태를 관리하고 복사하는 방법을 알고 있는 내부 저장소 컴포넌트를 이용한다는 점에서 비슷합니다. 여러분이 렌즈를 직접 구현할 필요는 없고, 람다JS라는 자바스크립트 라이브러리를 쓰면 됩니다(자세한 내용 및 다른 라이브러리에 관한 정보는 부록을 참고하세요). 기본적으로 람다JS는 전역 객체 R로 모든 기능을 노출합니다. Person의 lastname 속성은 R.lensProp을 써서 다음과 같이 렌즈로 감싸면 됩니다.

```
var person = new Person('Alonzo', 'Church', '444-44-4444');
var lastnameLens = R.lenseProp('lastname');
```

---

3 역주_ 컴퓨터 과학에서 기억 공간을 관리하는 전략 중 하나입니다. 데이터 복사 명령을 받아도 잠정적으로 원본 주소값만 기록하여 마치 원본이 사본인 것처럼 보여주다가, 원본 또는 사본 어느 한쪽이 수정되면 그제서야 복사를 합니다. 쉽게 말해, 정말 복사 작업을 해야 할 시점에 복사를 하고 그 전까지는 이미 복사한 것처럼 버티는 전략입니다.

```
const newPerson = R.set(lastnameLens, 'Mourning', person);
```

속성의 내용은 R.view로 꺼내봅니다.

```
R.view(lastnameLens, person); //-> 'Church'
```

실제로 하는 일은 get lastname( ) 메서드와 비슷합니다. 딱히 새로울 건 없군요. 그럼 세터
는 어떨까요? 자, 지금부터가 재밌습니다. R.set을 호출하면 원래 객체 상태는 그대로 유지한
채 새로운 값이 포함된 객체 사본을 새로 만들어 반환합니다(공짜로 카피 온 라이트합니다!).

```
var newPerson = R.set(lastnameLens, 'Mourning', person);
newPerson.lastname; //-> 'Mourning'
person.lastname; //-> 'Church'
```

대상이 레거시 객체든, 여러분의 권한 밖에 있는 객체든, 렌즈는 물밑에서 조용히 객체를 다루
게 해주는 중요한 장치입니다. 또 렌즈는 Person의 address 같은 중첩 속성까지 지원합니다.

```
person.address = new Address(
    'US', 'NJ', 'Princeton', zipCode('08544','1234'),
    'Alexander St.');
```

address.zip 속성을 렌즈로 탐색해봅시다.

```
const zipPath = ['address', 'zip'];
const zipLens = R.lens(R.path(zipPath), R.assocPath(zipPath));  ◁── 게터/세터 동작을
R.view(zipLens, person); //-> zipCode('08544', '1234')              정의합니다.
```

렌즈로 구현한 세터는 불변이라 중첩 객체를 변경해서 새 객체를 반환할 수 있습니다.

```
var newPerson = R.set(zipLens, zipCode('90210', '5678'), person);
var newZip = R.view(zipLens, newPerson);        //-> zipCode('90210', '5678')
var originalZip = R.view(zipLens, person);      //-> zipCode('08544', '1234')
newZip.toString() !== originalZip.toString(); //-> true
```

함수형으로 작동하는 게터/세터까지 마련되어 든든하군요! 렌즈는 불변 래퍼라는 보호막을 제
공할 뿐만 아니라, 필드에 접근하는 로직을 객체로부터 분리하여 this에 의존할 일을 없애고,
어떤 객체라도 그 내용물에 접근하여 조작할 수 있는 강력한 함수를 내어주겠다는 FP 철학과
도 잘 어울립니다.

객체를 어떻게 다루어야 하는지 알아보았으니, 이제 애플리케이션을 움직이는 원동력이자, 함
수형 프로그래밍의 요체인 함수로 화제를 옮기겠습니다.

2.3 함수

함수형 프로그래밍에서 함수는 작업의 기본 단위입니다. 만사가 함수를 중심으로 행해집니다. **함수**function는 ( ) 연산자를 적용하여 평가할 수 있는 모든 호출 가능 표현식을 가리키며, 호출자에게 계산한 값 또는 (void 함수라면) undefined를 반환합니다. FP의 함수는 수학책에 나오는 함수처럼 (null이나 undefined가 아닌) **사용 가능한 결과**를 낼 경우에만 유의미하며, 그 외에는 외부 데이터 변경 등의 부수효과를 일으킨다고 볼 수 있습니다. 이 책에서는 **표현식**expression(값을 내는 함수)과 **구문**statement(값을 내지 않는 함수) 두 용어를 구분합니다. 명령형/절차적 프로그램은 대부분 일정한 순서로 구문을 나열하지만, FP 코드는 전반적으로 표현 위주라서 void 함수는 도움이 되지 않습니다.

자바스크립트 함수에는 함수형 스타일의 팥소와 찐빵인 일급과 고계라는 두 가지 중요한 특성이 있습니다. 하나씩 자세히 살펴봅니다.

2.3.1 함수를 일급 시민으로

자바스크립트 함수는 실제로 객체이기 때문에 **일급**first-class이며, 일급 시민이라고도 합니다. 여태껏 함수를 다음과 같이 선언한 코드는 많이 봤을 겁니다.

```
function multiplier(a, b) {
  return a * b;
}
```

하지만 이 밖에도 함수를 선언하는 방법은 몇 가지 더 있습니다. 객체와 마찬가지로 함수는 다음과 같이 할당될 수 있습니다.

- 익명 함수anonymous function 또는 람다 표현식으로 변수에 할당할 수 있습니다(람다 표현식은 3장에서 더 자세히 설명합니다).

```
const square = function (x) {    ←┤ 익명 함수
  return x * x;
}

const square = x => x * x;    ←┤ 람다 표현식
```

- 객체 속성에 메서드 형태로 할당할 수 있습니다.

```
const obj = {
  method: function (x) {
    return x * x;
  }
};
```

square(2)처럼 함수를 호출할 땐 () 연산자를 쓰며, 함수 객체 자체도 출력할 수 있습니다.

```
square;
// function (x) {
//   return x * x;
// }
```

(많이 쓰이진 않지만) 생성자를 통해 함수를 인스턴스화하는 방법도 있습니다. 자바스크립트 함수의 일급 자질을 보여주는 증거라고 볼 수 있지요. 생성자는 정규 매개변수 세트와 함수 본체, 그리고 new 키워드로 만듭니다.

```
const multiplier = new Function('a', 'b', 'return a * b');
```

```
multiplier(2, 3); //-> 6
```

자바스크립트 함수는 모두 Function 형식의 인스턴스입니다. 함수의 length 속성은 정규 매개변수 개수를 나타내며, apply()와 call() 메서드는 함수를 주어진 콘텍스트로 호출합니다 (자세한 내용은 다음 절에서 이어집니다).

익명 함수 표현식의 우변은 name 속성이 빈 함수 객체입니다. 익명 함수는 어떤 함수의 기능을 확장하거나 특화시킬 때 인수로 전달합니다. 예를 들어, 자바스크립트 내장 메서드 Array.sort는 비교자^{comparator} 함수 객체를 인수로 받고, sort는 기본적으로 원소를 문자열로 바꾼 후 유니코드 값을 기준으로 자연 정렬^{natural sorting}[4]합니다. 다른 방법으로 정렬하고 싶을 때도 있겠죠. 몇 가지 예를 들겠습니다.

```
const fruit = ['Coconut', 'apples'];
fruit.sort(); //->['Coconut', 'apples']
```
┤ 유니코드에서 대문자는 소문자
  보다 순서가 빠릅니다.[5]

---

4 역주_ 문자열을 알파벳 순서로 정렬하는 것을 말합니다. 단, 문자열과 숫자가 섞인 경우는 인간이 알아보기 쉬운(자연스러운) 형태로 정렬합니다. 예를 들면, ['a11', 'a1', 'a2'].sort(); 하면 기계 중심의 알파벳 순서로는 1이 2보다 앞서므로 ['a1', 'a11', 'a2']가 되지만, 자연 정렬하면 11이란 숫자가 2 다음이므로 ['a1', 'a2', 'a11']입니다.

5 역주_ 유니코드 코드포인트는 A~Z가 U+0041~U+005A, a~z가 U+0061~U+007A입니다(https://unicode-table.com 참고).

```
const ages = [1, 10, 21, 2];
ages.sort(); //->[1, 10, 2, 21]
```
⟵ 숫자를 문자열로 바꾸고 각 문자의 유니코드
코드포인트 순으로 정렬합니다.

결국 sort() 함수는 comparator 함수에 구현된 정렬 기준에 따라 다르게 작동하고 그 자체로
는 거의 쓸모가 없습니다. 사람들을 나이 순으로 정렬하려면 다음과 같이 커스텀 함수를 만들
어 인수로 전달하면 됩니다.

```
people.sort((p1, p2) => p1.getAge() - p2.getAge());
```

comparator 함수는 p1, p2 두 매개변수를 받는데, 규칙은 이렇습니다.

- comparator가 0보다 작은 값을 반환하면 p1이 p2 앞으로 옵니다.
- comparator가 0을 반환하면 p1, p2 순서는 그대로입니다.
- comparator가 0보다 큰 값을 반환하면 p1이 p2 뒤로 갑니다.

sort() 같은 자바스크립트 함수는 값을 할당할 수 있으면서 다른 함수도 인수로 받을 수 있으
므로 고계함수 범주에 속합니다.

2.3.2 고계함수

함수도 작동 원리는 일반 객체와 같아서 함수 인수로 전달하거나 함수를 반환받을 수 있습니
다. 이런 함수를 **고계함수**higher-order function라고 하며, 앞서 예시한 Array.sort()의 comparator
함수도 고계함수입니다. 다른 예를 더 들어보죠.

다음은 한 함수를 다른 함수의 인수로 넘기는 코드입니다. applyOperation 함수는 인수 2개
와 이 인수들을 대상으로 수행할 연산이 담긴 함수를 받습니다.

```
function applyOperation(a, b, opt) {
  return opt(a,b);
}
```
⟵ opt()는 다른 함수의 인수로
전달 가능한 함수입니다.

```
const multiplier = (a, b) => a * b;

applyOperation(2, 3, multiplier); //-> 6
```

다음 add 함수는 인수 a를 받아 다른 함수를 반환합니다. 반환된 함수는 두 번째 인수 b를 받고
a와 더한 값을 최종 반환합니다.

```
function add(a) {
  return function (b) {        ◁─┤ 이 함수는 또 다른 함수를
    return a + b;                  │ 반환합니다.
  }
}
add(3)(3); //-> 6
```

자바스크립트 함수는 일급 + 고계여서 **여느 값이나 다름없습니다.** 즉, 자신이 받은 입력값을 기반으로 정의된 언젠가는 실행될^{yet-to-be-executed} 값에 지나지 않지요. 3장에서 공부할 함수 체인이 특히 그렇지만, 이는 모든 함수형 프로그래밍에 깊숙이 자리잡은 기본 원리입니다. 함수 체인을 구성할 때엔 전체 표현식의 요소로 실행할 프로그램 조각을 항상 함수명으로 가리킵니다.

작은 프로그램 조각에서 고계함수를 조합하여 유의미한 표현식을 만들기도 합니다. 고계함수가 없었으면 아주 장황했을 프로그램이 매우 단순해지지요. 가령 미국 거주자 명단을 출력하는 프로그램을 생각해봅시다. 알기 쉽게 명령형으로 작성하면 다음과 같습니다.

```
function printPeopleInTheUs(people) {
  for (let i = 0; i < people.length; i++) {
    var thisPerson = people[i];
    if(thisPerson.address.country === 'US') {
      console.log(thisPerson);     ◁─┤ 각 객체의 toString 메서드를
    }                                 │ 호출합니다.
  }
}
                                 ┌ p1, p2, p3는 Person 인스턴스
printPeopleInTheUs([p1, p2, p3]); ◁─┤ 입니다.
```

여기서 다른 나라 거주자도 보여달라면 어떻게 할까요? 고계함수를 이용하면 각 사람마다 수행할 작업(여기는 콘솔 출력)을 멋지게 추상할 수 있습니다. 원하는 로직을 함수에 고이 담아 고계함수 printPeople에 보내기만 하면 됩니다.

```
function printPeople(people, action) {
  for (let i = 0; i < people.length; i++) {
    action(people[i]);
  }
}

function action(person) {
  if(person.address.country === 'US') {
    console.log(person);
  }
}
```

```
    printPeople(people, action);
```

multiplier(곱셈기), comparator(비교자), action(액션) 같은 명사로 함수를 명명하는 건 자바스크립트 같은 언어에서 볼 수 있는 독특한 패턴입니다. 자바스크립트 함수는 일급이라서 일단 변수에 할당한 뒤 나중에 실행해도 됩니다. printPeople를 리팩터링해서 고계함수의 장점을 한껏 살려봅시다.

```
function printPeople(people, selector, printer) {
  people.forEach(function (person) {          ◁─┐ forEach는 함수형 프로그램에서 즐겨 쓰는
    if(selector(person)) {                        루프문입니다. 이 장 뒷부분에서 설명합니다.
      printer(person);
    }
  });
}

const inUs = person => person.address.country === 'US';
                                                      ┌ 고계함수를 쓰면 선언적 패턴이 점점 늘어나기
printPeople(people, inUs, console.log);         ◁──┤ 시작해서 표현식만 봐도 프로그램이 하는 일을
                                                      └ 파악할 수 있습니다.
```

함수형 프로그래밍을 득도하려면 가급적 이런 방향으로 사고하도록 노력해야 합니다. 어떻습니까, 처음 코드에 비해 훨씬 유연해졌지요? 데이터를 고르는 기준을 재빨리 변경(구성)할 수 있고, 출력 대상을 바꾸는 일도 자유롭습니다. 3, 4장에서는 특별한 라이브러리를 이용해서 여러 연산을 부드럽게 체이닝하고 작은 부품들을 조합해서 복잡한 프로그램을 구축하는 내용을 집중적으로 다룹니다.

심화 학습

자바스크립트 이야기는 잠시 접어두고, 이 절에서 예시한 프로그램을 조금 더 이야기하면서 필자가 대충 얘기하고 넘어간 몇 가지 개념을 보충하겠습니다. 지금은 조금 어렵게 느껴질 수 있지만, 곧 여러분도 FP 기법을 응용해서 프로그램을 개발할 수 있습니다. 다음은 렌즈를 이용하여 객체 속성에 접근하는 유틸 함수입니다.

```
const countryPath = ['address', 'country'];
const countryL = R.lens(R.path(countryPath), R.assocPath(countryPath));
const inCountry = R.curry((country, person) =>
  R.equals(R.view(countryL, person), country));
```

이전보다 훨씬 함수형다운 코드지요.

```
people.filter(inCountry('US')).map(console.log);
```

이제 국가명은 얼마든지 바꿀 수 있는 매개변수가 됐습니다. 후속 장들에서 더 자세히 살펴볼 주제입니다.

자바스크립트 함수는 호출뿐만 아니라 적용도 할 수도 있습니다. 그럼 자바스크립트의 독특한 함수 호출 체제를 살펴보겠습니다.

2.3.3 함수 호출 유형

자바스크립트의 함수 호출 체제는 여타 언어와는 다르게 독특한 면이 있습니다. 자바스크립트 함수는 호출 시점의 런타임 콘텍스트, 즉 함수 본체 내부의 this 값을 자유롭게 지정할 수 있으며 호출하는 방법도 다양합니다.

- **전역 함수로 호출**: this 레퍼런스는 전역 객체, 또는 undefined(엄격 모드)를 가리킵니다.

```
function doWork() {
  this.myVar = '어떤 값';     ←  doWork()에서 this 레퍼런스는
}                                  전역 객체를 가리킵니다.

doWork();    ←
```

- **메서드로 호출**: this 레퍼런스는 해당 메서드를 소유한 객체입니다.

```
var obj = {
  prop: '어떤 속성',
  getProp: function () {
    return this.prop    ←
  }                          객체 메서드 호출 시 this는
};                           소유 객체를 가리킵니다.

obj.getProp();    ←
```

- **앞에 new를 붙여 생성자로 호출**: 새로 만든 객체의 레퍼런스를 암시적으로 반환합니다.

```
function MyType(arg) {
    this.prop = arg;         ◁── 함수를 new로 호출할 경우 this가 가리키는 것은 방금
}                                전 생성되어 암시적으로 반환된 객체입니다.

var someVal = new MyType('어떤 인수');
```

예제에서 보다시피, 다른 프로그래밍 언어와는 달리 this 레퍼런스가 가리키는 대상은 어휘적 콘텍스트(코드상 위치)가 아니라 함수를 사용하는 방법(전역으로, 객체 메서드로, 또는 생성자로 사용)에 따라 달라집니다. 이런 특성 탓에 정말 이해하기 어려운 코드가 될 수 있으므로 함수가 실행되는 콘텍스트를 잘 살펴야 합니다.

이 절에는 여러분이 자바스크립트 개발자로서 꼭 알아야 하는 내용을 넣었지만, 필자가 이미 몇 차례 언급했듯이 함수형 코드에서는 this를 쓸 일이 거의 없습니다(실은 어떤 일이 있어도 쓰지 말아야 합니다). this는 대개 라이브러리나 도구를 개발하는 사람들이 언어의 맥락을 교묘히 왜곡시켜 특정한 요건을 구현하는 데 사용해왔습니다. 여기엔 apply와 call 두 메서드도 빠지지 않지요.

2.3.4 함수 메서드

자바스크립트 함수는 프로토타입에 소속된 (일종의 상위 함수 같은) apply와 call 메서드로도 호출할 수 있습니다. API 사용자가 기존 함수에서 새 함수를 간단히 만들어 쓰는 용도로 많이 씁니다. 예를 들어 다음 negate 함수는 함수를 인수를 받아 그 실행 결과를 논리적으로 부정하는 함수를 새로 만듭니다.

```
function negate(func) {      ◁── 고계함수 negate는 함수를 받아 그 실행
  return function() {             결과를 부정하는 함수를 반환합니다.
    return !func.apply(null, arguments);   ◁── Function.apply()로 원본 인수를 넣어
  };                                           함수를 실행합니다.
}

function isNull(val) {       ◁── isNull 함수를 정의합니다.
  return val === null;
}

const isNotNull = negate(isNull);   ◁── isNull을 부정하여 isNotNull 함수를
                                        정의합니다.
isNotNull(null); //-> false
isNotNull({}); //-> true
```

이 코드는 apply를 썼지만 call도 사용법은 같습니다. 전자는 인수 배열을, 후자는 인수를 목록으로 받는 점만 다르지요. 첫 번째 인수 thisArg를 이용하면 함수 콘텍스트를 입맛에 맞게 바꿀 수 있습니다. 두 메서드의 서명은 다음과 같습니다.

```
Function.prototype.apply(thisArg, [매개변수 배열])
Function.prototype.call(thisArg, arg1, arg2, ...)
```

thisArg가 어떤 객체면 그 객체가 메서드의 호출자로 세팅됩니다. 그러나 thisArg가 null이면 전역 객체가 함수 콘텍스트가 되어 마치 전역 함수처럼 작동하는데, 엄격 모드에서 실행하면 실제 null 값 그대로 세팅됩니다.

thisArg로 함수 콘텍스트를 바꿀 수 있기 때문에 별의별 기법이 끼를 펼칠 멍석이 깔린 셈입니다. 함수형 프로그램은 콘텍스트 상태(함수는 모든 데이터를 인수로만 받습니다)에 절대로 의존하지 않기 때문에 이런 꼼수는 통하지 않습니다. 필자도 이 문제는 더 이상 언급하지 않겠습니다.

전역 공유 객체, 객체 콘텍스트 등은 함수형 자바스크립트에서 거의 쓸모없는 개념이지만, 함수 콘텍스트는 잘 알아두어야 합니다. 함수 콘텍스트 얘기를 하자면 클로저와 스코프를 빼놓을 수 없지요.

2.4 클로저와 스코프

자바스크립트가 탄생하기 전에는 클로저는 순수 FP 언어에만 존재했고 특정 애플리케이션에 제한적으로만 사용됐습니다. 클로저를 가장 먼저 주요 개발 요소로 채택한 자바스크립트는 개발자가 코드를 작성하는 방법에 상당한 변화를 가져왔습니다. zipCode 코드를 다시 봅시다.

```
function zipCode(code, location) {
  let _code = code;
  let _location = location || '';

  return {
    code: function () {
      return _code;
    },
```

```
    location: function () {
      return _location;
    },
    ...
  };
}
```

잘 보면 zipCode 함수가 반환한 객체 리터럴이 이 함수 스코프 밖에 선언된 변수에 마음대로 접근할 수 있습니다. 즉 zipCode 실행 이후에도 그 결과 반환된 객체는 자신을 감싼 함수에 선언되었던 정보를 계속 바라볼 수 있습니다.

```
const princetonZip = zipCode('08544', '3345');
princetonZip.code(); //-> '08544'
```

약간 난해하게 느껴지는 대목이지만, 이는 자바스크립트에서 객체와 함수를 선언할 때 형성되는 클로저 덕분입니다. 이런 식으로 데이터에 접근하면 여러 가지 실용적인 이점이 있는데요, 이 절에서는 프라이빗 변수를 모방하고, 서버에서 데이터를 조회하고, 블록 스코프에 변수를 묶어둘 때 클로저를 어떻게 활용하는지 알아보겠습니다.

클로저closure는 함수를 선언할 당시의 환경에 함수를 묶어둔 자료구조입니다. 함수 선언부의 물리적 위치에 의존하므로 **정적 스코프**static scope 혹은 **어휘 스코프**lexical scope라고도 합니다. 함수가 자신을 둘러싼 주변 상태에 접근할 수 있기 때문에 클로저를 이용하면 명확하고 가독성 높은 코드를 작성할 수 있습니다. 또 클로저는 고계함수를 응용한 함수형 프로그래밍뿐만 아니라 이벤트 처리 및 콜백, 프라이빗 변수 모방, 그리고 자바스크립트의 일부 약점을 보완하는 용도로도 유익합니다.

함수 클로저의 작동 규칙은 자바스크립트의 스코핑 규칙과 밀접한 관련이 있습니다. 스코프는 일련의 변수 바인딩을 한데 모아 변수가 정의된 코드 영역을 확정하는데, 사실상 클로저는 함수의 스코프를 상속한 것입니다. 자신의 부모를 레퍼런스로 가리킨다는 점에서는 객체의 메서드가 자신이 상속한 인스턴스 변수에 접근하는 방법이나 마찬가지죠. 간단한 예를 봅시다.

```
function makeAddFunction(amount) {
  function add(number) {          ←⌐  add 함수는 makeAddFunction에 어휘적으로 바인딩
    return number + amount;          │ 되어 amount 변수에 접근 가능합니다.
  }
  return add;
}
```

```
function makeExponentialFunction(base) {
  function raise (exponent) {          raise 함수는 makeExponentialFunction에 어휘적
    return Math.pow(base, exponent);    으로 바인딩되어 base 변수에 접근 가능합니다.
  }
  return raise;
}

var addTenTo = makeAddFunction(10);
addTenTo(10); //-> 20

var raiseThreeTo = makeExponentialFunction(3);
raiseThreeTo(2); //-> 9
```

위 예제에서 두 함수의 amount, base 변수는 더 이상 활성 스코프에 없지만 반환된 함수를 호출하면 여전히 되살릴 수 있습니다. 중첩된 두 함수 add, raise가 자신의 계산 로직뿐만 아니라 자신을 둘러싼 모든 변수의 스냅샷을 간직하고 있기 때문입니다. 일반적으로 함수의 클로저는 다음 두 가지를 포함합니다(그림 2-4).

- 모든 함수 매개변수(예제의 params, params2)
- (전역 변수를 포함해서) 바깥 스코프에 위치한 모든 변수. additionalVars 함수 이후에 선언된 변수들도 포함됩니다.

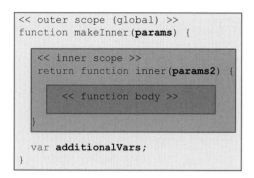

그림 2-4 클로저는 바깥 스코프(전역), 부모 함수의 내부 스코프에 위치한 변수, 부모 함수의 매개변수, 함수 선언부 다음에 선언한 변수까지 보관합니다. 함수 본체 내부 코드는 이들 각 스코프에 정의된 변수와 객체에 접근 가능하며, 전역 스코프는 모든 함수가 공유합니다.

실제로 작동시켜봅시다.

```
var outerVar = 'Outer';          ⟵┤ 전역 변수 outerVar를 선언합니다.
function makeInner(params) {        ┤ makeInner 함수 내부의 지역 변수를 선언합니다.
  var innerVar = 'Inner';      ⟵─┘

                               ┤ inner 함수를 선언합니다. innerVar, outerVar는
  function inner() {     ⟵─────┘ inner 함수 클로저의 일부입니다.
    console.log(
      `${outerVar}, ${innerVar}, ${params}이(가) 보여요!`);
  }
  return inner;
}
                                    ┤ makeInner를 호출하면 inner 함수가
var inner = makeInner('Params');  ⟵─┘ 반환됩니다.
inner();     ⟵┤ inner 함수는 자신의 외부에 살아 있는
              └ 평범한 함수입니다.
```

실행 후엔 다음 메시지가 출력됩니다.

```
'Outer, Inner, Params이(가) 보여요!'
```

언뜻 보기에 난해하고 신비로운 코드처럼 느껴집니다. makeInner 함수 실행이 끝난 이후
엔 더 이상 지역 변수(innerVar)는 존재하지 않는 가비지 컬렉션 대상이 될 테니 콘솔에는
undefined가 나와야 맞을 것 같지만, 클로저라는 흑마술 때문에 예상치 못한 결과가 나왔습니
다. makeInner가 반환한 함수가 자신이 선언되었던 스코프에 존재했던 변수들을 모두 기억해
서 쓰레기통으로 들어가지 않게 붙잡아둔 것이지요. 전역 스코프 역시 이 클로저에 포함되어
있어 outerVar도 접근 가능합니다. 클로저와 함수 콘텍스트의 비밀은 7장에서 다시 살펴보겠
습니다.

함수 선언부 다음에 선언된 (additionalVars 같은) 변수가 어떻게 클로저의 일부로 편입된
걸까요? 이 질문에 답하려면 자바스크립트의 세 가지 스코프, 즉 전역 스코프, 함수 스코프, 의
사 블록 스코프를 이해해야 합니다.

2.4.1 전역 스코프의 문제점

전역 스코프global scope는 가장 단순하면서, 가장 나쁜 스코프입니다. 전역 스코프에는 스크립트
최외곽에 선언된(어느 함수에도 속하지 않은) 객체 및 변수가 자리하고, 이들은 모든 자바스

크립트 코드가 자유롭게 접근할 수 있습니다. 함수형 프로그래밍에서는 관찰 가능한 어떤 변화도 함수에서 전파되는 것을 금기시하는데, 전역 스코프에선 한 줄 한 줄이 그런 변화를 일으키는 원인이 될 수 있지요.

그냥 갖다 쓰고 싶은 마음이 들어도, 전역 변수는 페이지에 적재된 모든 스크립트가 공유하기 때문에 모듈 단위로 코드를 잘 묶어두지 않으면 이름공간^namespace이 충돌할 소지가 매우 높습니다. 전역 이름공간을 더럽히면 다른 파일에서 선언된 변수, 함수를 예기치 않게 재정의하는 ^override 문제도 발생할 수 있습니다.

전역 데이터는 변수 상태가 언제 어떻게 바뀌는지 머릿속에서 따라가야 해서 점점 알 수 없는 프로그램을 만드는 부작용을 초래합니다. 코드가 많아질수록 복잡도가 높아지는 주요 원인 중 하나죠. 또 전역 데이터를 읽고 쓸라치면 어쩔 수 없이 외부에 의존하게 되어 함수가 부수효과를 유발하는 원인이 됩니다. FP 스타일로 개발할 땐 여하한 경우에도 전역 변수는 삼가야 합니다.

2.4.2 자바스크립트의 함수 스코프

함수 스코프^function scope는 자바스크립트가 선호하는 스코프 방식입니다. 함수 내부에 선언된 변수는 모두 해당 함수의 지역 변수라서 다른 곳에서는 안 보이고, 함수가 반환되는 시점에 이들은 모두 바람과 함께 사라집니다. 다음 함수를 봅시다.

```
function doWork() {
  let student = new Student(...);
  let address = new Address(...);
  // 이하 생략
};
```

student와 address는 doWork 함수에 바인딩된 지역 변수라서 함수 밖에서는 접근할 수 없습니다. 변수를 이름으로 찾는 것은 앞서 설명했듯이 프로토타입 체인에서 이름으로 찾는 것과 비슷합니다(그림 2-5). 제일 안쪽 스코프에서 바깥쪽 방향으로 체크해나가는 것이지요. 자바스크립트 스코프는 다음과 같은 로직으로 작동합니다.

1. 변수의 함수 스코프를 체크합니다.

2. 지역 스코프에 없으면 자신을 감싼 바깥쪽 어휘 스코프로 이동해서 전역 스코프에 도달할 때까지 변수 레퍼런스를 계속 찾습니다.

3. 그래도 변수가 참조하는 대상이 없으면 undefined를 반환합니다.

예제 코드를 보겠습니다.

```
var x = '어떤 값';
function parentFunction() {
  function innerFunction() {
    console.log(x);
  }
  return innerFunction;
}
var inner = parentFunction();
inner();
```

inner 함수를 호출하면 자바스크립트 런타임은 [그림 2-5]의 순서대로 x를 찾기 시작합니다.

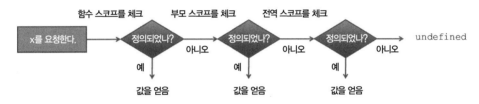

그림 2-5 자바스크립트의 이름 찾기 순서. 변수를 감싼 가장 가까운 스코프에서 시작해 바깥 스코프 방향으로 찾습니다. 먼저 함수 스코프(지역)를 확인한 후, 부모 스코프(부모가 있을 경우)를 찾습니다. 맨 나중에 전역 스코프를 찾아보고 그 래도 없으면 undefined를 반환합니다.

다른 프로그래밍 언어 경험자라면 함수 스코프가 별로 낯설지 않겠지만, 자바스크립트가 C 언어와 구문이 흡사하다 보니 블록 스코프도 작동 방식이 비슷할 거라고 오해하는 경우가 있습니다.

2.4.3 의사 블록 스코프

그러나 표준 ES5 자바스크립트는 for, while, if, switch처럼 제어 구조를 중괄호 {}로 감싼 블록 수준의 스코프를 지원하지 않습니다. 단, catch 블록에 전달된 error 변수는 예외입니다. with 문은 블록 스코프를 어느 정도 지원하지만, 이젠 사용을 권장하지 않는 데다 엄격 모드에서는 자취를 감추었습니다. C와 유사한 다른 언어에서는 다음과 같이 if 문에 선언된 변수

(myVar)는 코드 블록 밖에서 접근할 수 없습니다.

```
if (어떤 조건) {
  var myVar = 10;
}
```

이런 스타일이 익숙한 초심자들은 자바스크립트에 입문할 때 헷갈릴 수밖에 없겠죠. 자바스크립트의 함수 스코프는 참으로 독특해서 블록 안에 선언된 변수는 함수 어디서건 접근 가능합니다. 자바스크립트 개발자에겐 정말 악몽과도 같은 일이 될지 모르지만, 방법이 아주 없는 건 아닙니다. 먼저 다음 예제를 봅시다.

```
function doWork() {
  if (!myVar) {
    var myVar = 10;
  }
  console.log(myVar); //-> 10
}
doWork();
```

myVar 변수는 if 문 내부에 선언했지만 if 블록 밖에서도 보입니다. 정말 이상하지 않나요? 코드를 실행하면 콘솔에 10이 찍힙니다. 상식적인 블록 스코프에 익숙한 개발자 입장에선 적잖이 당황스러운 대목입니다. 자바스크립트는 내부적으로 변수와 함수 선언부를 현재 스코프(여기는 함수 스코프) 제일 위쪽으로 호이스팅hosting(끌어올림)하기 때문에 이런 일이 발생합니다. 그래서 루프를 쓸 때도 안전하지 않게 되는 경우가 있습니다. 다음 코드를 잘 보세요.

코드 2-4 모호한 루프 카운터 문제

```
var arr = [1, 2, 3, 4];

function processArr() {
  function multipleBy10(val) {
    i = 10;
    return val * i;
  }

  for(var i = 0; i < arr.length; i++) {
    arr[i] = multipleBy10(arr[i]);
  }

  return arr;
```

```
    }

    processArr(); //-> [10, 2, 3, 4]
```

루프 카운터 i는 processArr 함수의 최상단으로 이동[6]하여 선언되고 multipleBy10 함수의 클로저에 포함됩니다. multipleBy10 내부로 스코프가 한정된 변수 i를 선언하려면 var 키워드를 썼어야 했는데 누락하는 바람에 루프 카운터가 뜻하지 않게 10으로 변경되는 것입니다. 즉 루프 카운터의 i는 processArr 최상단으로 호이스팅되어 선언만 먼저 되고(undefined) 루프가 시작되면 0 값이 할당됩니다. 루프의 비차단[nonblocking] 연산 도중 발생하는 이러한 모호한 문제는 8장에서 다룹니다.

잘 만든 통합 개발 환경(IDE)과 린터[linter]를 이용하면 이와 같은 문제를 해결하는 데 유용하지만, 수백 줄에 달하는 코드에선 별로 도움이 되지 않습니다. 일반 루프에 비해 우아하고 에러가 덜 나는 해법, 즉 고계함수의 장점을 총동원하여 잠재적인 위험에서 벗어나는 방법은 3장에서 이야기합니다. ES6부터는 let 키워드로 루프 카운터를 해당 루프 블록에 바인딩하여 모호함을 어느 정도 극복할 수 있습니다.[7]

```
    for(let i = 0; i < arr.length; i++) {      ⟵┄┄ let을 쓰면 호이스팅 문제가 해소되고 i는
      // ...                                         제 스코프에 위치하게 됩니다. 루프를 벗어
    }                                                나면 i는 정의되지 않은 변수입니다.

    i; // i === undefined
```

---

6 역주_ multipleBy10 함수에서 i = 10;을 var i = 10;로 바꾸면 함수 내부 스코프에 한정되어 동작하므로 루프 카운터 변수 i와 충돌하지 않습니다.

7 역주_ 참고로, 다음 두 예제를 잘 비교하면 ES6부터 let 키워드로 호이스팅을 방지하는 이유가 무엇인지 더 확실히 이해할 수 있습니다.
```
    // ES5 이전
    for(var i = 0; i < 10; i++) {
    setTimeout(function() {
       console.log('숫자: ' + i);
      },1000);
    }

    // ES6 이후
    for(let i = 0; i < 10; i++) {
    setTimeout(function() {
      console.log('숫자: ' + i);
     },1000);
    }
```

필자는 이것이 스코프 바인딩 변수에 var보다 let을 쓰면 더 좋은 이유이고 분명 옳은 방향으로 나아가는 중간 과정이라고 생각하지만, 수동 루프에는 이외 다른 단점도 있습니다. 그 해결 방안도 3장에서 살펴봅니다. 지금까지 함수 클로저의 구성 요소, 그리고 그것이 스코프 체제와 어떻게 맞물리는지 알아보았으므로, 이제 클로저를 실제로 활용해봅시다.

2.4.4 클로저 응용

클로저는 대규모 자바스크립트 프로그램 개발 시 요긴한 쓰임새가 많습니다. 함수형 프로그래밍에 한정되는 것은 아니지만, 클로저를 이용하면 자바스크립트의 독특한 함수 체제를 멋지게 활용할 수 있습니다.

- 프라이빗 변수를 모방
- 서버 측 비동기 호출
- 가상의 블록 스코프 변수를 생성

프라이빗 변수를 모방

다른 프로그래밍 언어는 (private 같은) 접근자로 객체의 내부 속성을 세팅할 수 있게 준비가 되어 있습니다. 그러나 자바스크립트에는 프라이빗 변수/함수를 두어 객체 스코프에서만 접근 가능하게 만들 키워드가 따로 없습니다. 접근할 수 없으면 바꿀 수도 없을 테니 불변성을 지키려면 아무래도 캡슐화가 필요하겠죠.

다행히 자바스크립트는 클로저를 이용하면 이를 비슷하게 흉내 낼 수 있습니다. 앞 예제에서 zipCode와 coordinate 함수가 객체를 반환하는 장면이 그렇습니다. 두 함수는 객체 리터럴을 반환하고, 이 객체는 자신을 감싼 함수의 지역 변수에 접근 가능한 메서드가 있습니다. 하지만 지역 변수 자체는 노출하지 않기 때문에 꽤 그럴싸하게 프라이빗 변수처럼 쓸 수 있습니다.

클로저는 전역 범위의 데이터 공유를 피하기 위해 전역 이름공간을 관리하는 수단으로도 쓰입니다. 실제로 자바스크립트 라이브러리나 모듈 개발자는 전체 모듈의 프라이빗 메서드와 데이터를 숨길 때 클로저를 적극 활용합니다. 이것을 **모듈 패턴**module pattern이라고 합니다. 내부 변수를 캡슐화하면서 전역 레퍼런스 개수를 줄이고 외부 세계에는 딱 필요한 기능만 표출export하기 위해 즉시 실행 함수immediately-invoked function expression(IIFE)를 사용합니다.

대략적인 모듈의 뼈대는 다음 코드와 같습니다.[8]

에러 발생 시 스택을 보며 추적할 때
IIFE를 식별할 수 있게 함수에
이름을 붙입니다.

```
var MyModule = (function MyModule(export) {
    let _myPrivateVar = ...;

    export.method1 = function () {
        // 작업 수행
    };

    export.method2 = function () {
        // 작업 수행
    };

    return export;
}(MyModule || {}));
```

두 메서드를 제외하고 프라이빗 변수는
이 함수 밖에서 접근할 수 없습니다.

이 객체 스코프 아래에서 메서드를 전역 범위로 표출합니다.
그 결과, 의사 이름공간이 생성됩니다.

모든 숨겨진 상태와 메서드를 은밀히 포함한 단일 객체.
method1()은 MyModule.method1()로 호출합니다.

MyModule 객체는 전역 스코프에 생성되고 function 키워드로 만든 함수 표현식은 스크립트가 적재되는 동시에 실행됩니다. _myPrivateVar 등의 프라이빗 변수는 함수 스코프 안에 국한되며 표출한 두 메서드를 에워싼 클로저 덕분에 다른 객체가 이 모듈의 모든 내부 속성에 안전하게 접근할 수 있습니다. 수많은 상태 및 기능이 탑재된 객체를, 전역 공간에는 아무런 흔적도 남기지 않고 외부에 공개할 수 있으니 금상첨화지요? 이 책에서 사용한 함수형 라이브러리도 모두 이러한 모듈 패턴으로 구현했습니다.

서버 측 비동기 호출

자바스크립트의 일급 고계함수는 다른 함수에 콜백으로 건넬 수 있습니다. 콜백은 다른 프로그램에 영향을 끼치지 않고 이벤트를 가로채 처리할 때 유용한 장치죠. 서버에 데이터를 요청한 다음 그 수신 여부를 통보받는 프로그램을 생각해봅시다. 다음은 응답을 처리하는 콜백 함수를 기존 방식으로 짠 코드입니다.

---

8 다른 종류의 모듈 패턴에 대한 깊이 있는 설명은 다음을 참고하세요. Ben Cherry, "JavaScript Module Pattern: In-Depth," *Adequately Good*, March 12, 2010, http://mng.bz/H9hk.

```
getJSON('/students',
  (students) => {
    getJSON('/students/grades',
      grades => processGrades(grades),      ◁─┤ 두 응답 모두 처리합니다.
      error => console.log(error.message));  ◁─┤ 점수 조회 중 발생한 에러를 처리합니다.
    },
    (error) =>
      console.log(error.message)     ◁─┤ 학생 조회 중 발생한 에러를 처리합니다.
);
```

고계함수 getJSON은 성공/실패 두 콜백 함수를 인수로 받습니다. 이벤트 처리, 비동기 코드에서는 깊이 중첩된 함수 호출의 늪에 빠져 옴짝달싹 못 하는 일이 흔합니다. 원격 서버 호출을 연달아 하면 이른바 '운명의 콜백 피라미드'가 형성되기 일쑤죠. 이미 경험한 독자들은 알겠지만 깊숙이 중첩된 코드는 파악하기 어렵습니다. 8장에서는 중첩 대신 유연하고 선언적인 표현식을 여럿 체이닝하여 기본적으로 평탄한 코드를 만드는 최상의 지침을 이야기합니다.

가상의 블록 스코프 변수를 생성

[코드 2-4]에서 봤던 루프 카운터 문제 역시 클로저로 해결할 수 있습니다. 자바스크립트는 블록 스코프 개념이 없어서 인위적으로 블록 스코프를 만드는 일이 관건이라고 했습니다. 뭔가 뾰족한 방법이 없을까요? let을 써도 기존 루프 체제 문제는 어느 정도 해결되지만, 함수형으로 접근한다면 클로저와 함수 스코프를 적극 활용한 forEach가 정답입니다. 이제 루프 카운터와 다른 변수들을 스코프 내부에 묶느라 고민하지 않아도 마치 루프문에 함수 스코프 블록이 존재하는 것처럼 루프 본체를 효과적으로 감쌀 수 있습니다. 나중에 배울 내용이지만 이렇게 하면 컬렉션을 반복하면서 비동기 코드를 호출할 때에도 좋습니다.

```
arr.forEach(function(elem, i) {
  ...
});
```

이 장에서는 3장부터 본격적으로 함수형 기법을 배우기 전, 준비운동 겸 자바스크립트의 기본을 복습하면서 함수형 자바스크립트의 몇 가지 한계점도 함께 살펴보았습니다. 자바스크립트 언어를 더 깊이 학습하고 싶은 독자는 객체, 상속, 클로저를 더 상세히 다룬 전문서가 있으니 참고하기 바랍니다.

> **자바스크립트 고수가 되고 싶다고요?**
>
> 이 장에서 살펴본 객체, 함수, 스코핑, 클로저는 자바스크립트 전문가가 되려면 반드시 넘어야
> 할 산이지만, 필자는 다른 장에서 함수형 프로그래밍을 집중 조명할 준비 차원에서 수박 겉핥기
> 만 했습니다. 자바스크립트 내공을 높여 무림 고수가 되고 싶다면, 『Secrets of the JavaScript
> Ninja, Second Edition』(Manning, 2016)을 추천합니다.

자바스크립트 기초를 확실히 다졌으니 이제 다음 장부터 map, reduce, filter, 재귀[recursion] 등
널리 쓰이는 연산 기법으로 데이터를 어떻게 처리하는지 공부하겠습니다.

2.5 마치며

- 자바스크립트는 OOP와 FP 양쪽 다 가능한 팔방미인 언어입니다.
- OOP에 불변성을 도입하면 함수형 프로그래밍을 멋지게 섞어 쓸 수 있습니다.
- 고계/일급 함수는 함수형 자바스크립트를 구사하는 근간입니다.
- 클로저는 정보 감춤, 모듈 개발뿐만 아니라, 여러 자료형에 걸쳐 굵게 나뉜 함수에 원하
  는 기능을 매개변수로 넘기는 등 다양한 쓰임새를 자랑합니다.

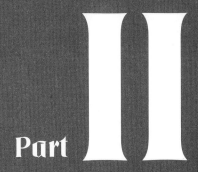

Part II

함수형으로 전환하기

왜 함수형인가? 왜 자바스크립트인가? 1부에서는 이 두 가지 근본적인 질문의 답을 구했습니다. 자바스크립트 개발에 함수형 프로그래밍을 적용하는 기본 원리를 배웠으니, 2부에서는 함수형 프로그래밍을 실제로 응용하기 위한 개념과 기법을 하나씩 설명하겠습니다. 2부를 떼고 나면 여러분의 머릿속도 '함수형'으로 전환되어 있을 겁니다.

3장은 헤아리기 쉬운 코드를 작성하기 위해 map, reduce, filter 등의 선언적 추상화를 통해 함수형 프로그램을 완성하는 과정을 다룹니다. 여러 유형의 데이터를 함수형 스타일로 반복시키는 재귀도 이 장에서 설명합니다.

4장에서는 3장에서 배운 개념을 이어받아 함수 파이프라인을 구축하고 무인수 스타일로 간결하게 개발하는 방법을 논합니다. 복잡한 작업을 작고 독립적인 컴포넌트로 나눈 다음, 합성성compositionality의 원리에 의해 다시 한데 모아 전체 프로그램을 완성하는 것이 함수형 코드의 핵심입니다. 결과적으로 재사용 가능하고 모듈적인 코드베이스가 구축됩니다.

끝으로 5장에서는 애플리케이션이 계속 복잡해지면서 증가하는 에러 처리에 관한 함수형 패턴을 알아봅니다. 함수자와 모나드처럼 추상적인 자료형을 쓰면 더 믿을 수 있고 탄탄한 함수 합성이 가능하며, 예외적인 상황에서도 장애를 허용하는, 탄력적인 추상화 계층이 갖춰집니다.

여러분이 2부에서 습득한 지식을 실무에 적용하면 여태껏 자바스크립트를 코딩해왔던 방식이 송두리째 바뀌게 될 것입니다. 또 3부에서 비동기 데이터와 이벤트가 가미된 더 복잡한 자바스크립트 문제의 함수형 해법을 배우기 위한 든든한 배경지식이 됩니다.

함수형으로 전환하기

## CHAPTER 3

자료구조는 적게, 일은 더 많이

이 장의 내용

◆ 프로그램 제어와 흐름

◆ 코드와 데이터를 효과적으로 헤아림

◆ map, reduce, filter의 진면목

◆ 로대시JS 라이브러리와 함수 체인

◆ 재귀적 사고방식

> *계산 프로세스는 컴퓨터에 내재하는 추상적인 존재다. 이들이 점점 진화하면서*
> *프로세스는 데이터라는 또 다른 추상적인 존재에 영향을 끼친다.*
>
> *– 『컴퓨터 프로그램의 구조와 해석』(인사이트, 2016) 1장에서*

필자는 1부에서 두 가지 중요한 목표를 달성했습니다. 첫째, 여러분에게 함수형으로 사고하는 방법을 가르치고 함수형 프로그래밍에 필요한 도구를 소개했습니다. 둘째, 고계함수를 비롯하여 나머지 장들에서 많이 등장할 자바스크립트의 제반 특성을 압축해서 살펴보았습니다. 함수를 순수하게 만드는 법을 알았으니 이제 서로 연결하는 방법을 배울 차렙니다.

이 장에서는 자료구조를 순차적으로 탐색/변환하는 데 쓰이는 실용적인 연산 몇 가지(map, reduce, filter)를 소개합니다. 이들은 사실상 모든 함수형 프로그램이 나름대로 응용해서 쓰기 때문에 매우 중요한 함수입니다. 대부분의 루프는 이들이 처리하는 하나의 특정 케이스에 지나지 않으므로 코드에서 수동 루프를 없앨 목적으로도 쓰입니다.

또한 로대시JS의 사용법을 배웁니다. 애플리케이션의 구조는 물론 자료구조도 처리하고 이해할 수 있게 해주는 함수형 자바스크립트 라이브러리입니다. 또 함수형 프로그래밍에서 재귀가차지하는 막대한 비중에 대해 알아보고 재귀적인 사고방식이 어떤 점에서 좋은지 설명합니다.이런 개념들이 밑거름이 되어야 코드의 메인 로직에서 제어 흐름을 명확하게 분리하여 간결하고 확장성 좋은, 선언적 프로그램을 작성할 수 있습니다.

3.1 애플리케이션의 제어 흐름

프로그램이 정답에 이르기까지 거치는 경로를 **제어 흐름**control flow이라고 합니다. 명령형 프로그램은 작업 수행에 필요한 전 단계를 노출하여 흐름이나 경로를 아주 자세히 서술합니다. 보통작업을 수행하는 단계는 루프와 분기문, 구문마다 값이 바뀌는 변수들로 빼곡히 들어차지요.명령형 프로그램의 틀을 고수준에서 바라보면 다음 코드와 같습니다.

```
var loop = optC();
while(loop) {
  var condition = optA();
  if(condition) {
    optB1();
  }
  else {
    optB2();
  }
  loop = optC();
}
optD();
```

[그림 3-1]은 간단히 표현한 프로그램 흐름도입니다.

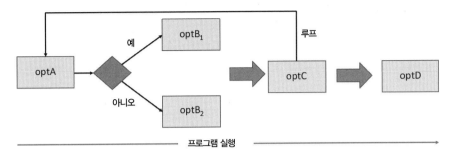

그림 3-1 명령형 프로그램은 분기, 루프에 따라 움직이는 일련의 연산(구문)들로 구성됩니다.

반면, 선언적 프로그램, 특히 함수형 프로그램은 독립적인 블랙박스blackbox 연산들이 단순하게, 즉 최소한의 제어 구조를 통해 연결되어 추상화 수준이 높습니다. 이렇게 연결한 연산들은 각자 다음 연산으로 상태를 이동시키는 고계함수에 불과합니다(그림 3-2). 실제로 함수형 프로그램은 데이터와 제어 흐름 자체를 고수준 컴포넌트 사이의 단순한 연결로 취급합니다.

그림 3-2 함수형 프로그램은 서로 연결된 블랙박스 연산을 제어합니다. 정보는 한 연산에서 다른 연산으로 독립적으로 (각 연산은 개별적인 순수함수이므로) 흘러가며, 분기와 반복은 상당 부분 줄이거나 아예 없애고 고수준의 추상화로 대체합니다.

덕분에 다음과 같이 코드가 짧아집니다.

```
optA().optB().optC().optD();
```

점으로 연결하려면 이들 메서드가 모두 포함된 공유 객체가 있어야 합니다.

연산을 체이닝하면 간결하면서 물 흐르는 듯한, 표현적인 형태로 프로그램을 작성할 수 있어 제어 흐름과 계산 로직을 분리할 수 있고 코드와 데이터를 더욱 효과적으로 헤아릴 수 있습니다.

3.2 메서드 체이닝

메서드 체이닝method chaining은 여러 메서드를 단일 구문으로 호출하는 OOP 패턴입니다. 메서드
가 모두 동일한 객체에 속해 있으면 메서드 흘리기method cascading라고도 합니다. 대부분 객체지향
프로그램에서 불변 객체에 많이 적용하는 패턴이지만 함수형 프로그래밍에도 잘 맞습니다. 함
수형에서 객체 변이는 금지되어 있는데 어떻게 그럴 수 있느냐고 반문할 독자도 있겠죠. 문자
열을 다루는 예제 하나를 봅시다.

```
'Functional Programming'.substring(0, 10).toLowerCase() + ' is fun';
```

substring과 toLowerCase 메서드는 각자 자신을 소유한 문자열 객체에 (this로 접근하여)
어떤 작업을 한 다음 새로운 문자열을 반환합니다. 자바스크립트 문자열에서 플러스(+) 연산
자는 문자열을 합친 다음 새 문자열을 반환하도록 오버로드overload한 간편 구문입니다. 이러한
변환 과정을 거치면 원본 문자열은 전혀 건드리지 않고도 원본과는 무관한 문자열이 생성됩니
다. 문자열은 처음부터 불변값으로 설계됐으니 당연히 결과지요. 객체지향 관점에서 보면 지
극히 당연한 일이지만, 함수형 입장에서는 문자열 따위에 렌즈까지 들이댈 필요가 없으니 아주
다행스런 일입니다.

함수형으로 리팩터링한 코드는 다음과 같습니다.

```
concat(toLowerCase(substring('Functional Programming', 1, 10))),' is fun');
```

매개변수는 모두 함수 선언부에 명시해서 부수효과를 없애고 원본 객체를 바꾸지 않아야 한다
는 함수형 교리를 충실히 반영한 코드입니다. 그러나 이렇게 함수 코드를 안쪽에서 바깥쪽으로
작성하면 메서드 체이닝 방식만큼 매끄럽지 못합니다. 로직을 파악하려면 가장 안쪽에 감싼 함
수부터 한 꺼풀씩 벗겨내야 하고 가독성도 현저히 떨어지지요.

변이를 일으키지 않는 한 함수형 프로그래밍에서도 단일 객체 인스턴스에 속한 메서드를 체이
닝하는 건 나름대로 쓸모가 있습니다. 이 패턴을 배열에도 적용할 수는 없을까요? 자바스크립
트 배열에도 문자열 객체에 메서드를 체이닝하는 패턴을 확장시켜 적용할 수는 있지만, 안타깝
게도 많은 사람이 익숙지 않은 탓에 바로 머릿속에 떠오르는 지저분한 루프를 다시 꺼내 쓰기
쉽습니다.

3.3 함수 체이닝

객체지향 프로그램은 주로 상속을 통해 코드를 재사용합니다. 2장에서 Student는 Person을 상속했고 부모형의 상태 및 메서드를 모두 물려받았습니다. 순수 객체지향 언어에서, 특히 언어 자체의 자료구조를 구현한 코드를 보면 이런 패턴이 자주 눈에 띕니다. 가령 자바에는 List 인터페이스를 용도에 맞게 달리 구현한 ArrayList, LinkedList, DoublyLinkedList, CopyOnWriteArrayList 등이 있습니다. 이들은 모두 한 부모에서 출발하여 나름대로 특수한 기능을 덧붙인 클래스입니다.

함수형 프로그래밍은 접근 방법이 다릅니다. 자료구조를 새로 만들어 어떤 요건을 충족시키는 게 아니라, 배열 등의 흔한 자료구조를 이용해 다수의 굵게 나뉜 고계 연산을 적용합니다. 이러한 고계 연산으로 다음과 같은 일을 합니다.

- 작업을 수행하기 위해 무슨 일을 해야 하는지 기술된 함수를 인수로 받습니다.
- 임시 변수의 값을 계속 바꾸면서 부수효과를 일으키는 기존 수동 루프를 대체합니다. 그 결과 관리할 코드가 줄고 에러가 날 만한 코드 역시 줄어듭니다.

좀 더 자세히 살펴볼까요? 이 장 예제 코드는 모두 다음 Person 객체의 컬렉션을 기준으로 합니다. 테스트 객체는 편의상 4개만 만들었지만, 수량은 앞으로 설명할 내용과 무관합니다.

```
const p1 = new Person('Haskell', 'Curry', '111-11-1111');
p1.address = new Address('US');
p1.birthYear = 1900;

const p2 = new Person('Barkley', 'Rosser', '222-22-2222');
p2.address = new Address('Greece');
p2.birthYear = 1907;

const p3 = new Person('John', 'von Neumann', '333-33-3333');
p3.address = new Address('Hungary');
p3.birthYear = 1903;

const p4 = new Person('Alonzo', 'Church', '444-44-4444');
p4.address = new Address('US');
p4.birthYear = 1903;
```

3.3.1 람다 표현식

함수형 프로그래밍에서 탄생한 **람다 표현식**lambda expression (자바스크립트에서는 **두 줄 화살표 함수** fat-arrow function라고도 함)은 한 줄짜리 익명 함수를 일반 함수 선언보다 단축된 구문으로 나타냅니다. 람다 함수는 여러 줄로도 표기할 수 있지만, 2장에서 보았듯이 거의 대부분 한 줄로 씁니다. 람다 함수든, 일반 함수든 코드 가독성의 차이만 있을 뿐, 실제 하는 일은 같습니다. 사람 이름을 추출하는 간단한 예제를 봅시다.

```
const name = p => p.fullname;
console.log(name(p1)); //-> 'Haskell Curry'
```

(p) => p.fullname은 매개변수 p를 받아 p.fullname을 반환함을 의미하는 간편 구문입니다. 자세한 구문 구조는 [그림 3-3]을 참고하세요.

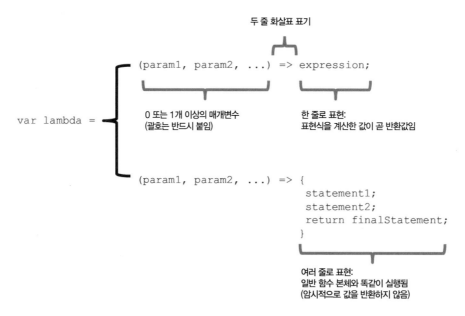

그림 3-3 화살표 함수의 해부도. 람다 함수 우변에는 단일 표현식이나 여러 구문이 포함된 블록이 옵니다.

람다 표현식은 항상 어떤 값을 반환하게 만들어 함수 정의부를 확실히 함수형으로 굳힙니다. 한 줄짜리 표현식의 반환값은 함수 본체를 실행한 결괏값입니다. 여기서 주목할 점은 일급 함수와 람다 표현식의 관계입니다. 위 예제에서 name은 실재하는 값이 아니라, 그 값을 얻기 위한 (느긋한) 방법을 가리킵니다. 즉 name으로 데이터를 계산하는 로직이 담긴 두 줄 화살표 함수를 가리키는 것입니다. 함수형 프로그램은 이렇게 함수를 마치 값처럼 쓸 수 있습니다. 자세한 내용은 이 장 뒷부분에서 설명하고 느긋한 함수 개념은 7장에서 다시 이야기합니다.

함수형 프로그래밍은 람다 표현식과 잘 어울리는 세 주요 고계함수 map, reduce, filter를 적극 사용할 것을 권장합니다. 사실 함수형 자바스크립트는 대부분 자료 리스트를 처리하는 코드입니다. 자바스크립트의 전신이자 원조 함수형 언어인 LISP의 이름도 LIst Processor(리스트 처리기)에서 비롯된 것입니다. 함수형 배열 연산을 지원하는 array extras 함수는 ES5에도 있지만[1] 필자는 이와 유사한 다른 유형의 연산까지 포괄하는 완전한 솔루션을 만들기 위해 **로대시JS**[Lodash]라는 함수형 라이브러리를 쓰겠습니다. 로대시JS는 개발자가 함수형 프로그램을 작성하도록 유도하는 중요한 장치를 제공하고, 여러 가지 공통적인 프로그래밍 작업을 처리하는 데 유용한 도우미 함수들을 풍성하게 지원합니다(라이브러리 설치 방법은 부록을 참고하세요). 라이브러리 설치 후 전역 객체 _(언더스코어 또는 로대시[low-dash]라고 읽음)를 통해 로대시JS 함수를 꺼내 쓰면 됩니다. 그럼 _.map부터 시작합니다.

로대시JS 속 언더스코어

로대시JS는 언더스코어JS(http://underscorejs.org)라는 유명 프로젝트에서 파생된 라이브러리이므로 언더스코어JS의 관례를 따릅니다. 현재도 로대시JS는 언더스코어JS 대신 그냥 써도 될 정도로 언더스코어 API를 충실히 반영해왔습니다. 하지만 내부적으로는 함수 체인을 좀 더 우아하게 구축하는 방향으로 완전히 재작성되었고 7장에서 다룰 성능 문제도 개선된 라이브러리입니다.

3.3.2 _.map: 데이터를 변환

덩치 큰 데이터 컬렉션의 원소를 모두 변환해야 할 때가 있습니다. 예를 들어 학생 리스트에서 각자의 성명을 추출한다고 합시다. 이런 코드를 다음과 같이 구현했던 적이 부지기수였겠죠?

```
var result = [];
var persons = [p1, p2, p3, p4];
```

---

1 역주_ ES5 명세를 보면 Array.prototype에 indexOf, lastIndexOf, every, some, forEach, map, filter, reduce, reduceRight 등 9개 함수로 배열 원소 검색/조작 시 함수형 기법을 이용할 수 있습니다.

```
for(let i = 0; i < persons.length; i++) {
  var p = persons[i];
  if(p !== null && p !== undefined) {
    result.push(p.fullname);          명령형 관점에서는 fullname이
  }                                    Student의 메서드입니다.
}
```

map(collect라고도 합니다)은 배열 각 원소에 이터레이터 함수를 적용하여 크기가 같은 새 배열을 반환하는 고계함수입니다. _.map을 써서 함수형 스타일로 바꿔볼까요?

```
_.map(persons,
  s => (s !== null && s !== undefined) ? s.fullname : ''        고계함수를 써서
);                                                               변수 선언부를
                                                                 모두 없앴습니다.
```

map 연산을 수학적으로 쓰면 다음과 같습니다.

```
map(f, [e0, e1, e2...]) -> [r0, r1, r2...];
여기서 f(en) = rn
```

map 함수는 루프를 쓰거나 괴팍한 스코프 문제를 신경 쓸 필요 없이 컬렉션의 원소를 전부 파싱할 경우 아주 유용합니다. 항상 새로운 배열을 반환하므로 불변성도 간직되지요. map은 함수 f와 n개의 원소가 담긴 컬렉션을 받아 왼쪽 → 오른쪽 방향으로 각 원소에 f를 적용한 계산 결과를, 역시 크기가 n인 새 배열에 담아 반환합니다. [그림 3-4]가 이 과정을 보여줍니다.

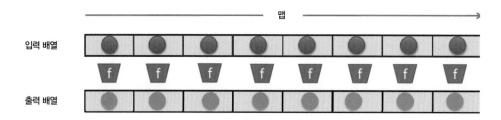

그림 3-4 map 연산은 배열 원소에 각각 이터레이터 함수 f를 실행한 결괏값을 동일한 크기의 배열에 담아 반환합니다.

예제에서 _.map은 배열을 반복하며 각 학생의 이름을 얻습니다. 이터레이터 함수는 (일반적으로) 람다 표현식으로 나타냅니다. 연산이 끝나면, 원본 배열은 건드리지 않은 채 다음 원소가 포함된 새 배열이 반환됩니다.

```
['Haskell Curry', 'Barkley Rosser', 'John von Neumann', 'Alonzo Church']
```

추상화 내부를 알면 이해하는 데 도움이 될 테니 _.map을 구현한 [코드 3-1]을 봅시다.

코드 3-1 map 구현부

```
function map(arr, fn) {        ◁── 배열과 함수를 인수로 받아 배열 원소마다 함수를 실행하고
  const len = arr.length,          원본과 크기가 같은 새 배열을 반환합니다.
        result = new Array(len);  ◁── 입력받은 배열과 크기가 동일한
  for (let idx = 0; idx < len; ++idx) {   배열 result를 선언합니다.
    result[idx] = fn(arr[idx], idx, arr);  ◁── 함수 fn을 각 원소에 실행하고
  }                                            그 결과를 배열에 도로 담습니다.
  return result;
}
```

위 코드를 보면 _.map도 안에서는 일반 루프를 씁니다. _.map이 반복을 대행하는 덕분에 개발자는 루프 변수를 하나씩 늘리며 경계 조건을 체크하는 등의 따분한 일은 이 함수에게 맡기고 이터레이터 함수에 구현한 비즈니스 로직만 신경 쓰면 됩니다. 이렇듯 함수형 라이브러리를 쓰면 기존 코드도 진짜 순수 함수형 언어처럼 변신시킬 수 있습니다.

map 연산은 무조건 왼쪽 → 오른쪽 방향으로 진행합니다. 오른쪽 → 왼쪽 방향으로 진행하려면 배열 원소를 거꾸로 뒤집어야겠죠? 로대시JS는 일관성을 유지하기 위해 자바스크립트의 Array.reverse()에 해당하는 _.reverse() 메서드를 지원합니다. 이 함수는 원본 배열에 변이를 일으키므로 개발자는 부수효과가 언제 일어날지 알고 있어야 합니다.

```
_(persons).reverse().map(
  p => (p !== null && p !== undefined) ? p.fullname : ''
);
```

못 보던 구문이 눈에 띄네요. 로대시JS는 기존 코드에 영향을 주지 않으면서도 쉽게 통합할 수 있는 멋진 방법을 제공합니다. 원하는 객체를 일단 _(...)로 감싸면[2] 로대시JS의 강력한 함수형 도구를 이용해 마음껏 변환할 수 있습니다.

---

2 역주_ 어떤 객체나 배열을 _(...)로 감싸면 실제로 로대시JS는 LodashWrapper라는 래퍼 객체로 감싸서 로대시JS의 모든 API 함수를 점(.)으로 계속 호출할 수 있습니다. 마치 제이쿼리에서 $(document), $(this) 등으로 HTML 요소나 자바스크립트 객체를 감싸 제이쿼리 객체처럼 이용하는 것과 비슷합니다.

> **컨테이너에 매핑하기**
>
> 자료구조에 매핑하여 그 구성 값을 변환하는 건 광범위한 의미가 함축된 개념입니다. 좀 전 예제에서는 배열에 함수를 매핑했는데요, 5장에서는 임의의 객체에 함수를 매핑하는 방법을 설명합니다.

지금까지 데이터를 변환하는 함수를 적용해보았고, 다음은 새로운 자료구조에 기반을 둔 값으로 귀결시키는 reduce 함수를 살펴볼 차례입니다.

3.3.3 _.reduce: 결과를 수집

데이터를 변환한 후에는 변환된 데이터로부터 의미 있는 결과를 도출하고 싶겠지요. 이 일은 reduce 함수가 도맡습니다.

reduce는 원소 배열을 하나의 값으로 짜내는 고계함수로, 원소마다 함수를 실행한 결괏값의 누적치를 계산합니다. 그림으로 보면 이해가 더 빠릅니다(그림 3-5).

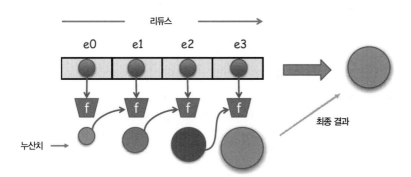

그림 3-5 배열을 단일값으로 리듀스하는 과정. 앞 단계의 결괏값에 현 단계의 결괏값을 누적하고 배열 끝에 이를 때까지 반복합니다. 리듀스는 반드시 하나의 값으로 귀결됩니다.

[그림 3-5]를 수학적으로 쓰면 이렇습니다.[3]

---

3 역주_ accum은 누산치(accumulated value 또는 accumulator)의 앞 글자입니다.

```
reduce(f,[e0, e1, e2, e3],accum) -> f(f(f(f(accum, e0), e1, e2, e3)))) -> R
```

[코드 3-2]는 reduce를 간단히 구현한 코드입니다.

코드 3-2 reduce 구현부

```
function reduce(arr, fn, accumulator) {
  let idx = -1,
    len = arr.length;

  if (!accumulator && len > 0) {          ←─┤ 누산치를 지정하지 않으면 배열의 첫
    accumulator = arr[++idx];                  번째 원소를 초깃값으로 삼습니다.
  }

  while (++idx < len) {
    accumulator = fn(accumulator, arr[idx], idx, arr);    ←─┐ 배열을 반복하면서 원소마다
  }                                                          누산치, 현재 값, 인덱스,
  return accumulator;      ←─┤ 단일 누산치를                배열을 인수로 fn을 실행합
}                              반환합니다.                    니다.
```

reduce는 다음 매개변수를 받습니다.

- fn: 배열 각 원소마다 실행할 이터레이터 함수로, 매개변수는 누산치, 현재 값, 인덱스, 배열입니다.
- accumulator: 계산할 초깃값으로 넘겨받는 인수이고, 함수 호출을 거치며 매 호출 시 계산된 결괏값을 저장하는 데 쓰입니다.

Person 객체 컬렉션에서 국가별 인구 등 유용한 통계치를 산출하는 프로그램을 작성해봅시다. 먼저 국가별 인구를 계산하는 코드입니다.

코드 3-3 국가별 인구 계산

```
_(persons).reduce((stat, person) => {
  const country = person.address.country;       ←─┤ 거주 국가를 얻습니다.
  stat[country] = _.isUndefined(stat[country]) ? 1 : stat[country] + 1;   ←─┐
  return stat;        ←─┤ 누산 객체를 반환합니다.
}, {});            ←─┐ 빈 객체로 리듀스를 시작합니다         country는 1로 초기화한 후,
                       (누산치를 초기화).                     해당 국가에 거주하는 사람이
                                                              있을 때마다 하나씩 더합니다.
```

코드를 실행하면 주어진 Person 배열을 토대로 국가별 인구를 산출하여 다음과 같이 단일 객체에 담습니다.

```
{
  'US' : 2,
  'Greece' : 1,
  'Hungary': 1
}
```

많이 쓰이는 맵–리듀스 조합을 이용하면 작업을 더 단순화할 수 있습니다. 원하는 기능을 map, reduce 두 함수에 매개변수로 담아 보내고 이들을 연결해서 기능을 확장하는 겁니다. 대략 다음과 같은 흐름입니다.

```
_(persons).map(func1).reduce(func2);
```

여기서 원하는 작업을 func1, func2 함수에 각각 구현합니다. 다음 코드처럼 주요 흐름에서 함수를 떼어내 별도로 만드는 거죠.

코드 3-4 map과 reduce를 조합하여 통계치를 산출

```
const getCountry = person => person.address.country;

const gatherStats = function (stat, criteria) {
  stat[criteria] = _.isUndefined(stat[criteria]) ? 1 :
    stat[criteria] + 1;
  return stat;
};

_(persons).map(getCountry).reduce(gatherStats, {});
```

map으로 객체 배열을 처리하여 국가 정보를 뽑아낸 다음, reduce로 최종 결과를 수집합니다. [코드 3-3]과 결과는 같지만, 훨씬 깔끔하고 확장 가능한 모양새입니다. 속성을 직접 건드리는 대신 (람다JS로) Person 객체의 address.city 속성에 초점을 맞춘 렌즈를 써봅시다.

```
const cityPath = ['address','city'];
const cityLens = R.lens(R.path(cityPath), R.assocPath(cityPath));
```

거주 도시별 인구를 산출하는 작업도 마찬가지로 어렵지 않습니다.

```
_(persons).map(R.view(cityLens)).reduce(gatherStats, {});
```

_.groupBy를 쓰면 코드가 훨씬 더 간명해집니다.

```
_.groupBy(persons, R.view(cityLens));
```

map과 달리 reduce는 누산치에 의존하기 때문에 결합법칙이 성립하지 않는 연산은 진행 순서 (왼쪽 → 오른쪽 또는 오른쪽 → 왼쪽)에 따라 결과가 달라집니다. 예를 들어 다음과 같이 숫자 배열 원소를 모두 더하는 코드는 _.reduceRight로 순서를 반대로 해도 결과는 같습니다.

```
_([0,1,3,4,5]).reduce(_.add); //-> 13
```

덧셈은 결합법칙이 성립하기 때문에 당연한 얘기지만, 나눗셈 같은 연산은 결과가 완전히 달라지죠. _.reduceRight를 수학적으로 쓰면 다음과 같습니다.

```
reduceRight(f, [e0, e1, e2],accum) -> f(e0, f(e1, f(e2, f(e3,accum)))) -> R
```

_.divide로 나눗셈을 하는 다음 두 연산은 결과가 판이합니다.

```
([1,3,4,5]).reduce(_.divide) !== ([1,3,4,5]).reduceRight(_.divide);
```

또 reduce는 일괄적용apply-to-all 연산이라서 배열을 순회하는 도중 그만두고 나머지 원소를 생략할 방법이 없습니다. 가령 어떤 입력값 리스트를 검증하는 경우, 검증 결과를 하나의 불리언 값으로 리듀스하면 입력값이 전부 올바른지 알아낼 수 있을 것입니다.

하지만 reduce는 리스트 값을 빠짐없이 방문하기 때문에 다소 비효율적입니다. 잘못된 입력값이 하나라도 발견되면 나머지 값들은 더 이상 체크할 필요가 없으니까요. 앞으로 여러분이 애용하게 될 _.some, _.isUndefined, _.isNull 같은 함수를 써서 좀 더 효율적인 검증기를 만들어보겠습니다. 각 원소에 _.some 함수를 실행하면 주어진 조건을 만족하는 값이 발견되는 즉시 true를 반환합니다.

```
const isNotValid = val => _.isUndefined(val) || _.isNull(val);     ← undefined,
                                                                      null은 올바른
                                                                      값이 아닙니다.
const notAllValid = args => _(args).some(isNotValid);     ←

notAllValid(['string', 0, null, undefined]); //-> true     하나라도 true면
notAllValid(['string', 0, {}]); //-> false                 some 함수를 즉시 반
                                                           환합니다. 최소한 하나
                                                           의 값이라도 올바른지
                                                           확인할 때 유용합니다.
```

notAllValid의 논리적 역함수 allValid는 주어진 술어가 모든 원소에 대해 true인지 _.every로 체크합니다.

```
const isValid = val => !_.isUndefined(val) && !_.isNull(val);
const allValid = args => _(args).every(isValid);

allValid(['string', 0, null]); //-> false
allValid(['string', 0, {}]); //-> true
```

map과 reduce는 배열 원소를 모두 탐색한다고 했습니다. 자료구조의 원소를 다 처리하지 않고 null이나 undefined인 객체는 건너뛰어야 할 경우도 있겠죠. 계산을 시작하기 전에 특정 원소는 미리 솎아낼 수단이 있으면 좋겠습니다. 바로 이런 일을 하는 게 _.filter입니다.

3.3.4 _.filter: 원하지 않는 원소를 제거

큰 데이터 컬렉션을 처리할 경우, 계산하지 않을 원소는 사전에 빼는 게 좋습니다. 예컨대, 특정 년도 출생자나 유럽 거주자 인구만을 산출할 때, if-else 문을 남발하는 대신 _.filter를 쓰면 한결 코드가 깔끔해집니다.

filter(select라고도 합니다)는 배열 원소를 반복하면서 술어 함수 p가 true를 반환하는 원소만 추려내고 그 결과를 새 배열에 담아 반환하는 고계함수입니다. 수학적으로 쓰면 다음과 같습니다(그림 3-6).

```
filter(p, [d0, d1, d2, d3...dn]) -> [d0,d1,...dn] (원래 집합의 부분집합)
```

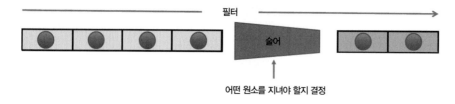

그림 3-6 필터는 주어진 배열 원소에 선별 기준을 나타내는 함수형 술어 p를 적용 후, 원래 배열의 부분집합을 돌려줍니다.

[코드 3-5]는 filter 함수 구현부입니다.

코드 3-5 filter 구현부

```
function filter(arr, predicate) {
  let idx = -1,
    len = arr.length,
    result = [];          ◁─── 결과 배열은 입력받은 배열의
                               부분집합입니다.
  while (++idx < len) {
    let value = arr[idx];
    if (predicate(value, idx, this)) {  ◁─── 술어 함수 실행 결과가 true면 원소를
      result.push(value);                    유지하고 false면 버립니다.
    }
  }
  return result;
}
```

filter는 대상 배열과, 원소를 결과에 포함할지 결정하는 술어 함수 두 가지를 인수로 받습니다. 술어 함수 결과가 true인 원소는 남기고 그렇지 않은 원소는 내보냅니다. filter는 배열에서 오류 데이터를 제거하는 용도로 자주 쓰입니다.

```
_(persons).filter(isValid).map(fullname);
```

filter의 용도는 이뿐만이 아닙니다. Person 객체 컬렉션에서 1903년 출생자들만 추리고자 할 때, 조건문 대신 _.filter를 쓰면 코드가 훨씬 간결해집니다.

```
const bornIn1903 = person => person.birthYear === 1903;

_(persons).filter(bornIn1903).map(fullname).join(' and ');

//-> 'John von Neumann and Alonzo Church'
```

> ### 배열 축약
>
> `map`, `filter`는 어떤 배열을 받아 새 배열을 내는 고계함수로, 하스켈, 클로저 등 대부분의 함수형 프로그래밍 언어에 기본 내장되어 있습니다. 이들을 조합하는 대신 **배열 축약**array comprehension(또는 **리스트 축약**list comprehension)이란 개념을 적용하는 방법도 있습니다. 배열 축약은 `map`, `filter`의 기능을 각각 `for..of`와 `if` 키워드를 이용하여 단축된 구문으로 캡슐화하는 함수형 장치입니다. 다음과 같은 형식입니다.[4]
>
> ```
> [for (x of 이터러블) if (조건) x]
> ```
>
> 이 책을 쓰는 현재 배열 축약은 ECMAScript 7 제안서에 포함되어 있습니다. 배열 축약을 활용하면 간결한 구문으로 새 배열을 조립할 수 있습니다(그래서 전체 표현식을 [ ]로 감쌉니다). 예를 들어 방금 전 코드는 다음과 같이 바꿔 써도 됩니다.
>
> ```
> [for (p of people) if (p.birthYear === 1903) p.fullname].join(' and ');
> ```

지금까지 살펴본 것처럼, 확장성 좋고 강력한 함수를 이용해서 코딩하면 코드가 깔끔해질 뿐만 아니라 데이터를 더 잘 이해할 수 있습니다. 선언적 스타일은 개발자가 문제의 해법에 어떻게 도달해야 하는지 고민하기보다 애플리케이션이 어떤 결과를 내야 하는지에 전념하게 합니다. 따라서 애플리케이션을 더 깊이 있게 헤아리는 데 큰 도움이 됩니다.

3.4 코드 헤아리기

자바스크립트에서는 전역 이름공간을 공유하는 수천 줄의 코드를 한 페이지에 한 번에 로드할 수 있습니다. 최근 비즈니스 로직을 모듈 단위로 구분하는 문제에 사람들이 관심을 갖기 시작했지만, 아직도 그렇게 개발되지 않은 운영 시스템이 도처에 널려 있습니다.

'코드를 헤아린다reason'는 건 무슨 뜻일까요? 1, 2장에서 필자는 프로그램의 일부만 들여다봐도 무슨 일을 하는 코드인지 멘털 모델을 쉽게 구축할 수 있다는 의미로 이 표현을 사용했습니다. 여기서 멘털 모델이란 전체 변수의 상태와 함수 출력 같은 동적인 부분뿐만 아니라, 설계 가독성 및 표현성 같은 정적인 측면까지 포괄하는 개념입니다. 두 가지 모두 중요합니다. 여러분은

---

4 역주_ 이터러블(iterable)은 반복이 가능한, 즉 루프를 돌릴 수 있는 객체를 가리킵니다. 8장에서도 나옵니다.

이 책을 읽으며 불변성과 순수함수가 이러한 멘털 모델 구축을 더 용이하게 해준다는 사실을 깨닫게 될 것입니다.

앞서 필자는 고수준 연산을 서로 연결하여 프로그램을 구축하는 것이 중요하다고 강조했습니다. 명령형 프로그램은 흐름 자체가 함수형 프로그램과 근본적으로 다릅니다. 함수형 흐름은 프로그램 로직을 파헤치지 않아도 뭘 하는 프로그램인지 윤곽을 잡기 쉽기 때문에, 개발자는 코드뿐만 아니라, 결과를 내기 위해 서로 다른 단계를 드나드는 데이터의 흐름까지 더 깊이 헤아릴 수 있습니다.

3.4.1 선언적 코드와 느긋한 함수 체인

함수형 프로그램은 단순 함수들로 구성한다고 했습니다(1장). 개별 함수가 하는 일은 보잘것없지만, 함께 뭉치면 복잡한 작업도 척척 해낼 수 있죠. 이 절에서는 함수들을 연결해서 전체 프로그램을 구성하는 방법을 살펴보겠습니다.

FP의 선언적 모델에 따르면, 프로그램이란 개별적인 순수함수들을 평가하는 과정이라고 볼 수 있습니다. 그래서 필요 시 코드의 흐름성과 표현성을 높이기 위한 추상화 수단을 지원하며, 이렇게 함으로써 여러분이 개발하려는 애플리케이션의 실체를 명확하게 표현하는 온톨로지 ontology 또는 어휘집vocabulary을 만들 수 있습니다. map, reduce, filter라는 구성 요소를 바탕으로 순수함수를 쌓아가면 자연스레 한눈에 봐도 흐름이 읽히는 코드가 완성됩니다.

이 정도 수준으로 추상화하면 비로소 기반 자료구조에 영향을 끼치지 않는 방향으로 연산을 바라볼 수 있습니다. 이론적으로 말해서 배열, 연결 리스트, 이진 트리 등 어떤 자료구조를 쓰더라도 프로그램 자체의 의미가 달라져선 안 됩니다. 그래서 함수형 프로그래밍은 자료구조보다 연산에 더 중점을 둡니다.

이름 리스트를 읽고 데이터를 정제 후, 중복은 제거하고 정렬하는 일련의 작업을 예로 들어봅시다. 명령형 버전으로 먼저 프로그램을 작성 후, 함수형으로 리팩터링하겠습니다.

이름 리스트에는 다음과 같이 문자열 형식이 제각각인 데이터가 섞여 있습니다.

```
var names = ['alonzo church', 'Haskell curry', 'stephen_kleene',
             'John Von Neumann', 'stephen_kleene'];
```

[코드 3-6]은 명령형 프로그램입니다.

코드 3-6 배열을 순차적으로 연산 (명령형)

```javascript
var result = [];
for (let i = 0; i < names.length; i++) {      // 배열의 원소(이름)를 모두 순회합니다.
  var n = names[i];
  if (n !== undefined && n !== null) {         // 올바른 이름인지 조사합니다.
    var ns = n.replace(/_/, ' ').split(' ');   // 데이터 형식이 제각각일 수 있으니 정규화(정정) 단계가 필요합니다.
    for(let j = 0; j < ns.length; j++) {
      var p = ns[j];
      p = p.charAt(0).toUpperCase() + p.slice(1);
      ns[j] = p;
    }
    if (result.indexOf(ns.join(' ')) < 0) {    // result에 같은 이름이 있는지 보고 중복을 제거합니다.
      result.push(ns.join(' '));
    }
  }
}
result.sort(); //                               // 배열을 정렬합니다.
```

결과는 제대로 나옵니다.

```
['Alonzo Church', 'Haskell Curry', 'John Von Neumann', 'Stephen Kleene']
```

명령형 코드의 단점은 특정 문제의 해결만을 목표한다는 점입니다. [코드 3–6] 역시 함수형보다 훨씬 저수준에서 추상한 코드로서 한 가지로 용도로 고정됩니다. 추상화 수준이 낮을수록 코드를 재사용할 기회는 줄어들고 에러 가능성과 코드 복잡성은 증가합니다.

반면, 함수형 프로그램은 블랙박스 컴포넌트를 서로 연결만 해주고, 뒷일은 테스트까지 마친 검증된 API에게 모두 맡깁니다. 폭포수 떨어지듯 함수를 연달아 호출하는 모습이 눈에 더 잘 들어오지 않나요?

코드 3-7 배열을 순차적으로 연산 (함수형)

```javascript
_.chain(names)                      // 함수 체인을 초기화합니다 (잠시 후 설명).
  .filter(isValid)                  // 잘못된 값은 제거합니다.
  .map(s => s.replace(/_/, ' '))    // 값을 정규화합니다.
  .uniq()                           // 중복을 솎아냅니다.
  .map(_.startCase)                 // 대소문자를 맞춥니다.
  .sort()
  .value();
```

```
//-> ['Alonzo Church', 'Haskell Curry', 'John Von Neumann', 'Stephen Kleene']
```

names 배열을 정확한 인덱스로 순회하는 등 버거운 일은 모두 _.filter와 _.map 함수가 대행하므로 여러분은 그저 나머지 단계에 대한 프로그램 로직을 구현하면 됩니다. _.uniq로 중복데이터를 집어내고 _.startCase로 각 단어의 첫자를 대문자로 바꾼 다음, 마지막에 알파벳 순으로 정렬을 합니다.

필자는 기왕이면 [코드 3-7] 같은 프로그램이 낫다고 봅니다. 여러분도 그런가요? 코딩 작업도 확연히 줄지만 단순 명료한 구조가 아주 매력적이네요.

Person 객체 배열에서 국가별 인구를 계산했던 [코드 3-4]로 돌아가 gatherStats 함수를 조금 보완합시다.

```
const gatherStats = function (stat, country) {
  if(!isValid(stat[country])) {
    stat[country] = {'name': country, 'count': 0};
  }
  stat[country].count++;
  return stat;
};
```

이제 다음과 같은 구조를 지닌 객체가 반환되겠죠.

```
{
  'US'  : {'name': 'US', count: 2},
  'Greece' : {'name': 'Greece', count: 1},
  'Hungary': {'name': 'Hungary', count: 1}
}
```

이 객체에서 국가별 데이터는 반드시 하나뿐입니다. 재미삼아 Person 배열에 데이터를 몇 개더 넣어볼까요?

```
const p5 = new Person('David', 'Hilbert', '555-55-5555');
p5.address = new Address('Germany');
p5.birthYear = 1903;

const p6 = new Person('Alan', 'Turing', '666-66-6666');
p6.address = new Address('England');
p6.birthYear = 1912;
```

```
const p7 = new Person('Stephen', 'Kleene', '777-77-7777');
p7.address = new Address('US');
p7.birthYear = 1909;
```

다음은 인구가 가장 많은 국가를 반환하는 프로그램입니다. 이번에도 여러 함수형 장치들을 _.chain() 함수로 연결하겠습니다.

코드 3-8 로대시JS로 만든 느긋한 함수 체인

```
_.chain(persons)        ◁─┐ 느긋한 함수 체인을 만들어 주어진
  .filter(isValid)         │ 배열을 처리합니다.
  .map(_.property('address.country'))  ◁─┐ Person 객체의 address.country 속성을
  .reduce(gatherStats, {})                │ _.property로 얻습니다. _.property는 람다JS
  .values()                               │ 의 R.view()와 거의 같은 로대시JS 함수입니다.
  .sortBy('count')
  .reverse()
  .first()        ◁─┐ 체인에 연결된 함수를
  .value()           │ 모두 실행합니다.
  .name; //-> 'US'
```

_.chain 함수는 주어진 입력을 원하는 출력으로 변환하는 연산들을 연결함으로써 입력 객체의 상태를 확장합니다. _(...) 객체로 단축 표기한 구문과 달리, 이 함수는 임의의 함수를 명시적으로 체이닝 가능한 함수로 만듭니다. 프로그램이 조금 복잡해 보이긴 하지만, 변수를 만들거나 루프를 돌리는 일 따위는 할 필요가 없습니다.[5]

_.chain을 쓰면 복잡한 프로그램을 느긋하게 작동시키는 장점도 있습니다. 제일 끝에서 value() 함수를 호출하기 전에는 아무것도 실행되지 않으니까요. 결괏값이 필요 없는 함수는 실행을 건너뜀 수 있어서 애플리케이션 성능에 엄청난 영향을 미칩니다(느긋한 평가는 7장에서 다룹니다). [그림 3-7]은 이 프로그램의 제어 흐름을 나타낸 것입니다.

---

5 역주_ _.chain()은 명시적 연쇄로서 반드시 끝에 value() 함수를 호출해야 값이 풀려(unwrapped) 반환되지만, _.()은 암시적 연쇄로서 끝에 value() 함수를 호출하지 않아도 단일 값으로 리듀스되는 함수가 연쇄될 경우 로대시JS가 알아서 체인을 종결합니다. 내부적으로는 LodashWrapper 객체의 __chain__ 속성이 true/false인 것만 다르지만, 이렇게 작동하는 방식에 미묘한 차이점이 있습니다.

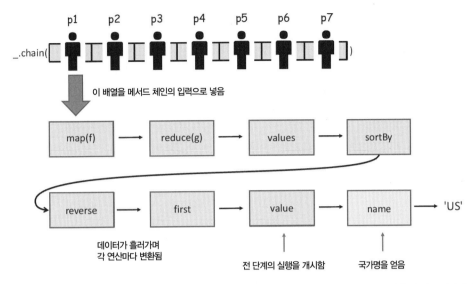

그림 3-7 로대시JS 함수를 체이닝하여 구성한 프로그램 제어 구조. Person 객체 배열은 각 연산을 차례로 지나면서 처리되고 결국 하나의 값으로 변환됩니다.

이제 함수형 프로그램이 왜 우월한지 감이 오나요? 명령형으로 작성했다면 어떤 코드가 됐을지 한번 상상해보세요. [코드 3-8]이 부드럽게 작동하는 건 FP의 근본 원리인, 부수효과 없는 순수함수 덕분입니다. 체인에 속한 각 함수는 이전 단계의 함수가 제공한 새 배열에 자신의 불변 연산을 적용합니다. _.chain( )으로 시작하는 이런 로대시JS의 패턴은 거의 모든 요구를 충족하는 맥가이버 칼을 제공합니다. 이런 방식은 함수형 프로그래밍의 독특한 무인수point-free 프로그래밍 스타일로 이어지는데요, 자세한 얘기는 다음 장 도입부에서 소개합니다.

프로그램 파이프라인을 느긋하게 정의하면 가독성을 비롯해 여러모로 이롭습니다. 느긋한 프로그램은 평가 이전에 정의하기 때문에 자료구조를 재사용하거나 메서드를 융합method fusion하여 최적화할 수 있습니다. 물론 이렇게 최적화한다고 바로 실행 시간이 단축되지는 않지만, 적어도 불필요한 호출을 제거하는 데 도움이 됩니다. 자세한 내용은 7장에서 함수형 프로그램의 성능을 논할 때 다시 이야기합니다.

[코드 3-8]에서 데이터는 함수망의 한 지점에서 다른 지점으로 흘러갑니다. 고계함수를 선언적으로 사용하면 각 지점마다 데이터가 어떻게 변환되는지 분명해지기 때문에 데이터 흐름이 더 잘 보입니다.

3.4.2 유사 SQL 데이터: 데이터로서의 함수

지금까지 map, reduce, filter, groupBy, sortBy, uniq 등의 함수를 살펴봤는데요, 이름을 잘 보면 그 어휘만으로도 함수가 데이터에 하는 일이 무엇인지 어렵잖게 추론할 수 있습니다. 그런데 관점을 조금만 틀어보면 이 함수들이 SQL 구문을 쏙 빼 닮았다는 사실을 알 수 있습니다. 이는 우연이 아닙니다.

개발자는 대부분 SQL에 익숙한 편이라 쿼리만 봐도 데이터에 무슨 작업을 하는지 압니다. 예를 들어 Person 객체 컬렉션은 [표 3-1]처럼 나타낼 수 있습니다.

표 3-1 테이블로 표현한 Person 리스트

ID	이름	성	국적	생년
0	Haskell	Curry	US	1900
1	Barkley	Rosser	Greece	1907
2	John	Von Neumann	Hungary	1903
3	Alonzo	Church	US	1903
4	David	Hilbert	Germany	1862
5	Alan	Turing	England	1912
6	Stephen	Kleene	US	1909

결국 쿼리 언어를 구사하듯 개발하는 것과 함수형 프로그래밍에서 배열에 연산을 적용하는 것은 일맥상통합니다. 함수형 프로그래밍은 흔히 사용되는 어휘집이나 대수학 개념을 활용해서 데이터 자체의 성격과 구조 체계를 더 깊이 추론할 수 있게 도움을 줍니다.

```
SELECT p.firstname FROM Person p
WHERE p.birthYear > 1903 and p.country IS NOT 'US'
GROUP BY p.firstname
```

위 쿼리는 실행 결과가 어떤 데이터가 나올지 불 보듯 훤합니다. 자바스크립트 버전의 프로그램으로 전환하기 전에 몇 가지 함수 별칭을 세팅해서 요점을 분명히 하겠습니다. 로대시JS가 지원하는 **믹스인**mixin(섞어 넣기) 기능을 응용하면, 핵심 라이브러리에 함수를 추가하여 확장한 후, 마치 원래 있던 함수처럼 체이닝할 수 있습니다.

```
_.mixin({'select': _.map,
         'from': _.chain,
```

```
        'where': _.filter,
        'sortBy': _.sortByOrder});
```

이렇게 만든 믹스인 객체는 다음 프로그램처럼 적용할 수 있습니다.

코드 3-9 자바스크립트를 SQL 비슷하게 작성하기

```
_.from(persons)
  .where(p => p.birthYear > 1900 && p.address.country !== 'US')
  .sortBy(['firstname'])
  .select(p => p.firstname)
  .value();
```

SQL 키워드와 동일한 별칭으로 기능을 매핑해서 함수형 코드를 쿼리 언어와 최대한 유사하게
작성해봤습니다.

자바스크립트 믹스인

믹스인은 (예제의 SQL 명령어처럼) 특정 형식과 연관된 함수를 부분적으로 추상한 객체입니다.
그래서 그 자체로 쓰이기 보단 다른 객체의 로직을 확장하는 용도로 활용합니다(다른 프로그래
밍 언어의 **트레이트**trait와 비슷합니다[6]). 타깃 객체는 믹스인의 모든 기능을 빌려 쓰게 됩니다.

믹스인은 OOP 세계에서 다중 상속multiple inheritance을 지원하지 않는 언어(자바스크립트도 그중
하납니다)에서 다중 상속을 모방하거나, 상속 등의 우회책을 쓰지 않아도 코드를 재사용할 수 있
게 합니다. 이 책에서 다루지는 않지만 믹스인은 잘 활용하면 아주 강력한 수단이니, 더 자세히
알고 싶다면 앵거스 크롤이 쓴 글(http://mng.bz/15Zj)을 읽어보세요.

자, 이제 함수형 프로그래밍이 명령형 코드 위에 강력한 추상화를 제공한다는 믿음이 생겼으리
라 봅니다. 데이터를 처리하고 파싱하는 데 쿼리 언어보다 더 좋은 방법이 있을까요? 자바스크
립트 코드도 SQL처럼 데이터를 함수 형태로 모형화할 수 있는데, 이를 **데이터로서의 함수**functions
as data라는 개념으로 부르기도 합니다. 선언적으로 **어떤** 데이터가 출력되어야 할지 서술할 뿐 그

---

6 역주_ 한 예로 스칼라 언어는 자바의 인터페이스에 해당하는 트레이트를 지원합니다. 클래스에서 다수의 트레이트를 얼마든 섞어 쓸 수
있기 때문에 코드 재사용 측면에서 매우 효율적입니다.

출력을 **어떻게** 얻는지는 논하지 않지요. 필자는 이번 장에서 루프문을 전혀 쓸 필요가 없었고, 앞으로도 루프를 쓰지 않으려고 합니다. 고수준의 추상화로 루프를 대체할 수 있으니까요.

재귀 역시 루프를 대체할 때 많이 쓰는 기법입니다. 천성이 자기 반복적self-similar인 문제에 대해 반복 자체를 재귀로 추상하여 푸는 방법이지요. 이런 유형의 문제는 순차적 함수 체인만으로는 해결하기 어렵고 비효율적입니다. 하지만 재귀는 일반 루프로 수행하는 버거운 작업을 언어 자체의 런타임에 맡김으로써 독자적인 방식으로 데이터를 처리합니다.

3.5 재귀적 사고방식

좀처럼 머릿속에 해법이 떠오르지 않는 어렵고 복잡한 문제들이 있습니다. 이럴 땐 바로 문제를 분해할 방법을 찾아야 합니다. 전체 문제를 더 작은 분신들로 쪼갤 수 있다면, 작은 문제들을 하나씩 풀면서 전체 문제도 풀 수 있을 것입니다. 하스켈, 스킴, 얼랭 등 순수 함수형 프로그래밍 언어는 처음부터 루프 구조가 없기 때문에 배열 등을 탐색할 때 재귀는 필수입니다.

자바스크립트에서도 XML 파일, HTML 문서, 그래프 등을 파싱할 때 재귀를 다양하게 활용합니다. 이 절에서는 재귀가 무엇인지, 그리고 재귀적으로 생각하는 방법을 예제와 함께 설명하고, 재귀를 이용해 몇몇 자료구조를 파싱하는 예제를 함께 살펴보겠습니다.

3.5.1 재귀란?

재귀recursion는 주어진 문제를 자기 반복적인 문제들로 잘게 분해한 다음, 이들을 다시 조합해 원래 문제의 정답을 찾는 기법입니다. 재귀 함수의 주된 구성 요소는 다음과 같습니다.

- 기저 케이스base case (종료 조건terminating condition이라고도 합니다)
- 재귀 케이스recursive case

기저 케이스는 재귀 함수가 구체적인 결괏값을 바로 계산할 수 있는 입력 집합입니다. 재귀 케이스는 함수가 자신을 호출할 때 전달한 입력 집합(최초 입력 집합보다 점점 작아집니다)을 처리합니다. 입력 집합이 점점 작아지지 않으면 재귀가 무한 반복되며 결국 프로그램이 뻗겠죠. 함수가 반복될수록 입력 집합은 무조건 작아지며, 제일 마지막에 기저 케이스로 빠지면 하나의 값으로 귀결됩니다.

2장에서도 중첩된 객체를 재귀로 탐색하면서 전체 자료구조를 깊이 동결했습니다. 탐색한 객체가 기본형이거나 이미 동결된 상태면 기저 케이스로 빼내고, 그 외에는 계속 객체 구조를 훑으며 미동결 객체를 재귀적으로 탐색합니다. 단계마다 하는 일이 정확히 일치하므로 재귀로 풀기 적합한 문제였습니다. 그런데 재귀적 사고가 그리 녹록한 건 아닙니다.

3.5.2 재귀적으로 생각하기

재귀는 간단히 이해할 수 있는 개념이 아닙니다. 함수형 프로그래밍 학습에서 가장 어려운 부분이 기존 사고방식을 버리는 겁니다. 굳이 재귀의 달인이 될 필요는 없고 재귀를 그렇게 자주 사용할 일도 없겠지만, 재귀는 아주 중요한 근본적인 개념입니다. 여러분이 두뇌를 운동시키면서 재귀 문제를 더 잘 분석할 수 있도록 안내해보겠습니다.

재귀적 사고란, 자기 자신 또는 그 자신을 변형한 버전을 생각하는 겁니다. 재귀적 객체는 스스로를 정의합니다. 가령 트리 구조에서 가지^{branch}를 합성한다고 합시다. 어떤 가지는 다른 가지처럼 잎^{leaf}이 붙어 있고, 이 잎에는 또 다른 잎과 가지가 주렁주렁 달려 있겠죠. 이런 프로세스가 끝없이 이어지다가 어떤 외부적인 한정 요소(트리의 전체 크기)에 이르면 멈출 것입니다.

자, 그럼 준비운동 겸 숫자 배열의 원소를 모두 더하는 간단한 예제를 봅시다. 우선 명령형 버전으로 구현한 다음 점점 함수형으로 고쳐보겠습니다. 이미 여러분의 명령형 두뇌는 배열을 죽반복해서 값을 더하는 루프문을 떠올렸을 겁니다.

```
var acc = 0;
for(let i = 0; i < nums.length; i++) {
  acc += nums[i];
}
```

그리고 중간 합계를 어딘가 보관하기 위해 누산치가 필요하다는 강박증에 사로잡혀 있겠죠. 하지만 수동 루프가 정말 필요할까요? 이미 여러분 손에는 당장 꺼내 쓸 수 있는 함수형 무기 (_.reduce)가 있습니다.

```
_(nums).reduce((acc, current) => acc + current, 0);
```

수동 반복 코드를 프레임워크에 밀어 넣어 애플리케이션 코드로부터 추상하는 방법도 있지만,

반복하는 작업 자체를 플랫폼에게 일임할 수 있다면 더 좋겠지요? _.reduce 함수를 쓰면 루프는 물론 리스트 크기조차 신경 쓸 필요가 없습니다. 첫 번째 원소를 나머지 원소들과 순차적으로 더해가며 결괏값을 계산하는 재귀적 사고방식을 적용하는 셈이죠. 이 사고방식을 확장하면 결국 다음과 같이 **수평 사고**lateral thinking라고 불리는 일련의 연산을 수행하는 과정으로 덧셈을 바라보게 됩니다.

$$sum[1,2,3,4,5,6,7,8,9] = 1 + sum[2,3,4,5,6,7,8,9]$$
$$= 1 + 2 + sum[3,4,5,6,7,8,9]$$
$$= 1 + 2 + 3 + sum[4,5,6,7,8,9]$$

재귀와 반복은 동전의 앞/뒷면입니다. 재귀는 변이가 없으므로, 더 강력하고 우수하며 표현적인 방식으로 반복을 대체할 수 있습니다. 사실상 순수 함수형 언어는 모든 루프를 재귀로 수행하기 때문에 do, for, while 같은 기본 루프 체계조차 없으며, 재귀를 적용한 코드가 더 이해하기 쉽습니다. 점점 줄어드는 입력 집합에 똑같은 작업을 여러 번 반복한다는 전제하에 작동하기 때문입니다. [코드 3-10]의 재귀 코드는 로대시JS의 _.first, _.rest 함수로 각각 배열 첫 번째 원소와 그 나머지 원소들에 접근합니다.

코드 3-10 재귀적 덧셈

```
function sum(arr) {
  if(_.isEmpty(arr)) {        ◁─── 기저 케이스(종료 조건)
    return 0;
  }
  return _.first(arr) + sum(_.rest(arr));    ◁─── 재귀 케이스: _.first와 _.rest로
}                                                  입력을 점점 줄여가며 자신을 호출합니다.
sum([]); //-> 0
sum([1,2,3,4,5,6,7,8,9]); //-> 45
```

더하려는 배열이 빈 배열일 경우는 기저 케이스로서 이때는 당연히 0을 반환합니다. 이외에 원소가 포함된 배열은 첫 번째 원소를 추출 후 두 번째 이후 원소들과 계속 재귀적으로 더합니다. 이때 내부적으로는 재귀 호출 스택이 겹겹이 쌓입니다. 알고리즘이 종료 조건에 이르면 쌓인 스택이 런타임에 의해 즉시 풀리면서 반환문이 모두 실행되고 이 과정에서 실제 덧셈이 이루어집니다. 바로 이런 식으로 재귀를 이용해 언어 런타임에 루프를 맡기는 것입니다. 다음은 이러한 덧셈 알고리즘을 단계별로 나누어 표시한 것입니다.

```
1 + sum[2,3,4,5,6,7,8,9]
1 + 2 + sum[3,4,5,6,7,8,9]
1 + 2 + 3 + sum[4,5,6,7,8,9]
1 + 2 + 3 + 4 + sum[5,6,7,8,9]
1 + 2 + 3 + 4 + 5 + sum[6,7,8,9]
1 + 2 + 3 + 4 + 5 + 6 + sum[7,8,9]
1 + 2 + 3 + 4 + 5 + 6 + 7 + sum[8,9]
1 + 2 + 3 + 4 + 5 + 6 + 7 + 8 + sum[9]
1 + 2 + 3 + 4 + 5 + 6 + 7 + 8 + 9 + sum[]
1 + 2 + 3 + 4 + 5 + 6 + 7 + 8 + 9 + 0 -> 여기서 정지, 이제 스택이 풀립니다.
1 + 2 + 3 + 4 + 5 + 6 + 7 + 8 + 9
1 + 2 + 3 + 4 + 5 + 6 + 7 + 17
1 + 2 + 3 + 4 + 5 + 6 + 24
1 + 2 + 3 + 4 + 5 + 30
1 + 2 + 3 + 4 + 35
1 + 2 + 3 + 39
1 + 2 + 42
1 + 44
45
```

재귀와 수동 반복, 성능은 어떨까요? 지난 세월 동안 컴파일러는 아주 영리하게 루프를 최적화할 수 있도록 진화했습니다. ES6부터는 꼬리 호출 최적화tail-call optimization까지 추가되어 사실상 재귀와 수동 반복의 성능 차이는 미미해졌지요. 다음은 sum 함수를 조금 다른 방법으로 구현한 코드입니다.

```
function sum(arr, acc = 0) {
  if(_.isEmpty(arr)) {
    return 0;
  }
  return sum(_.rest(arr), acc + _.first(arr)); ?        ◁─┤ 꼬리 위치에서 재귀 호출
}
```

함수 본체의 가장 마지막 단계, 즉 꼬리 위치tail position에서 재귀 호출을 합니다. 이렇게 하면 어떤 이점이 있는지는 7장에서 함수형 최적화를 이야기하며 다시 살펴보겠습니다.

3.5.3 재귀적으로 정의한 자료구조

지금까지 Person 객체의 샘플 데이터로 입력한 이름들이 대체 누굴까 궁금하게 생각한 독자도 있을 겁니다. 1900년대는 함수형 프로그래밍의 원조를 이룬 수학 분파(람다 대수학, 범주론

등)의 활동이 왕성했었죠.

이 시기에 출간된 자료는 대부분 알론조 처치^{Alonzo Church} 교수가 이끄는 몇몇 대학 교수들이 집대성한 식견과 정리에 근거합니다. 바클리 로서^{Barkley Rosser}, 앨런 튜링^{Alan Turing}, 스티븐 클리니^{Stephen Kleene} 같은 수학자들이 바로 처치 교수의 박사 학위 지도를 받은 학생들이었죠. [그림 3-8]은 이 사제 관계를 그래프로 나타낸 것입니다.

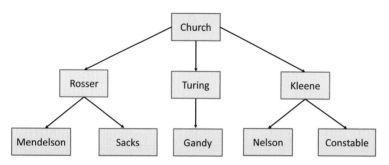

그림 3-8 함수형 프로그래밍에 지대한 공헌을 한 수학자들. 트리에서 부모 → 자식 방향으로 연결된 화살표가 '~의 학생'이라는 관계를 뜻합니다.

트리는 XML 문서, 파일 시스템, 분류학^{taxonomy}, 범주, 메뉴 위젯, 패싯 내비게이션^{faceted navigation}[7], 소셜 그래프 등 다양한 분야에 쓰이는 아주 일반적인 자료구조라서 처리 방법을 잘 알아둘 필요가 있습니다. [그림 3-8]을 잘 보면 여러 노드^{node}가 사제 관계를 나타내는 간선^{edge}(화살표)으로 연결되어 있습니다. 배열처럼 평탄한 자료구조를 파싱할 때 쓰는 함수형 기법은 이런 트리 구조의 데이터에는 적절하지 않습니다. 자바스크립트는 언어 자체로 내장 트리 객체를 지원하지는 않으므로 노드 기반의 단순한 자료구조를 만들어야 합니다. 노드는 값을 지닌 객체로 자신의 부모와 자식 배열을 레퍼런스로 참조합니다. [그림 3-8]에서 Rosser는 Church를 부모 노드로, Mendelson과 Sacks는 자식 노드로 가리킵니다. Church처럼 부모가 없는 노드가 루트입니다. 다음은 Node 형을 정의한 코드입니다.

---

7 역주_ 사용자가 검색 조건을 입력하는 게 아니라, 검색 결과를 사이트 측에서 미리 준비해두었다가 사용자에게 먼저 제시하고 사용자는 이를 선택하기만 해도 검색 범위를 좁혀나갈 수 있게 하는 구조를 말합니다.

```
class Node {
  constructor(val) {
    this._val = val;
    this._parent = null;
    this._children = [];
  }

  isRoot() {
    return isValid(this._parent);        ⟵──┤ 앞에서 만들었던 함수입니다.
  }

  get children() {
    return this._children;
  }

  hasChildren() {
    return this._children.length > 0;
  }

  get value() {
    return this._val;
  }

  set value(val) {
    this._val = val;
  }

  append(child) {                        ┌ 부모 노드를
    child._parent = this;          ⟵──┤ 세팅합니다.         자식 리스트에 자식 노드를
    this._children.push(child);      ⟵──────────────┘       추가합니다.
    return this;       ⟵──┐ 동일한 노드를 반환합니다
  }                          └ (이렇게 해야 메서드를 흘릴 때 편합니다).

  toString() {
    return `Node (val: ${this._val}, children: ${this._children.length})`;
  }
}
```

노드는 이렇게 생성합니다.   이를 트리에 있는
                                                        모든 노드마다 반복합니다.

```
const church = new Node(new Person('Alonzo', 'Church', '111-11-1111'));   ⟵──
```

트리tree는 루트 노드가 포함된 재귀적인 자료구조입니다.

```
class Tree {
  constructor(root) {
    this._root = root;
  }

  static map(node, fn, tree = null) {
    node.value = fn(node.value);
    if(tree === null) {
      tree = new Tree(node);
    }

    if(node.hasChildren()) {
      _.map(node.children, function (child) {
        Tree.map(child, fn, tree);
      });
    }
    return tree;
  }
  get root() {
    return this._root;
  }
}
```

이 메서드보다 더 많이 쓰는 Array.prototype.map과 혼동하지 않게 정적 메서드로 합니다. 정적 메서드는 사실상 독립형 함수로 쓸 수 있습니다.

이터레이터 함수를 실행하여 트리의 노드 값을 업데이트합니다.

Array.prototype.map과 비슷합니다. 새로운 트리를 만듭니다.

자식이 없는 노드는 계속할 필요가 없습니다(기저 케이스).

각 자식 노드에 주어진 함수를 실행합니다.

각 자식 노드를 재귀 호출합니다.

노드의 메인 로직은 append 메서드에 있습니다. 한 노드에 자식을 덧붙일 때 그 자식 노드의 부모 레퍼런스가 이 노드를 가리키게 하고 이 자식 노드를 자식 리스트에 추가합니다. 다음과 같은 식으로 루트부터 시작해 다른 자식 노드들과 연결하면 트리가 완성됩니다.

```
church.append(rosser).append(turing).append(kleene);
kleene.append(nelson).append(constable);
rosser.append(mendelson).append(sacks);
turing.append(gandy);
```

각 노드는 Person 객체를 감쌉니다. 재귀 알고리즘은 루트서부터 모든 자식 노드를 타고 내려가면서 전체 트리를 전위 순회preorder traversal합니다. 자기 반복적인 재귀 특성 때문에 순회를 루트에서 시작하든, 임의의 노드에서 시작하든 똑같습니다. 그래서 Array.prototype.map과 하는 일이 비슷한 고계함수 Tree.map을 쓰는 건데요, 이 함수는 각 노드 값을 평가할 함수를 받습니다. 보다시피 이 데이터를 모형화한 자료구조(여기선 트리)와 무관하게 이 함수의 의미는 변함 없습니다. 사실상 어떤 자료형이라도 그 구조를 유지한 채 매핑할 수 있지요. 이렇게 구조를 유지한 상태에서 함수를 자료형에 매핑하는 함수 개념을 5장에서 더 자세히 이야기할 겁니다.

루트 노드에서 출발한 전위 순회는 다음 과정을 거칩니다.

1. 루트 원소의 데이터를 표시합니다.
2. 전위 함수를 재귀 호출하여 왼쪽 하위 트리를 탐색합니다.
3. 같은 방법으로 오른쪽 하위 트리를 탐색합니다.

[그림 3-9]는 이 알고리즘이 지나가는 경로입니다.

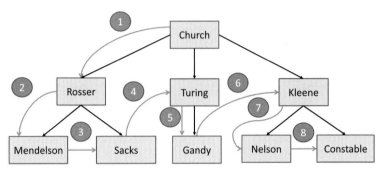

그림 3-9 재귀적 전위 순회 경로. 루트에서 출발해 왼쪽에서 오른쪽 방향으로 자식 노드를 훑고 내려갑니다.

Tree.map 함수는 루트 노드(기본적으로, 트리의 시작 지점) 및 각 노드 값을 변환하는 이터레이터 함수를 필수로 받습니다.

```
Tree.map(church, p => p.fullname);
```

트리를 전위 순회하면서 해당 함수를 각 노드에 실행하면 다음 결과가 나옵니다.

```
'Alonzo Church', 'Barkley Rosser', 'Elliot Mendelson', 'Gerald Sacks', 'Alan
Turing', 'Robin Gandy', 'Stephen Kleene', 'Nels Nelson', 'Robert Constable'
```

변이 및 부수효과 없는 자료형을 다룰 때 데이터 자체를 캡슐화하여 데이터에 접근하는 방법을 통제하는 것이 함수형 프로그래밍의 관건입니다. 더 자세한 내용은 5장에서 얘기합니다. 자료구조 파싱은 소프트웨어에서 가장 기본적인 작업이자, 함수형 프로그래밍의 주특기이기도 합니다. 이 장에서는 함수형 확장 라이브러리 로대시JS와 이의 바탕이 되는 자바스크립트의 함수형 개발 스타일에 관하여 자세히 알아보았습니다. 함수형 프로그래밍은 원하는 결과를 얻기 위한 비즈니스 로직이 담겨 있는 고수준의 연산을 일련의 단계들로 체이닝하는, 간결한 흐름 중심의 모델을 선호합니다.

이처럼 흐름 중심으로 코딩하면 재사용성, 모듈화 측면에서도 당연히 유익한데요, 이 장에서 필자는 아주 대략적으로만 살펴보았습니다. 4장에서는 흐름 중심의 프로그래밍 사상을 한 수준 더 발전시켜 진짜 함수 파이프라인을 구축하는 문제를 집중적으로 논합니다.

3.6 마치며

- 고계함수 map, reduce, filter를 쓰면 코드를 확장할 수 있습니다.
- 로대시JS는 데이터 흐름과 변환 과정이 명확히 구획된 제어 체인을 통해 데이터 처리 및 프로그램 작성을 도모합니다.
- 함수형 프로그래밍의 선언적 스타일로 개발하면 코드를 헤아리기 쉽습니다.
- 고수준의 추상화를 SQL 어휘로 매핑하면 더 심도있게 데이터를 이해할 수 있습니다.
- 재귀는 자기 반복적 문제를 해결하는 데 쓰이며, 정의된 자료구조를 재귀적으로 파싱해야 합니다.

재사용 가능한, 모듈적인 코드로

> *잘 작동하는 복잡한 시스템은 십중팔구 잘 작동했던*
> *단순한 시스템에서 진화한 경우가 많다.*
>
> *– 『The Systems Bible』 (General Systemantics Press, 2012) 중에서*

대규모 소프트웨어 프로젝트에서 매우 중요한 특성 중 하나인 **모듈성**modularity은, 프로그램을 더 작고 독립적인 부분으로 나눌 수 있는 정도를 뜻합니다. 모듈적 프로그램modular program은 자신을 구성하는 부속들로부터 자신의 의미를 도출할 수 있다는 점에서 뚜렷이 구분됩니다. 이들 부속 (하위 프로그램)은 다른 시스템에 그대로 또는 더 쪼개서 통합할 수 있는 재사용 가능한 컴포넌트입니다. 개발자의 생산성을 높일 뿐만 아니라 코드 유지보수성 및 가독성을 향상시키는 데에도 도움이 되지요. 아주 쉬운 예로, 유닉스 셸 프로그램을 떠올려봅시다.

```
tr 'A-Z' 'a-z' < words.in | uniq | sort
```

유닉스 프로그래밍을 한 번도 안 해본 사람이라도 이 코드가 단어를 대문자에서 소문자로 바꾸고 중복을 제거한 다음 그 단어들을 정렬하는 순차적인 과정임을 알 수 있습니다. 서로 다른 명령어는 파이프 연산자(|)로 연결합니다. 입/출력을 이렇게 명료한 규약에 맞게 서술하고 작은 프로그램들을 서로 이어 붙여 복잡한 작업을 수행할 수 있다는 게 경이롭지 않나요? 같은 프로그램을 기존 명령형 자바스크립트로 작성하려면, 루프를 반복하며 문자열을 비교하고, 전역 변수로 상태를 추적하고, 조건문도 몇 개 넣어야 할 겁니다. 이런 코드는 그 자체로 모듈적인 코드가 아니지요. 프로그래밍 세계에서는 대부분 문제를 더 작은 조각으로 쪼갠 후, 이들을 다시 재구성하여 해법을 완성하는 방식을 선호합니다.

3장에서는 고수준 함수를 써서 하나의 래퍼 객체를 중심으로 단단히 결합된 메서드 체인으로 문제를 해결했습니다. 4장에서는 이 아이디어를 더 발전시켜 함수 합성을 통해 느슨하게 결합된 파이프라인을 만들고, 보다 유연한 독립적인 컴포넌트들을 재료 삼아 전체 프로그램을 구축하겠습니다. 컴포넌트 각자로는 별로 가치가 없지만, 서로 뭉치면 작게는 함수, 크게는 온전한 모듈 형태로 만들어 전체 프로그램에 의미를 부여할 수 있습니다.

코드 모듈화는 결코 쉬운 작업이 아닙니다. 선언적 함수 파이프라인을 통해 무인수 형태로 문제를 해결하려면 먼저 코드를 적정 수준으로 추상화해야 합니다. 이 장에서는 람다JS라는 함수형 프레임워크의 도움을 받아 부분 평가 및 합성 같은 주요 함수형 기법을 어떻게 구사하는지 살펴보겠습니다.

4.1 메서드 체인 대 함수 파이프라인

3장에서는 함수들을 메서드 체인으로 연결하는 코드를 보며 함수형 프로그래밍의 독특한 개발 스타일을 엿보았습니다. **파이프라이닝**pipelining은 함수를 연결하는 또 다른 기법입니다. 함수는 입력과 출력을 기준으로 서술하는 것이 유용합니다. 이 책에서 앞으로 자주 보게 되겠지만, 함수형 커뮤니티에서는 다음과 같은 하스켈 언어 표기법을 많이 씁니다(그림 4-1).

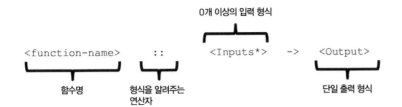

그림 4-1 하스켈의 함수 표기법. 함수명 다음에 입출력 형식을 지정한 연산자를 씁니다.

함수형 프로그래밍에서 함수란 입력 형식과 출력 형식 간의 수학적인 매핑을 뜻합니다(그림 4-2). 가령 문자열을 받아 불리언을 반환하는 isEmpty 함수는 이렇게 표기합니다.

```
isEmpty :: String -> Boolean
```

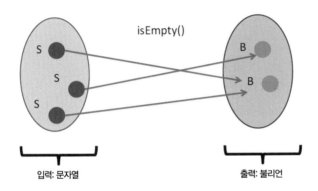

그림 4-2 isEmpty 함수는 문자열 값을 불리언 값으로, 참조 투명하게 매핑합니다.

이 함수는 주어진 문자열을 전부 불리언 값으로, 참조 투명하게 매핑합니다. 다음은 이 함수를 자바스크립트 람다 표현식으로 나타낸 것입니다.

```
// isEmpty :: String -> Boolean
const isEmpty = s => !s || !s.trim();
```

함수 체이닝과 파이프라이닝을 이해하려면 함수를 형식 간의 매핑으로 바라보아야 합니다.

- 메서드를 체이닝 (단단한 결합, 제한된 표현성)
- 함수 파이프라인을 배열 (느슨한 결합, 유연성)

4.1.1 메서드를 여럿 체이닝

map과 filter 함수는 배열을 넘겨받아 새 배열을 돌려준다고 했습니다(3장). 암시적으로 생성된 LodashWrapper 객체를 매개로 이들 함수를 서로 체이닝하면 물밑에서 전혀 새로운 자료 구조를 만듭니다. 3장 예제 코드를 다시 볼까요?

```
_.chain(names)          ◄─────────    뒤에 "점(.)"을 붙여 로대시JS의
  .filter(isValid)                     다른 메서드를 호출합니다.
  .map(s => s.replace(/_/, ' '))
  .uniq()
  .map(_.startCase)
  .sort()
  .value();
```

명령형 코드에 비해 분명히 구조적으로 향상됐고 가독성도 엄청 좋아졌습니다. 다만, 자신을 소유한 객체에 부자연스럽게 매여 있어 아쉽게도 체인에서 실행 가능한 메서드 가짓수가 줄고 코드의 표현성도 제약을 받습니다. 이 예제는 로대시JS가 제공하는 연산만 쓸 수 있기 때문에 다른(또는 직접 만든) 라이브러리 함수를 쉽게 연결할 수 없습니다.

> **NOTE_** 믹스인으로 객체에 기능을 추가하여 확장하는 방법이 있지만, 그 결과 만들어진 믹스인 객체를 책임지고 관리하는 일은 개발자의 몫입니다. 믹스인은 이 책에서 다루지 않습니다. 앞에서도 언급했듯 관심 있는 독자는 앵거스 크롤의 글(http://mng.bz/15Zj)을 참고하세요.

고수준에서 보면 배열 메서드의 순차열은 [그림 4-3]과 같이 처리됩니다. 여기서 체인을 끊어버리고 독립적인 함수열을 자유롭게 배열할 수 있으면 참 좋겠군요. 그래서 바로 함수 파이프라인이 필요한 것입니다.

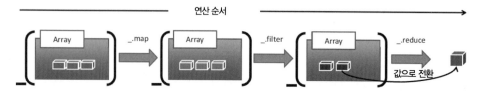

그림 4-3 배열 체인은 자신을 소유한 객체가 순서대로 호출할 메서드들로 구성됩니다. 이들은 내부적으로 각 함수의 호출 결과를 새 배열에 담아 반환합니다.

4.1.2 함수를 파이프라인에 나열

함수형 프로그래밍에서는 메서드 체이닝의 한계에서 벗어나, 출신에 관계없이 어떤 함수라도 유연하게 결합할 수 있습니다. **파이프라인**pipeline이란 한 함수의 출력이 다음 함수의 입력이 되게끔 느슨하게 배열한, 방향성directional 함수 순차열입니다. [그림 4-4]는 상이한 객체형을 다루는 함수를 연결한 파이프라인의 개념도입니다.

그림 4-4 함수 f는 A형 입력을 받아 B형 객체를 생성 후, 함수 g에 넘겨 C형 객체를 최종 결과로 냅니다. 여기서 f, g는 여느 라이브러리의 함수나 여러분이 직접 개발한 함수가 될 수 있습니다.

이 장에서는 함수 호출을 [그림 4-4]처럼 고수준의 간명한 함수 파이프라인으로 배열하는 기법을 연구합니다. 객체지향 디자인 패턴 중 '파이프 및 필터pipes and filters'와 동등한 패턴이라 그리 낯설지는 않을 것입니다. 기업용 애플리케이션에서 자주 쓰는 이 패턴도 실은 함수형 프로그래밍의 영향을 받았습니다(여기선 개별 함수가 필터에 해당합니다).

[그림 4-3]과 [그림 4-4]를 비교하면 두 접근 방법 사이에 중요한 차이점이 있음을 알 수 있습니다. 체이닝은 객체 메서드를 통해 함수들을 단단히 결합하지만, 파이프라인은 함수 입출력을 서로 연결 지어 느슨하게 결합된 컴포넌트를 만듭니다. 단, 함수의 항수arity(인수 개수)와 형식이 호환되지 않으면 연결할 수 없는데요, 이를 다음 절에서 설명합니다.

4.2 함수 호환 요건

객체지향 프로그램에서는 파이프라인을 특정한 경우(보통 인증authentication/인가authorization 처리)에 드문드문 사용하지만, 함수형 프로그래밍에서는 파이프라인이 프로그램을 구축하는 유일한 수단입니다. 일을 하다 보면 대부분 정의된 문제와 그 해결 방안 간에 차이점이 생기게 마련이므로 단계별로 명확하게 정의된 계산을 해야 합니다. 이 계산 단계가 코드에서는 함수로 표현되는데요, 각 함수는 두 가지 측면에서 입력과 출력이 서로 호환돼야 합니다.

- **형식**: 한 함수의 반환 형식과 수신 함수의 인수 형식이 일치해야 합니다.
- **항수**: 수신 함수는 앞 단계 함수가 반환한 값을 처리하기 위해 적어도 하나 이상의 매개변수를 선언해야 합니다.

4.2.1 형식이 호환되는 함수

함수 파이프라인을 설계할 때에는 한 함수가 반환하는 것과 다른 함수가 받는 것이 반드시 호환되어야 합니다. 형식은 정적 형식statically typed 언어에서는 큰 관심사이지만 자바스크립트는 형식이 느슨한 언어라서 그렇지 않습니다. 따라서 어떤 객체가 실제로 특정 형식처럼 작동하면 그 형식은 그냥 그 객체의 형식인 것입니다. 이것을 다른 말로 **덕 타이핑**duck typing("오리처럼 걷고 오리처럼 말하는 동물이 있다면 그건 다름아닌 오리다")이라고 합니다.

> **NOTE_** 정적 형식 언어에서는 자료형 체계type system[1]를 통해 코드를 실행하기 전에도 잠재된 문제점을 미리 알 수 있습니다. 함수형 프로그래밍에서도 자료형 체계는 중요한 주제지만 이 책에선 다루지 않습니다.

자바스크립트는 동적 파견dynamic dispatch[2] 체제 덕분에 형식과 무관하게 객체에서 속성과 메서드를 가져올 수 있습니다. 매우 유연한 구조이지만, 함수가 어떤 형식의 값을 기대하는지 알아야 할 때가 있어서 형식을 (하스켈 표기법으로 코드에 주석을 붙여 문서화하는 식이나마) 명확하게 정의하면 프로그램을 이해하는 게 더 쉬워집니다.

교과서식으로 말하면, 함수 f와 g가 있고 f의 출력 형식과 g의 입력 형식이 동등하면 두 함수의 형식은 호환type-compatible됩니다. 예로 학생 SSN을 처리하는 간단한 프로그램을 봅시다.

```
trim :: String -> String        ⟵│ 앞뒤 공백을 제거합니다.
normalize :: String -> String        ⟵│ 입력 문자열의 대시(-)를 제거합니다.
```

여기서 normalize의 입력 형식과 trim의 출력 형식이 맞아야 파이프라인을 수동으로 간단하게 구성하여 실행할 수 있습니다(코드 4-1).

---

1 역주_ 자료형 체계란 값, 표현식, 함수, 모듈 등을 분류하는 규칙의 집합입니다.
2 역주_ 사전에 구현한 다형적(polymorphic) 연산(메서드나 함수) 코드 중 하나를 런타임에 선택하는 것을 뜻합니다.

코드 4-1 trim과 normalize로 함수 파이프라인을 수동으로 구성

```
// trim :: String -> String
const trim = (str) => str.replace(/^\s*|\s*$/g, '');

// normalize :: String -> String
const normalize = (str) => str.replace(/\-/g, '');

normalize(trim(' 444-44-4444 ')); //-> '444444444' //
```

> 두 함수를 단순한 순차 파이프라인 형태로 수동 호출합니다(자동화 기법은 나중에 다룸). 예시를 위해 앞뒤에 공백이 추가된 인수를 넣었습니다.

형식은 틀림없이 중요한 이슈지만, 자바스크립트에서는 함수가 취하는 인수 개수의 호환 여부가 더 중요합니다.

4.2.2 함수와 항수: 튜플

항수arity란 함수가 받는 인수의 개수입니다. 함수의 **길이**length라고도 합니다. 다른 프로그래밍에서는 항수를 당연하게 생각하지만, FP에서는 함수에 선언된 인수의 개수가 참조 투명성의 당연한 결과로서 복잡도와 정확히 비례하는 경우가 많습니다. 가령 문자열 인수를 하나만 받는 함수는 서너 개 받는 함수보다 훨씬 단순하다고 볼 수 있지요.

```
// isValid :: String -> Boolean
function isValid(str) {
  ...
}
```

> 사용하기 쉽습니다.

```
// makeAsyncHttp :: String, String, Array -> Boolean
function makeAsyncHttp (method, url, data) {
  ...
}
```

> 모든 인수를 먼저 계산해야 하므로 사용하기 어렵습니다.

인수가 1개인 순수함수는 한 가지 용도, 즉 단일 책임을 담당하므로 가장 단순한 함수라고 볼 수 있습니다. 우리의 목표는 함수의 인수를 가능한 한 적게 하는 것입니다. 그래야 인수가 많은 함수보다 더 유연하고 다목적으로 활용할 수 있습니다. 하지만 단항 함수는 쉽게 얻어지지 않습니다. 자, isValid 함수가 오류 내용까지 메시지 형태로 반환하도록 고치면 다음과 같을 겁니다.

```
isValid :: String -> (Boolean, String)
```

> 검증 결과 및 에러가 날 경우 해당 메시지까지 담긴 자료구조를 반환

```
isValid(' 444-444-44444'); //-> (false, '입력값이 너무 길어요!')
```

그런데 이렇게 두 가지 다른 값을 동시에 반환할 수 있을까요? 함수형 언어는 **튜플**[tuple]이라는 자료구조를 지원합니다. 튜플은 유한 원소를 지닌 정렬된 리스트로, 보통 한 번에 두세 개 값을 묶어 (a, b, c)와 같이 씁니다. isValid가 검사 결과와 에러 메시지를 함께 묶은 튜플 형태로 결과를 내면 한 개체로 반환할 수 있고 필요 시 그다음 함수에 건네줄 수 있습니다. 튜플을 좀 더 자세히 알아봅시다.

튜플은 형식이 다른 원소를 한데 묶어 다른 함수에 건네주는 일이 가능한 불변성 자료구조입니다. 물론, 객체 리터럴이나 배열 같은 임의 형식[ad hoc type]으로 반환하는 방법도 있긴 합니다.

```
return {
  status : false,
  message: '입력값이 너무 길어요!'
};
// 또는 return [false, '입력값이 너무 길어요!'];
```

그래도 함수 간에 데이터를 변환할 때에는 튜플이 다음 측면에서 더 유리합니다.

- **불변성**: 튜플은 한번 만들어지면 나중에 내용을 못 바꿉니다.
- **임의 형식의 생성 방지**: 튜플은 전혀 무관한 값을 서로 연관 지을 수 있습니다. 단지 데이터를 묶겠다고 새로운 형식을 정의하고 인스턴스화하는 건 괜스레 데이터 모형을 복잡하게 할 뿐입니다.
- **이형 배열**[heterogeneous array]**의 생성 방지**: 형식이 다른 원소가 배열에 섞여 있으면 형식을 검사하는 방어 코드를 수반하므로 다루기가 까다롭습니다. 배열은 태생 자체가 동일한 형식의 객체를 담는 자료구조입니다.

튜플은 2장에 나왔던 값 객체와 작동 방식이 유사합니다. 이를테면 상태 플래그와 오류 메시지를 (false, 'Some error occurred!') 식으로 담기 위해 단순한 자료형 Status를 만들어 쓸 수 있습니다. 자바스크립트는 스칼라 등의 함수형 언어와 달리 튜플 자료형을 처음부터 지원하지 않습니다. 스칼라에서는 다음과 같이 튜플을 정의할 수 있습니다.

```
var t = (30, 60, 90);
```

그러면 각 원소에는 이렇게 접근할 수 있습니다.

```
var sumAnglesTriangle = t._1 + t._2 + t._3 = 180;
```

자바스크립트 개발자는 직접 알아서 자신만의 튜플을 구현하여 쓰면 됩니다.

코드 4-2 형식화한 튜플 자료형

null 값 유무를 체크합니다.
함수형 자료형은 null 값이
스며드는 걸 허용해선 안 됩니다.

튜플에 담긴 인수 형식을
읽습니다.

내부형 _T는 튜플의
형식과 값이 맞는지
확인합니다.

```
const Tuple = function( /* 형식 */ ) {
  const typeInfo = Array.prototype.slice.call(arguments);
  const _T = function( /* 값 */ ) {
    const values = Array.prototype.slice.call(arguments);
    if(values.some(
      val => val === null || val === undefined)) {
      throw new ReferenceError('튜플은 null 값을 가질 수 없습니다!');
    }
    if(values.length !== typeInfo.length) {
      throw new TypeError('튜플 항수가 프로토타입과 맞지 않습니다!');
    }
    values.forEach((val, index) => {
      this['_' + (index + 1)] = checkType(typeInfo[index])(val);
    }, this);
    Object.freeze(this);
  };
  _T.prototype.values = () => {
    return Object.keys(this)
      .map(k => this[k], this);
  };
  return _T;
};
```

튜플에 저장된 값을
꺼냅니다.

정의된 형식 개수와
튜플 함수가 일치
하는지 체크합니다.

각 튜플 값의 형식이
올바른지 checkType
함수(잠시 뒤에 나옵니
다)로 조사합니다.
각 튜플 원소는 ._n(원소
인덱스 n은 1부터 시작)
로 참조 가능한 튜플 속
성으로 바꿉니다.

튜플을 불변 인스턴스화합니다.

튜플 값을 전부 꺼내 배
열로 만듭니다. ES6 해
체 할당을 이용하면 튜
플 값을 변수로 매핑할
수 있습니다.

위 코드에서 튜플 객체는 크기가 고정된 불변성 자료구조로, 함수 간 통신에 사용 가능한 n개의 이형 값을 담을 수 있습니다. 예를 들어 간단히 Status 같은 값 객체를 만들어 쓰면 이렇게 돼죠.

```
const Status = Tuple(Boolean, String);
```

그럼, 튜플을 써서 학생 SSN을 검증하는 예제를 완성합시다.

코드 4-3 튜플을 이용한 isValid 함수

```
// trim :: String -> String
const trim = (str) => str.replace(/^\s*|\s*$/g, '');
```

```
// normalize :: String -> String
const normalize = (str) => str.replace(/\-/g, '');

// isValid :: String -> Status
const isValid = function (str) {
  if(str.length === 0) {
    return new Status(false,                    ◄──────────────  상태(불리언) 및 에러 메시지
      '잘못된 입력입니다. 빈 값일 리 없지요!');                  (문자열) 값을 보관할 Status
  }                                                              형식을 선언
  else {
    return new Status(true, '성공!');
  }
}

isValid(normalize(strim('444-44-4444'))); //-> (true, '성공!')
```

소프트웨어에서 2-튜플은 단골 손님이라 일급 객체로 만들어두면 편리합니다. ES6부터 지원하는 **해체 할당**destructuring assignment과 조합하면 튜플 값을 변수로 깔끔하게 매핑할 수 있습니다. 다음 코드는 튜플로 만든 StringPair 객체입니다.

코드 4-4 StringPair 형식

```
const StringPair = Tuple(String, String);
const name = new StringPair('Barkley', 'Rosser');

[first, last] = name.values();
first; //-> 'Barkley'
last; //-> 'Rosser'
                                                           ┌ 항수가 맞지 않아
const fullname = new StringPair('J', 'Barkley', 'Rosser'); // ◄── 에러가 납니다.
```

튜플로 함수 항수를 줄일 순 있지만, 튜플만으로 만족스럽지 못할 땐 더 나은 대체 방안이 있습니다. 다음 주제는 항수를 추상하는 동시에 모듈성, 재사용성을 높이는 함수 커링이라는 천연 조미료입니다.

4.3 커리된 함수를 평가

함수의 반환값을 단항 함수의 매개변수로 전달하는 일은 그리 어렵지 않지만, 다항 함수에 여러 매개변수를 전달해야 한다면 어떨까요? 커링을 이해하려면 먼저, 일반(비커리된non-curried) 평가와 커리된curried 평가의 차이점을 분명히 인지해야 합니다. 자바스크립트에서는 비커리된 일반 함수를 호출할 때 인수가 모자라도 별문제 없이 실행됩니다. 이를테면 함수 f(a,b,c)를 호출할 때 a 값만 넣어도 자바스크립트 런타임은 b, c를 undefined로 자동 세팅하므로 f 함수는 정상적으로 실행됩니다(그림 4-5). 하지만 안타깝게도 이런 자바스크립트 특성 탓에 언어 자체에서 커링을 기본 지원하지는 않는 듯합니다. 여러분도 짐작하다시피, 인수를 선언하지 않고 함수 안에서 arguments 객체에 전적으로 의존하는 건 문제를 키울 위험이 있습니다.

호출   실제로 이렇게 실행됨

f(a)   ⟶   f(a, undefined, undefined)

그림 4-5 비커리된 함수 호출 시 인수가 빠진 매개변수 자리는 undefined로 채워 평가합니다.

이와 달리 모든 매개변수가 명시된 커리된 함수에 일부 인수만 넣어 호출하면, 함수가 실행되는 게 아니라 모자란 나머지 인수가 다 채워지기를 기다리는 새로운 함수가 반환됩니다(그림 4-6).

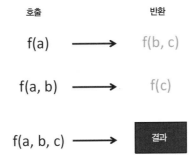

호출   반환

f(a)   ⟶   f(b, c)

f(a, b)   ⟶   f(c)

f(a, b, c)   ⟶   결과

그림 4-6 커리된 함수 f의 평가 과정. f는 인수를 모두 받은 경우에만 결괏값을 내고, 그 외에는 나머지 인수를 기다리는 또 다른 함수를 반환합니다.

커링currying은 다변수multivariable 함수가 인수를 전부 받을 때까지 실행을 보류, 또는 '지연'시켜 단계별로 나뉜 단항 함수의 순차열로 전환하는 기법입니다. 매개변수가 3개인 curry 함수를 수학적으로 쓰면 다음과 같습니다.

curry(f) :: ((a,b,c) -> d) -> a -> b -> c -> d

curry는 (a,b,c)라는 입력을 인수가 하나뿐인 호출로 해체하는 함수 간의 매핑입니다. 하스켈 같은 순수 함수형 언어는 커링을 기본 지원하며, 커링이 모든 함수 정의부의 구성 요소입니다. 자바스크립트로는 자동으로 함수를 커리할 수 없으므로 어쩔 수 없이 직접 코드를 구현해야 합니다. 자동 커링을 살펴보기 전에 먼저 두 인수를 수동 커리하는 간단한 예제를 봅시다.

코드 4-5 두 인수를 수동으로 커리

```
function curry2(fn) {
  return function(firstArg) {          ← 처음 curry2 호출 시
    return function(secondArg) {            첫 번째 인수를 포착합니다.
                                         ← 두 번째 호출 시
                                            두 번째 인수를 포착합니다.
      return fn(firstArg, secondArg);   ← 두 인수 firstArg, secondArg로 함수를
    };                                       실행한 결괏값을 반환합니다.
  };
}
```

코드에서 보다시피, 반환된 함수는 나중에 사용할 인수를 포착하기 위해 함수 래퍼를 중첩한 코드에 불과합니다. 이런 점에서 커링은 어휘 스코프(클로저)의 또 다른 사례라고 볼 수도 있습니다. 간단한 사용법을 봅시다.

```
const name = curry2((last, first) => new StringPair(last, first));

[first, last] = name('Curry')('Haskell').values();   ← 두 인수를 모두 넣으면 함수
first;//-> 'Curry'                                        평가가 완료됩니다.
last; //-> 'Haskell'
                                    ← 인수를 하나만 넣으면 나머지 인수를 undefined로 넣고
name('Curry'); //-> Function           평가하는 게 아니라 또 다른 함수를 반환합니다.
```

앞의 [코드 4-2]에서 사용했던 checkType 함수를 구현하면서 curry2 함수를 다른 관점에서 살펴봅시다. 예제 코드는 **람다JS**Ramda라는 또 다른 함수형 라이브러리의 함수를 빌려 구현하겠습니다.

람다JS의 모든 기능은 전역 변수 R을 통해 접근합니다.

```
// checkType :: Type -> Object -> Object
const checkType = R.curry((typeDef, obj) => {        R.is()로 형식 정보를
  if(!R.is(typeDef, obj)) {        ←                 체크합니다.
    let type = typeof obj;
    throw new TypeError(`형식 불일치: [${typeDef}]이어야 하는데,
                        [${type}]입니다.`);
  }
  return obj;
});

checkType(String)('Curry'); //->'Curry'
checkType(Number)(3); //-> 3
checkType(Number)(3.5); //-> 3.5

let now = new Date();
checkType(Date)(now); //-> now
checkType(Object)({}); //-> {}
checkType(String)(42); //-> TypeError
```

단순한 작업이야 curry2만으로도 충분하겠지만, 기능이 점점 복잡해져서 인수가 늘어나면 자동으로 처리할 방법이 필요합니다. 지금까지는 각 함수의 내부 구현 코드를 표시했지만, curry 함수는 일일이 설명하기 너무 길고 복잡하므로 골치 썩이지 말고 더 의미 있는 이야기로 넘어가겠습니다(curry와 그 패거리인 curryRight, curryN 같은 함수 모두 로대시JS와 람다JS에 구현되어 있습니다).

R.curry를 쓰면 인수 개수에 상관없이 순수 함수형 언어의 자동 커링 장치를 모방할 수 있습니다. 자동 커링은 선언된 인수 개수만큼 중첩된 함수 스코프를 인위적으로 생성하는 작업이라고 보면 됩니다. 다음은 fullname을 커링한 코드입니다.

```
// fullname :: (String, String) -> String
const fullname = function (first, last) {
  ...
}
```

여러 인수가 다음과 같이 여러 단항 함수들로 바뀝니다.

```
// fullname :: String -> String -> String
const fullname =
  function (first) {
    return function (last) {
      ...
    }
  }
```

그럼, 커링은 어디에다 써먹는 기법일까요? 실무에서는 유명한 다음 디자인 패턴을 구현할 때 많이 사용합니다.

- 함수 팩토리를 모방

- 재사용 가능한 모듈적 함수 템플릿을 구현

4.3.1 함수 팩토리를 모방

객체지향 세계에서 인터페이스는 클래스가 반드시 구현해야 할 규약을 정해놓은 추상적 형식입니다. 어떤 인터페이스에 findStudent(ssn)라는 함수가 있으면 이 인터페이스를 구현한 코드는 반드시 이 함수를 구현해야 하겠죠. 짧은(?) 자바 코드를 하나 봅시다.

```
public interface StudentStore {
  Student findStudent(String ssn);
}

public class DbStudentStore implements StudentStore {
  public Student findStudent(String ssn) {
    // ...
    ResultSet rs = jdbcStmt.executeQuery(sql);
    while(rs.next()){
      String ssn = rs.getString("ssn");
      String name = rs.getString("firstname") + rs.getString("lastanme");
      return new Student(ssn, name);
    }
```

```
    }
  }

  public class CacheStudentStore implements StudentStore {
    public Student findStudent(String ssn) {
      // ...
      return cache.get(ssn);
    }
  }
```

짧다고 했는데 긴 코드라 죄송합니다(자바는 장황한 언어죠). 동일한 인터페이스를 두 클래스로 구현했습니다. 학생 데이터를 전자는 DB에서 읽고 후자는 캐시에서 읽습니다. 호출자 관점에선 메서드를 호출한다는 사실이 중요하지, 객체의 출처는 관심 없습니다. 이것이 바로 팩토리 메서드 패턴으로 설계한 객체지향 코드의 아름다운 자태죠. 함수 팩토리의 도움을 받아 적합한 구현부를 가져오는 겁니다.

```
StudentStore store = getStudentStore();
store.findStudent("444-44-4444");
```

함수형 프로그래밍 세계에서는 든든한 커링이 있습니다. 방금 전 자바 코드를 자바스크립트 언어로 바꿔서 각각 저장소와 배열(당연히 구현부는 2개 필요합니다)에 보관된 학생 객체를 조회하는 함수를 작성해봅시다.

```
// fetchStudentFromDb :: DB -> (String -> Student)
const fetchStudentFromDb = R.curry(function (db, ssn) {        객체 DB에서
  return find(db, ssn);                                        찾습니다.
});


// fetchStudentFromArray :: Array -> (String -> Student)
const fetchStudentFromArray = R.curry(function (arr, ssn) {    배열에서
  return arr[ssn];                                             찾습니다.
});
```

이 함수는 커리를 해놔서 일반 팩토리 메서드 findStudent로 평가하는 부분과 함수를 정의한 부분을 떼어놓을 수 있습니다. 실제 구현부는 둘 중 하나겠죠.

```
const findStudent = useDb ? fetchStudentFromDb(db)
                          : fetchStudentFromArray(arr);


findStudent('444-44-4444');
```

이제 다른 모듈의 호출자는 실제 구현부를 알지 못해도 얼마든지 findStudent를 불러 쓸 수 있습니다(이는 6장에서 객체 저장소 연동을 모의^{mocking}하여 단위 테스트를 할 때 특히 중요한 내용입니다). 커링은 재사용 측면에서도 함수 템플릿을 여럿 만들 수 있어 좋습니다.

4.3.2 재사용 가능한 함수 템플릿 구현

애플리케이션의 상태(에러^{error}, 경고^{warning}, 디버그^{debug} 등)별로 로그를 나누어 처리하고 싶은 경우가 있습니다. 함수 템플릿은 생성 시점에 커리된 인수 개수를 기준으로 연관된 함수들을 묶어놓은 것입니다. 이 절의 예제는 일반 console.log보다 기능이 우수한, 자바스크립트용 로깅 프레임워크인 **Log4js**를 사용하겠습니다(설치 방법은 부록 참고). 기본 사용법은 다음과 같습니다.

```
const logger = new Log4js.getLogger('StudentEvents');
logger.info('학생이 정상적으로 추가됐습니다!');
```

Log4js는 다재다능한 라이브러리입니다. 붙임기^{appender}를 구성하면 로그를 팝업창 화면에 메시지 형태로 나타낼 수 있습니다.

```
logger.addAppender(new Log4js.JSAlertAppender());
```

레이아웃 제공기^{layout provider}로는 다양한 레이아웃을 구성할 수 있어, 메시지가 일반 텍스트 대신 JSON 형식으로 출력되게 할 수도 있습니다.

```
appender.setLayout(new Log4js.JSONLayout());
```

이런 식으로 다양한 구성이 가능하지만, 이를 일일이 개별 파일에 코드를 복사 후 붙여넣기 해서 사용한다면 엄청난 중복이 발생할 것입니다. 재사용 가능한 함수 템플릿(즉, 로거 모듈)을 커링 기법으로 정의하는 편이 유연성, 재사용 측면에서 좋습니다.

코드 4-6 로거 함수 템플릿을 만듦

```
const logger = function(appender, layout, name, level, message) {
  const appenders = {                    ◀────────────────    원하는 붙임기를
    'alert': new Log4js.JSAlertAppender(),                     정의합니다.
    'console': new Log4js.BrowserConsoleAppender()
  };
```

```javascript
const layouts = {                          // 원하는 레이아웃 제공기를
  'basic': new Log4js.BasicLayout(),       //   정의합니다.
  'json': new Log4js.JSONLayout(),
  'xml' : new Log4js.XMLLayout()
};
const appender = appenders[appender];
appender.setLayout(layouts[layout]);
const logger = new Log4js.getLogger(name);
logger.addAppender(appender);              // 구성 매개변수를 모두 적용해서
logger.log(level, message, null);          //   로그를 남깁니다.
};
```

로거를 커리하면 상황별로 적합한 로거를 모두 한곳에서 관리하고 재사용할 수 있습니다.

```javascript
const log = R.curry(logger)('alert', 'json', 'FJS');    // 마지막 두 인수만 빼고
                                                        //   모두 평가합니다.
log('ERROR', '에러가 발생하였습니다!!');

//-> 팝업창을 띄우고 요청한 메시지를 경고 문구로 표시합니다.
```

여러 에러 처리 구문을 하나의 함수나 파일로 구현하고 싶으면, 유연하게 마지막 매개변수를 제외한 나머지 매개변수를 부분 세팅하면 됩니다.

```javascript
const logError = R.curry(logger)('console', 'basic', 'FJS', 'ERROR');
logError('코드 404 에러가 발생했습니다!!');
logError('코드 402 에러가 발생했습니다!!');
```

내부적으로는 이 함수에 curry 함수를 연속 호출해서 결국 단항 함수 하나만 남을 것입니다. 기존 함수에서 새 함수를 만들고 매개변수는 몇개라도 전달 가능하니 인수가 정해질 때마다 단계별로 함수를 쉽게 쌓아 올릴 수 있지요.

재사용성이 획기적으로 향상되는 것도 장점이지만, 무엇보다 커링의 가장 중요한 의의는 다인수 함수를 단항 함수로 바꾼다는 것입니다. 커링의 대용품인 부분 적용partial application과 매개변수 바인딩parameter binding은 자바스크립트에서도 어느 정도 지원되는 기법으로, 함수 파이프라인에 연결해도 잘 작동할 수 있도록 항수가 더 작은 함수를 만듭니다.

4.4 부분 적용과 매개변수 바인딩

부분 적용partial application은 함수의 일부 매개변수 값을 처음부터 고정시켜 항수가 더 작은 함수를 생성하는 기법입니다. 쉽게 말해, 매개변수가 5개인 함수가 있을 때 3개의 값을 제공하면 나머지 두 매개변수를 취할 함수가 생겨납니다.

커링처럼 부분 적용도 함수의 길이를 직접 줄이는 임무를 수행하지만 방법은 조금 다릅니다. 커리된 함수가 사실상 부분 적용된 함수라서 두 기법을 혼동하는 사람들이 많습니다. 가장 주된 차이점은 매개변수를 전달하는 내부 메커니즘입니다.

- 커링은 부분 호출할 때마다 단항 함수를 중첩 생성하며, 내부적으로는 이들을 단계별로 합성하여 최종 결과를 냅니다. 커링은 여러 인수를 부분 평가하는 식으로도 변용할 수 있어서 개발자가 평가 시점과 방법을 좌지우지할 수 있습니다.

- 부분 적용은 함수 인수를 미리 정의된 값으로 묶은(할당한) 후, 인수가 적은 함수를 새로 만듭니다. 이 결과 함수는 자신의 클로저에 고정된 매개변수를 갖고 있으며, 후속 호출 시 **이미 평가를 마친** 상태입니다.

차이점을 분명히 알았으니 partial 함수의 구현부를 봅시다.[3]

코드 4-7 partial() 구현부

```
function partial() {
  let fn = this, boundArgs = Array.prototype.slice.call(arguments);
  let placeholder = ≪자리끼우개 객체≫;
  let bound = function() {
    let position = 0, length = boundArgs.length;
    let args = Array(length);
    for (let i = 0; i < length; i++) {
      args[i] = boundArgs[i] === placeholder
        ? arguments[position++] : boundArgs[i];
    }

    while (position < arguments.length) {
      args.push(arguments[position++]);
    }
    return fn.apply(this, args);
```

모든 매개변수가 부분 적용된 새 함수를 생성합니다.

로대시JS 같은 라이브러리의 partial 구현부는 언더스코어 객체를 자리끼우개로 씁니다. 그냥 대충 만들어 쓸 때는 undefined로 해당 매개변수를 건너뛰게 합니다.

≪자리끼우개 객체≫는 나중에 호출할 때 쓰려고 함수 매개변수를 정의하지 않고 건너뛰므로 어떤 매개변수를 바인딩하고 호출의 일부로 제공할지 여러분이 선택할 수 있습니다 (예제는 바로 뒤에 나옵니다).

적절한 콘텍스트와 바인딩된 인수를 Function.apply()에 넣고 함수를 호출합니다.

---

3 역주_ 이 코드에서 '자리끼우개'는 '플레이스홀더(placeholder)'를 역자가 창조적으로 순화한 용어입니다.

```
    };
    return bound;
  }
```

부분 적용, 함수 바인딩은 람다JS보다 로대시JS가 조금 더 기능면에서 낮기 때문에 로대시JS를 다시 쓰겠습니다. _.partial, R.curry 둘 다 사용상 느낌이 비슷하고 자리끼우개 객체를 인수로 받을 수 있습니다. 방금 전 예시한 로거 함수에 특정 매개변수를 부분 적용하면 더 구체적인 로직을 적용할 수 있습니다.

```
    const consoleLog = _.partial(logger, 'console', 'json', 'FJS 부분 적용');
```

이 함수를 보면서 커링과 부분 적용의 차이점을 다시 한번 음미합시다. 세 매개변수를 부분 적용해서 만든 consoleLog 함수를 호출(단계별로 나뉜 게 아니라 1회성 호출)하려면 다른 두 인수도 필요하겠죠. 따라서 커링처럼 consoleLog 함수에 인수를 하나만 준다고 새 함수가 생성되는 게 아니라, 마지막 인수 자리에 undefined를 넣고 함수를 평가하게 됩니다. 물론 consoleLog의 남은 두 인수를 _.partial로 한 번 더 부분 적용할 수는 있습니다.

```
    const consoleInfoLog = _.partial(consoleLog, 'INFO');
    consoleInfoLog('INFO 로거를 부분 적용으로 구성했습니다');
```

커링은 부분 적용을 자동화한 것입니다. 이것이 두 기법의 가장 큰 차이점입니다.[4] 부분 적용과 작동 방식은 조금 다르지만, 자바스크립트 초기부터 있었던 Function.prototype.bind() 함수를 응용한 함수 바인딩 기법도 있습니다.

---

4 역주_ 원서 예제가 조금 어렵게 느껴지는 독자는 다음 예제를 참고하면 도움이 될 겁니다.
```
    // 커링
    var curriedFn = function(a) {
        return function(b) {
            return function(c) {
                            return a + ", " + b + ", " + c + "는 좋은 친구들입니다.";
            };
        };
    };

    // 부분 적용
    var partialAppliedFn = function(a) {
        return function(b, c) {
            return a + ", " + b + ", " + c + "는 좋은 친구들입니다.";
        };
    };
```

```
const log =_.bind(logger, undefined, 'console', 'json', 'FJS 바인딩');
log('WARN', '함수형 프로그래밍, 정말 멋지네요!');
```

_.bind 함수의 두 번째 인수는 왜 undefined일까요? 바인딩 결과 생성된 함수는 소유 객체의 콘텍스트에서 실행되므로 undefined를 넘겨 이 함수를 전역 콘텍스트에 바인딩해달라고 런타임에게 요청한 것입니다. 실무적으로 _.partial, _.bind는 다음 두 가지 용도로 쓰입니다.

- 언어의 핵심을 확장

- 지연된 함수에 바인딩

4.4.1 언어의 핵심을 확장

부분 적용은 String, Number 같은 핵심 자료형을 확장하여 언어의 표현성을 풍부하게 할 목적으로 사용할 수 있습니다. 단, 이렇게 언어를 확장하면 차후 플랫폼을 업그레이드할 때 언어에 추가된 새 메서드와 충돌할 가능성이 있어 이식성은 떨어집니다. 몇 가지 예제를 봅시다.

```
// 처음 N개 문자를 얻습니다.
String.prototype.first = _.partial(String.prototype.substring, 0, _);

'Functional Programming'.first(3); //-> 'Fun'
```

인덱스 0에서 시작하는 substring 함수를 부분 적용해서 자리끼우개(_)로 오프셋 값을 건네받는 함수를 생성합니다.

```
// 성명을 '성, 이름' 형식으로 바꿉니다.
String.prototype.asName =
  _.partial(String.prototype.replace, /(\w+)\s(\w+)/, '$2, $1');

'Alonzo Church'.asName(); //-> 'Church, Alonzo'
```

특정 매개변수를 부분 적용해서 원하는 로직을 부여합니다.

```
// 문자열을 배열로 변환합니다.
String.prototype.explode =
  _.partial(String.prototype.match, /[\w]/gi);

'ABC'.explode(); //-> ['A', 'B', 'C']
```

match에 정규 표현식을 부분 적용해서 주어진 문자열을 특정 데이터가 포함된 배열로 변환합니다.

```
// 단순 URL을 파싱합니다.
String.prototype.parseUrl = _.partial(String.prototype.match,
  /(http[s]?|ftp):\/\/([^:\/\s]+)\.([^:\/\s]{2,5})/);

'http://example.com'.parseUrl();
//-> ['http://example.com', 'http', 'example', 'com']
```

여러분이 직접 함수를 구현하기 전에 최근 업데이트된 기능과 겹치는 부분이 있는지 미리 확인하세요.

```
if(!String.prototype.explode) {
  String.prototype.explode = _.partial(String.prototype.match, /[\w]/gi);
}
```

setTimeout 같은 지연 함수처럼 부분 적용이 통하지 않을 때에는 함수 바인딩을 써야 합니다.

4.4.2 지연된 함수에 바인딩

소유 객체를 전제로 메서드를 다룰 때에는 함수 바인딩으로 콘텍스트 객체를 세팅하는 일이 중요합니다. 이를테면 브라우저에서 setTimeout, setInterval 같은 함수의 this 레퍼런스는 전역 콘텍스트인 window 객체를 가리켜야 별 탈 없이 작동합니다. 이때는 간단히 런타임에 undefined를 전달하면 됩니다. setTimeout은 단순 스케줄러 객체를 생성하여 지연된 작업을 수행하는 메서드입니다. _.bind와 _.partial을 다 사용한 다음 코드를 봅시다.

```
const Scheduler = (function () {
  const delayedFn = _.bind(setTimeout, undefined, _, _);

  return {
    delay5: _.partial(delayedFn, _, 5000),
    delay10: _.partial(delayedFn, _, 10000),
    delay: _.partial(delayedFn, _, _)
  };
})();

Scheduler.delay5(function () {
  consoleLog('5초 후에 실행합니다!')
});
```

스케줄러만 있으면 함수 본체 안에 감싼 코드를 원하는 시간 이후에 실행시킬 수 있습니다(런타임 엔진이 타이밍을 정확히 맞추리란 보장은 없지만 이는 다른 차원의 문제입니다). bind, partial 모두 다른 함수를 반환하는 함수라서 중첩하는 건 어렵지 않습니다. 위 코드를 보면 알 수 있듯이, 바인딩한 함수와 부분 적용한 함수를 합성하여 지연된 연산을 하나씩 쌓아 올리면 됩니다. 함수 바인딩은 함수 콘텍스트를 세팅하는 작업이 까다로운 편이라 함수형 프로그래밍에서 부분 적용만큼 큰 도움이 되지 않지만, 혹시라도 실무에서 함수 바인딩을 사용할 독자가 있을 것 같아 간략히 언급했습니다.

부분 적용, 커링 모두 유익한 기법입니다. 가장 널리 쓰이는 커링은 함수의 인수를 미리 세팅하거나 부분 평가하기 위해 함수 기능을 추상한 래퍼를 만듭니다. 당연히 인수가 적은 함수가 인수가 많은 함수보다는 다루기 쉬우니 이렇게 하면 도움이 됩니다. 어느 기법을 택하든지, 함수를 여러 단항 함수들로 몸집을 줄이는 동시에, 맘대로 자신의 스코프 밖에 위치한 객체에 접근하지 못하게끔 적정한 개수의 인수를 공급하는 효과가 있습니다. 필요한 데이터를 얻는 로직을 분리하면 재사용 가능한 함수로 만들 수 있습니다. 무엇보다, 함수의 합성을 단순화한다는 장점이 있습니다.

4.5 함수 파이프라인을 합성

마치 퍼즐을 맞추는 것처럼, 먼저 문제를 더 작고 단순한 하위 문제(작업)들로 쪼갠 다음 이것들을 다시 조합해서 해결 방안을 찾는 능력의 중요성을 강조한 바 있습니다(1장). 함수형 프로그램의 목표는 (함수형 사상의 중추인) 합성을 유도하는 필요한 자료구조를 얻는 것입니다. 지금까지 여러분은 강력한 기법의 원동력인 순수하고 부수효과 없는 함수의 개념을 배웠습니다. 부수효과 없는 함수는 외부 데이터에 절대 의존하지 않으며 필요한 정보는 반드시 인수를 통해서만 받습니다. 합성을 하려면 반드시 함수에서 부수효과를 없애야 합니다.

순수함수로 작성한 프로그램은 그 자체로 순수한 프로그램으로, 시스템의 다른 부분을 손대지 않아도 더 복잡한 프로그램의 일부로 합성할 수 있습니다. 이것이 이 책에서 설파하려는 중심 주제이자, 여러분이 반드시 이해하고 넘어가야 할 개념입니다. 자, 함수 합성을 본격적으로 살펴보기 전에 HTML 페이지에서 위젯을 합성하는 간단한 예제를 들겠습니다.

4.5.1 HTML 위젯에서 합성하기

합성이란 아이디어 자체는 함수형 프로그래밍에만 있는 개념도 아니고 직관적입니다. 웹페이지에 HTML 위젯을 배치하는 문제를 생각해봅시다. 복잡한 위젯은 단순한 위젯을 여러 개 합성해서 구성하고, 더 큰 위젯에 편입시킬 수도 있습니다. 가령 [그림 4-7]과 같이 입력 텍스트 박스 3개와 빈 컨테이너를 합하면 학생 인적 사항 폼이 생성됩니다.

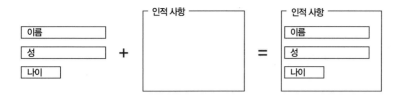

그림 4-7 단순 입력 텍스트 위젯 3개와 컨테이너 위젯 1개를 합하여 인적 사항 폼 컴포넌트를 만듦

이 폼을 다른 컴포넌트와 재조합하면 더 복잡한 컴포넌트, 즉 전체 학생 콘솔 위젯(그림 4-8)을 만들 수 있습니다. 슬슬 감이 잡히죠? 학생 콘솔 위젯을 보다 큰 대시보드에 끼워 넣을 수도 있을 겁니다. 이 위젯은 인적 사항 폼과 주소 폼으로 **합성**^{composition} (구성)됩니다. (외부에 의존하지 않고) 하는 일이 단순한 객체는 합성하기 안성맞춤입니다. 벽돌을 서로 맞물려 쌓아 올리듯 단순한 객체로부터 복잡한 자료구조를 이끌어낼 수 있지요.

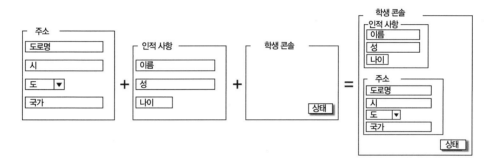

그림 4-8 주소 폼, 인적 사항 폼, 버튼, 컨테이너 등 작은 위젯들을 합하여 학생 콘솔 위젯을 만듦

예를 들어 Node라는 재귀적 튜플을 다음과 같이 정의하겠습니다.

```
const Node = Tuple(Object, Tuple);
```

한 객체와 다른 노드(튜플)를 가리키는 레퍼런스로 구성된 튜플입니다. 이 튜플은 리스트를 함수형으로 정의한 모습으로, 머리와 꼬리가 재귀적으로 이루어져 있습니다. 다음의 element 는 커리된 함수로,

```
const element = R.curry((val, tuple) => new Node(val, tuple));
```

이 함수만 있으면 null로 끝나는 어떤 형식의 리스트라도 생성할 수 있습니다. [그림 4-9]는

단순 숫자 리스트입니다.

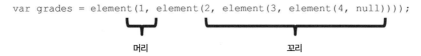

```
var grades = element(1, element(2, element(3, element(4, null))));
```

그림 4-9 숫자 리스트를 형성하는 머리/꼬리 부분. 함수형 언어에서는 배열을 처리할 때 머리/꼬리를 함수로 사용할 수 있습니다.

ML이나 하스켈 같은 언어는 이런 식으로 리스트를 생성합니다. 다른 외부 객체와 결합도가 높고 구조가 복잡한 객체는 합성 규칙도 명확하지 않고 다루기가 매우 어려울 수 있습니다. 함수 합성 역시 부수효과와 변이가 존재하면 그렇겠죠. 이제, 함수 합성에 관하여 알아봅시다.

4.5.2 함수 합성: 서술과 평가를 구분

함수 합성이란 한마디로 복잡한 작업을 한데 묶어 간단한 작업으로 쪼개는 과정입니다. 1장에서 대충 살펴봤던 내용을 이제 자세히 설명하겠습니다. 먼저 람다JS 함수 R.compose로 두 순수 함수를 합성하는 예제입니다.

```
const str = `We can only see a short distance
              ahead but we can see plenty there
              that needs to be done`;

const explode = (str) => str.split(/\s+/);     ← 문장을 단어 배열로
                                                   나눕니다.
const count = (arr) => arr.length;     ← 단어 개수를 셉니다.

const countWords = R.compose(count, explode);

countWords(str); //-> 19
```

단언컨대, 이 코드는 읽기 편한 데다 함수 구성부만 얼핏 봐도 의미가 쉽게 와 닿습니다. 여기서 흥미로운 사실은, countWords를 실행하기 전에는 아무 평가도 하지 않는다는 점입니다. 이름으로 전달한 함수(explode, count)가 합성의 틀 안에서 겨울잠을 자는 셈이지요. 합성이 끝나면 해당 인수(countWords에 전달하는 인수)를 받아 호출되기를 기다리는 또 다른 함수가 반환됩니다. **함수의 서술부와 평가부를 분리**하는 함수 합성의 미학이지요.

그럼, 이면에선 무슨 일이 벌어질까요? countWords(str)를 호출하면 explode 함수가 str을 인수로 받아 실행 후, 그 결과(문자열 배열)를 count에 전달하고 이 함수는 배열 크기를 계산합니다. 합성은 함수의 출력과 입력을 연결하여 진정한 함수 파이프라인을 완성합니다. 수학적으로 쓰면, 다음과 같이 두 함수 f와 g의 입출력 형식이 맞아야 합성이 가능합니다.

```
g :: A -> B      ◁─── 함수 g는 A형을 받고
                      B형을 냅니다.
f :: B -> C      ◁─── 함수 f는 B형을 받고
                      C형을 냅니다.
```

화살표로 함수를 표시한 [그림 4-10]을 봅시다. 함수(화살표) f는 B형 인수를 받아 C형을 반환하며, 다른 함수(화살표) g는 A형 인수를 받아 B형을 반환합니다. g :: A -> B와 f :: B -> C를 합성하면('f 합성 g'라고 읽습니다). A -> C인 또 다른 함수(화살표)가 됩니다(그림 4-11).

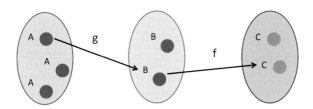

그림 4-10 함수 f, g의 입출력 형식. 함수 g는 A형을 B형으로, 함수 f는 B형을 C형으로 매핑합니다. f와 g가 호환되기 때문에 이렇게 합성할 수 있습니다.

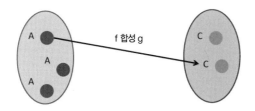

그림 4-11 첫 번째 함수의 입력을 직접 두 번째 함수의 출력으로 매핑하는 새로운 합성 함수. 합성은 입출력 사이의 참조 투명한 매핑입니다.

수학적으로 쓰면 다음과 같습니다.

$$f ∘ g = f(g) = compose :: ((B → C), (A → B)) → (A → C)$$

참조 투명한 함수는 사실상 한 객체를 다른 객체에 연결하는 화살표와 같습니다.

이는 모듈화 시스템의 근간을 이루는, 소프트웨어 개발에서 아주 중요한 기본 원리입니다. 형식이 호환되는 함수를 경계선(입력과 출력) 부근에서 느슨하게 묶는 합성은 **인터페이스에 따른 프로그래밍**programming to interface의 원리와 일맥상통합니다. 좀 전의 예제는 explode :: String → [String] 함수와 count :: [String] → Number 함수를 합성했는데요, 이 두 함수는 후속 함수의 인터페이스만 알면 그만이지 어떻게 구현했는지는 몰라도 됩니다. 자바스크립트 언어에서 합성은 기본 지원 대상이 아니지만 고계함수로 자연스럽게 표현할 방법이 있습니다.

코드 4-8 compose 구현부

```
function compose(/* 함수 */) {
  let args = arguments;
  let start = args.length - 1;        ┐ compose는 실제 인수를 넣고
  return function() {              ◁──┘ 호출한 또 다른 함수를 출력합니다.
    let i = start;
    let result = args[start].apply(this, arguments);  ◁──┐ 전달된 인수를 넣고
    while (i--)                                           │ 동적으로 함수를 적용합니다.
      result = args[i].call(this, result);  ◁──┐ 이전 단계 반환값을 다시 인수로 넣고
    return result;                              │ 그다음 함수를 계속 반복 실행합니다.
  };
}
```

다행히 람다JS가 R.compose 함수를 지원하므로 직접 구현할 필요 없이 꺼내 쓰면 됩니다. 이번엔 SSN가 올바른지 확인하는 프로그램을 작성합시다(앞으로 이 책은 다음 도우미 함수들을 종종 사용할 겁니다).

```
const trim = (str) => str.replace(/^\s*|\s*$/g, '');  ◁──┐ 입력 문자열 앞뒤 공백을
                                                          │ 없앱니다.

const normalize = (str) => str.replace(/\-/g, '');  ◁──┐ 대시를 모두 지웁니다.

const validLength = (param, str) => str.length === param;  ◁──┐ 문자열 길이를
                                                               │ 체크합니다.

const checkLengthSsn = _.partial(validLength, 9);  ◁──┐ SSN 길이가 9인지 체크하기 위해
                                                       │ 인수 9로 함수를 구성합니다.
```

위 함수들을 응용해서 다른 함수도 만들 수 있습니다.

```
const cleanInput = R.compose(normalize, trim);           ◁── normalize, trim 함수를 합성한
const isValidSsn = R.compose(checkLengthSsn, cleanInput);      cleanInput 함수입니다.

cleanInput(' 444-44-4444 '); //-> '444444444'           ◁── cleanInput을 다시
isValidSsn(' 444-44-4444 '); //-> true                       checkLengthSsn과
                                                             합성하여 새로운 함수를
                                                             만듭니다.
```

이런 개념을 바탕으로 단순한 함수들을 조합해서 전체 프로그램을 구축하는 것입니다(그림 4-12).

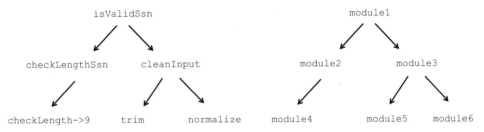

그림 4-12 복잡한 함수도 단순한 함수들을 합성하여 만듭니다. 이처럼 전체 프로그램도 (더 많은 함수가 포함된) 상이한 모듈을 합성하여 제작할 수 있습니다.

함수에만 국한된 개념이 아닙니다. 전체 프로그램 역시 부수효과 없이 다른 프로그램/모듈을 합성해서 만들 수 있습니다(이 책에서 필자는 앞서 설명한 함수의 정의에 따라 함수, 프로그램, 모듈이란 용어를 모두 입출력 있는 모든 실행 가능한 코드 단위라는 의미로 느슨하게 사용할 겁니다).

합성은 **결합 가능한 연산**^{conjunctive operation}이라서 논리 AND 연산자로 원소를 합칠 수 있습니다. 이를테면 isValidSsn는 checkLengthSsn 및(AND) cleanInput을 합한 함수입니다. 프로그램도 이런 식으로 부속품을 조립해서 만드는 것입니다. 5장에서는 함수가 둘 중 하나, 즉 A OR B를 결괏값으로 반환해야 하는 조건에서는 프로그램의 기능을 어떻게 분리하는지 이야기합니다.

혹은 자바스크립트의 Function 프로토타입에 compose를 추가해서 기능을 확장할 수도 있습니다. 3장에서 함수 체이닝 비슷하게 구현했던 코드와 똑같습니다.

```
Function.prototype.compose = R.compose;
```

함수들을 다시 점(.)
으로 체이닝합니다.

```
const cleanInput = checkLengthSsn.compose(normalize).compose(trim);
```

이 방법이 마음에 들면 얼마든지 활용해도 좋습니다. 다음 5장을 다 읽으면 이렇게 메서드를 체이닝하는 기법이 모나드^{manad}라는 함수형 대수 자료형에서 아주 일반적이라는 걸 알 수 있습니다. 필자 개인적으로는 조금이라도 더 함수형다운 형태를 유지하는 걸 추천합니다. 훨씬 간결하고 유연하며, 함수형 라이브러리랑 같이 쓰면 더 잘 작동하니까요.

4.5.3 함수형 라이브러리로 합성

람다JS 같은 함수형 라이브러리는 처음부터 커링을 염두에 두고 모든 함수를 구성했기 때문에 파이프라인으로 합성하면 함수를 다용도로 활용할 수 있습니다. 어느 학급의 학생과 점수 리스트가 다음과 같다고 합시다.

```
const students = ['Rosser', 'Turing', 'Kleene', 'Church'];
const grades = [80, 100, 90, 99];
```

이 학급에서 최고 점수를 받은 학생을 찾고 싶습니다. 3장에서 데이터 컬렉션을 다루는 일은 함수형 프로그래밍의 기초라고 했지요? [코드 4-9]는 각자 정해진 방향으로 데이터를 변환하는, 커리된 함수를 여럿 합성하여 작성한 코드입니다.

- R.zip: 인접한 배열 원소끼리 서로 짝지어 새로운 배열을 만듭니다. 이 예제의 경우 [['Rosser', 80], ['Turing', 100], ...]으로 묶이겠죠.

- R.prop: 정렬할 값을 정합니다. 하위 배열의 두 번째 원소인 점수를 가리키기 위해 인덱스 1을 넘기는 방식으로 처리하겠습니다.

- R.sortBy: 주어진 속성을 기본 오름차순으로 정렬합니다.

- R.reverse: 전체 배열을 거꾸로 뒤집으면 첫 번째 원소가 최고 득점이 됩니다.

- R.pluck: 주어진 인덱스에 위치한 원소를 추출해서 새 배열을 만듭니다. 인덱스 0을 넘겨 학생 이름을 가리키게 하겠습니다.

- R.head: 첫 번째 원소를 얻습니다.

```
const smartestStudent = R.compose(
  R.head,
  R.pluck(0),
  R.reverse,
  R.sortBy(R.prop(1)),
  R.zip);

smartestStudent(students, grades); //-> 'Turing'
```

smartestStudent는 여러 람다JS 함수를 차례로 합성한 함수입니다.

두 배열을 함수에 넘겨 R.zip()부터 실행합니다. 각 단계를 거치면서 데이터는 한 표현식에서 다음 표현식으로 불변 변환되고 최종 결과는 R.head()로 얻습니다.

이제 막 함수형 프레임워크에 입문했거나 문제 풀이에 대한 감을 갓 잡기 시작한 독자에게 합성은 다소 어렵게 느껴질 수 있습니다. 필자도 합성을 실무에 적용할 때 어디서부터 시작해야 하나, 종종 고민합니다. 작업을 더 작은 조각으로 나누는 게 가장 어려운 일이지만, 일단 여기까지 마치고 나면 그 후로는 일사천리로 함수를 합성할 수 있습니다.

곧 여러분도 전체 해답을 짧은 코드 한두 줄로 자연스럽게 도출하는 함수 합성의 매력에 푹 빠지게 될 겁니다. 알고리즘의 다른 단계로 함수를 매핑할 수밖에 없으니, 정답의 일부를 서술한 여러 표현식을 짜맞출 수 있도록 일종의 용어집 같은 코드가 형성되기 시작하고, 다른 팀원들도 각자 작성한 코드를 재빨리 이해하게 될 것입니다. [코드 4-10]은 3장에 나왔던 예제와 비슷한 코드입니다.

코드 4-10 알기 쉽게 함수 별칭을 사용

```
const first = R.head;
const getName = R.pluck(0);
const reverse = R.reverse;
const sortByGrade = R.sortBy(R.prop(1));
const combine = R.zip;

R.compose(first, getName, reverse, sortByGrade, combine);
```

이런 식으로 프로그램을 작성하면 가독성은 좋아지지만, 특정한 경우에만 쓸 수 있는 함수들이라서 재사용성 측면에선 특별히 나아진 게 없습니다. 이보다는 차라리 head, pluck, zip 같은 함수형 어휘를 숙지해서 꾸준한 연습과 훈련을 통해 함수형 프레임워크를 골라 쓸 수 있을 정도의 포괄적인 지식을 습득하는 편이 좋습니다. 그래야 나중에 다른 프레임워크나 함수형 언어로 전환하더라도 명명 관례는 대개 비슷하므로 어렵지 않게 적용할 수 있습니다. 여러분 자신의 생산성 측면에서도 즉시 효과를 볼 수 있죠.

[코드 4-9]와 [코드 4-10]은 전체 코드를 순수함수로 표현했지만, 여러분도 알다시피 항상 이렇게 할 수 있는 건 아닙니다. 애플리케이션을 개발하다 보면 지역 저장소에서 데이터를 읽어오거나 원격 HTTP를 요청하는 등 부수효과를 피할 수 없는 상황이 잦습니다. 따라서 순수 코드와 불순 코드를 반드시 떼어놓고 분별할 수 있어야 합니다. 6장에서는 이런 능력이 테스트를 얼마나 단순화하는지 설명합니다.

4.5.4 순수/불순 함수 다루기

불순한impure 코드는 실행 후 부수효과가 드러나고 외부 디펜던시dependency(의존 항목) 탓에 구성 함수의 스코프 바깥에서 데이터에 접근할 수밖에 없습니다. 함수 하나만 불순해도 전체 프로그램이 금세 불순해지기 십상이지요.

좀 전에도 말했듯이, 함수형 프로그래밍의 덕을 보겠다고 100% 함수를 순수하게 만들 필요는 없습니다. 그렇게 하면 이상적이겠지만, 순수/불순한 코드가 어느 정도 섞여 있음을 받아들이되, 양쪽을 확실하게 구분하고 가급적 불순 코드를 (가장 좋게는 단일 함수로) 격리하는 방법을 찾아야 합니다. 이런 작업이 선행되어야 순수/불순 코드 조각을 합성하여 이어 붙일 수 있겠죠. 1장부터 등장했던 showStudent 함수는 합성을 통해 요건을 구현했습니다.

```
const showStudent = compose(append, csv, findStudent);
```

이런 함수는 대부분 자신이 받은 인수를 통해 부수효과를 일으킵니다.

- findStudent는 지역 객체 저장소 또는 외부 배열을 참조하는 레퍼런스를 사용합니다.
- append는 HTML 요소를 직접 추가/수정합니다.

각 함수의 불변 매개변수를 커링으로 부분 평가하여 프로그램을 조금이라도 개선합시다. 입력 매개변수를 정제하는 코드를 추가하고, 여러 함수로 잘게 나누어 HTML 작업을 처리하는 방향으로 리팩터링하겠습니다. find는 객체 저장소와 완전히 분리하여 진짜 함수형으로 만들 겁니다.

```
// findObject :: DB -> String -> Object
const findObject = R.curry((db, id) => {     ◁─── 리팩터링한 find() 메서드는 저장소 객체를 매개
  const obj = find(db, id);                         변수로 받기 때문에 합성하기 더 쉽습니다.
  if(obj === null) {
    throw new Error(`ID가 [${id}]인 객체는 없습니다`);
  }
  return obj;
});


// findStudent :: String -> Student                 students 객체 저장소를 가리키게 하여
const findStudent = findObject(DB('students'));  ◁─ findObject를 부분 평가하면 결국
                                                    findStudent라는 새 함수가 생성됩니다.
const csv = ({ssn, firstname, lastname}) =>
  `${ssn}, ${firstname}, ${lastname}`;


// append :: String -> String -> String
const append = R.curry((elementId, info) => {
  document.querySelector(elementId).innerHTML = info;
  return info;
});


// showStudent :: String -> Integer               합성을 통해 전체 프로그램을
const showStudent = R.compose(    ◁─             하나의 실행 가능한 단위로 엮습니다.
  append('#student-info'),
  csv,
  findStudent,
  normalize,
  trim);


showStudent('44444-4444'); //-> 444-44-4444, Alonzo, Church
```

[코드 4-11]의 showStudent는 함수 4개로 구성되어 있습니다(각 함수의 서명을 따라가면 연속 실행되면서 서로 이가 잘 맞는지 쉽게 확인할 수 있습니다). trim → append 방향으로 네 함수가 거슬러 올라가면서, 한 함수의 출력을 다음 함수의 입력으로 전달합니다. 여기서 잠깐! 이 장 도입부에서 예로 들었던 유닉스 프로그램 기억나나요? 유닉스 셸 프로그램은 파이프 연산자로 구분된 명령어를 왼쪽 → 오른쪽 방향으로 실행합니다. 파이프 연산은 프로그램 실행 순서가 합성의 정반대입니다(그림 4-13).

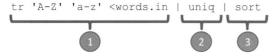

그림 4-13 연속적인 함수 또는 프로그램을 파이프 연산자로 연결한 간단한 유닉스 셸 프로그램

함수를 합성하는 순서가 거꾸로라서 부자연스러워 보인다면 혹은 시각적으로 왼쪽부터 결합하는 식의 코드를 선호한다면, 람다JS에서 compose 대신 pipe 함수를 쓰면 유닉스 셸과 같은 방향으로 실행할 수 있습니다.

```
R.pipe(
  trim,
  normalize,
  findStudent,
  csv,
  append('#student-info'));
```

F# 언어에서 파이프-포워드^{pipe-forward} 연산자 |>를 기본 연산자로 지원하는 걸 보면 이런 부분이 얼마나 중요한지 실감할 수 있습니다. 자바스크립트에선 이런 호사까지 누릴 순 없지만, 안심하고 함수형 라이브러리를 가져다 쓰면 됩니다. R.pipe, R.compose로 새 함수를 만들 때엔, 응당 그래야 하겠지만 정규 인수를 명시적으로 선언할 필요 없이 새 함수를 만들어 쓰세요. 함수 합성에서 권장하는 이런 코딩 스타일을 무인수 코딩이라고 합니다.

4.5.5 무인수 프로그래밍

[코드 4-10]의 함수를 잘 뜯어보면, 기존 함수 선언과 달리 자신의 구성 함수의 매개변수를 하나도 드러내지 않습니다. 다시 한번 볼까요?

```
R.compose(first, getName, reverse, sortByGrade, combine);
```

compose(또는 pipe) 함수를 사용하면 (함수의 **포인트**^{point}인) 인수를 선언할 필요가 전혀 없기 때문에 간결하면서도 선언적인 **무인수**^{point-free}(인수 없는) 코드를 작성할 수 있습니다.

무인수 프로그래밍으로 작성한 함수형 자바스크립트 코드는 하스켈 및 유닉스 철학에 기반을 둔 코드와 더 닮았습니다. 따라서 함수를 평가하는 저수준의 세부 사항은 신경 쓰지 않고 고수준의 컴포넌트를 합성하는 방향으로 사고방식을 전환함으로써 추상화 수준을 높일 수 있습니다. 커링은 마지막 인수를 제외한 나머지 인수들을 유연하게 부분 정의하는 중요한 역할을 담당합니다. 이런 스타일로 코딩하는 걸 **암묵적 프로그래밍**tacit programming이라고도 하는데요, 다음은 이 장 앞부분에 나왔던 유닉스 프로그램처럼 작성한 무인수 스타일 코드입니다.

코드 4-12 람다JS 함수로 만든 무인수 스타일의 유닉스 프로그램

```
const runProgram = R.pipe(
  R.map(R.toLower),
  R.uniq,
  R.sortBy(R.identity));     ← ┌ 호출 시 건네받은 인수는 identity 함수로 꺼냅니다.
                               └ 다소 미묘하지만 실용적인 쓰임새입니다(다음 절에서 설명합니다).

runProgram(['Functional', 'Programming', 'Curry',
  'Memoization', 'Partial', 'Curry', 'Programming']);

//-> [curry, functional, memoization, partial, programming]
```

[코드 4-12]는 달랑 이름만 갖고 정의한(일부 함수는 인수를 부분 정의한) 무인수 함수 표현식으로 구성됩니다. 이 함수들이 어떤 형식의 인수를 받는지, 전체 표현식 안에서 어떻게 연결되는지는 아무 선언도 하지 않습니다. 하지만 이런 모습에 이를 정도로 합성을 과용하면 모호하고 헷갈리는 프로그램이 될 수 있으니 유의하세요. 모든 것을 무인수로 할 필요는 없습니다. 함수 합성을 두세 조각으로 나누는 편이 더 이로울 때도 있으니까요.

무인수 코드는 에러 처리, 디버깅을 할 때도 문제가 될 수 있습니다. 이를테면 예외를 던지는 부수효과가 무섭다고 해서 합성한 함수가 null을 반환하게 해야 할까요? null 체크는 함수 내에서 얼마든지 가능하지만, 중복 코드와 판박이 코드가 늘어나는 것도 문제고 프로그램을 별 탈 없이 실행하려면 의미 있는 기본값을 반환할 거라고 그냥 믿을 수밖에 없습니다. 또, 한 줄로 표현된 모든 명령어를 디버깅할 수 있을까요? 이런 걱정은 당연한 것이니 다음 장에서 해결 방법을 제시하겠습니다. 5장에서는 에러를 자동으로 처리하는 더욱 무인수다운 프로그램을 소개할 예정입니다.

조건 로직을 구사하거나 다수의 함수를 차례로 실행하는 경우도 생각해봐야 합니다. 다음 절에서는 애플리케이션의 제어 흐름을 관리하는 데 유용한 유틸리티를 소개합니다.

4.6 함수 조합기로 제어 흐름을 관리

3장에서는 명령형과 함수형, 두 패러다임의 프로그램 제어 흐름을 비교하고 그 차이점을 이야기했습니다. 명령형 코드는 if-else, for 같은 절차적 제어 장치로 프로그램의 흐름을 통제하지만, 함수형 코드는 다릅니다. 이제 명령형 세상을 등진 마당이니, 뭔가 두 세계의 간극을 채워줄 대안이 필요하겠죠? **함수 조합기**^{function combinator}는 바로 이럴 때 씁니다.

조합기란, 함수 또는 다른 조합기 같은 기본 장치를 조합하여 제어 로직처럼 작동시킬 수 있는 고계함수입니다. 조합기는 대부분 함수형 프로그램이 잘 흘러가도록 조정하는 일이 주임무라서 자신의 변수를 선언하거나 비즈니스 로직을 두진 않습니다. compose와 pipe 이외에도 조합기 종류는 엄청나게 많지만, 그중 가장 많이 쓰는 것만 살펴보겠습니다.

- 항등(identity)
- 탭(tap)
- 선택(alternation)
- 순차열(sequence)
- 포크(fork) 또는 조인(join)

4.6.1 항등 (I-조합기)

identity 조합기는 주어진 인수와 똑같은 값을 반환하는 함수입니다.

```
identity :: (a) -> a
```

주로 함수의 수학적 속성을 살펴보는 용도로 쓰이지만 실용적인 쓰임새도 있습니다.

- [코드 4-12] 같은 무인수 코드를 작성할 때, 함수 인수를 평가하는 시점에 데이터를 고계함수에 제공합니다.
- 함수 조합기의 흐름을 단위 테스트하면서 단순한 함수 결과에 대해 단언^{assertion}(6장에서 배웁니다)하고 싶을 때가 있습니다. 가령 compose 함수를 단위 테스트할 때 identity 함수가 요긴하게 쓰입니다.
- 캡슐화한 형식에서 데이터를 함수형으로 추출합니다(자세한 내용은 다음 장에서 설명합니다).

4.6.2 탭 (K-조합기)

tap 조합기는 코드 추가 없이 공형^{void} 함수(로깅이나 파일/HTML 페이지 쓰기 등)를 연결하여 합성할 때 아주 유용합니다. 자신을 함수에 넘기고 자신을 돌려받지요. 함수 서명은 다음과 같습니다.

```
tap :: (a -> *) -> a -> a
```

이 함수는 입력 객체 a와 함수 하나를 받아 a에 이 함수를 실행하고 다시 a를 반환합니다. 예를 들어 다음처럼 R.tap으로 공형 함수 debugLog를 받아 다른 함수와 합성하며 끼워 넣을 수 있습니다.

```
const debugLog = _.partial(logger, 'console', 'basic', 'MyLogger', 'DEBUG');
```

몇 가지 예를 보겠습니다.

```
const debug = R.tap(debugLog);
const cleanInput = R.compose(normalize, debug, trim);
const isValidSsn = R.compose(debug, checkLengthSsn, debug, cleanInput);
```

R.tap으로 감싼 debug를 아무리 호출해도 프로그램 결과는 달라지지 않습니다. 사실 이 조합기는 자신에게 전달한 함수의 결과를 (있다 해도) 그냥 날려버리기 때문에 다음과 같이 실행하면 계산 결과도 나오고 디버깅도 병행할 수 있습니다.

```
isValidSsn('444-44-4444');

// 출력
MyLogger [DEBUG] 444-44-4444 // 입력 정제
MyLogger [DEBUG] 444444444    // 길이 체크
MyLogger [DEBUG] true         // 최종 결과
```

4.6.3 선택 (OR-조합기)

alt 조합기는 함수 호출 시 기본 응답을 제공하는 단순 조건 로직을 수행합니다. 함수 2개를 인수로 받아 (false, null, undefined가 아닌) 값이 있으면 첫 번째 함수의 결과를, 그렇지 않으면 두 번째 함수의 결과를 반환합니다. 코드로 옮기면 이런 형태입니다.

```
const alt = function (func1, func2) {
  return function (val) {
```

```
      return func1(val) || func2(val);
    }
  };
```

curry와 람다 표현식으로 표현하면 이렇습니다.

```
const alt = R.curry((func1, func2, val) => func1(val) || func2(val));
```

alt 함수를 showStudent의 일부로 편입하면 데이터 조회 실패 시 새 학생을 생성하도록 구성
할 수 있습니다.

```
const showStudent = R.compose(
  append('#student-info'),
  csv,
  alt(findStudent, createNewStudent));

showStudent('444-44-4444');
```

명령형 if-else 문으로 바꿔보면 이해하기 쉽습니다.

```
var student = findStudent('444-44-4444');
if(student !== null) {
  let info = csv(student);
  append('#student-info', info);
}
else {
  let newStudent = createNewStudent('444-44-4444');
  let info = csv(newStudent);
  append('#student-info', info);
}
```

4.6.4 순차열 (S-조합기)

seq 조합기는 함수 순차열을 순회합니다. 2개 또는 더 많은 함수를 인수로 받아, 동일한 값에
대해 각 함수를 차례로 실행하는 또 다른 함수를 반환합니다. 다음 구현부를 참고하세요.

```
const seq = function(/* 함수 */) {
  const funcs = Array.prototype.slice.call(arguments);
  return function (val) {
    funcs.forEach(function (fn) {
      fn(val);
    });
```

```
    };
  };
```

이 조합기를 이용하면 서로 연관되어 있지만 독립적인 일련의 연산을 수행할 수 있습니다. 가령 학생 객체를 조회 후, HTML 페이지에 그리고 콘솔에 로깅하는 작업이 있다고 합시다. seq 조합기로 묶어 실행하면 각 함수가 동일한 학생 객체를 대상으로 순차 실행됩니다.

```
const showStudent = R.compose(
  seq(
    append('#student-info'),
    consoleLog),
  csv,
  findStudent));
```

seq 조합기는 정해진 일을 하나씩 차례로 수행할 뿐 값을 반환하지는 않습니다. seq를 합성 중간에 끼워 넣고 싶으면 R.tap으로 나머지 함수들과 연결하면 됩니다.

4.6.5 포크(조인) 조합기

fork 조합기는 하나의 자원을 두 가지 방법으로 처리 후 그 결과를 다시 조합합니다. 하나의 join 함수와 주어진 입력을 처리할 종단 함수[terminal function] 2개를 받습니다. 분기된[forked] 각 함수의 결과는 제일 마지막에 인수 2개를 받는 join 함수에 전달됩니다(그림 4-14).

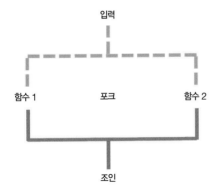

그림 4-14 fork 조합기는 세 함수(join 1개 + fork 2개)를 받습니다. 주어진 입력값에 두 fork 함수를 실행 후, 최종 결과는 join을 거쳐 합성됩니다.

구현부는 다음과 같습니다.

```
const fork = function(join, func1, func2){
  return function(val) {
    return join(func1(val), func2(val));
  };
};
```

그럼 한번 실제로 사용해볼까요? 점수 배열을 받아 평균 점수를 구하는 문제입니다. 다음 코드처럼 fork를 이용하면 세 유틸리티 함수의 평가 결과를 끼워 맞출 수 있습니다.

```
const computeAverageGrade =
  R.compose(getLetterGrade, fork(R.divide, R.sum, R.length));

computeAverageGrade([99, 80, 89]); //-> 'B'
```

다음은 점수 배열의 평균과 중앙값median이 동일한지 비교하는 예제입니다.

```
const eqMedianAverage = fork(R.equals, R.median, R.mean);
eqMedianAverage([80, 90, 100])); //-> True
eqMedianAverage([81, 90, 100])); //-> False
```

합성이 너무 제한적이라고 얘기하는 사람들도 있지만, 실제로는 보다시피 완전히 그 반대입니다. 방금 전 예제에서도 조합기를 쓰면 자유롭게 무인수 프로그래밍을 할 수 있습니다. 조합기는 순수하기 때문에 다른 조합기와 재합성이 가능하고, 결국 어떤 종류의 애플리케이션을 작성하더라도 무수히 많은 방법으로 표현할 수 있고 복잡성도 줄일 수 있습니다. 이후 장에서도 조합기를 활용한 코드는 계속 나옵니다.

함수형 프로그래밍은 불변성, 순수성이 기본 원리이므로 프로그램을 구성하는 함수의 모듈성과 재사용성을 세세하게 조절할 수 있습니다. 자바스크립트에서는 함수를 이용해서 모듈을 구현할 수 있다고 했는데요(2장), 마찬가지로 전체 모듈을 합성하고 재사용하는 일도 얼마든지 가능합니다. 한번 여러분 스스로 아이디어를 떠올려보기 바랍니다.

모듈적인 함수형 프로그램은 이해하기 쉽고 독립적으로 재사용 가능한 추상적인 함수들로 이루어집니다. 덕분에 함수를 합성한 규칙만 봐도 전체 의미를 도출할 수 있지요. 순수함수의 합성은 함수형 프로그래밍의 근본이라고 했습니다(커링과 부분 적용 등). 이 장에서 배운 기법들은 순수함수를 추상하여 합성 가능한 형태로 만드는 게 목적입니다. 그런데 지금까지 필자는 에러 처리에 관해선 한마디도 언급하지 않았습니다. 다음 장의 주제이기도 한 에러 처리는 탄탄한, 장애 허용 애플리케이션을 제작하기 위해 간과할 수 없는 문제입니다.

4.7 마치며

- 함수형 체인과 파이프라인은 재사용 가능한, 모듈적인 프로그램 조각들을 연결합니다.
- 람다JS는 커링과 합성이 주특기인 함수형 라이브러리입니다. 아주 강력한 유틸리티 함수로 가득 차 있습니다.
- 커링, 부분 적용을 하면 함수 인수를 일부만 평가하거나 단항 함수로 변환하여 함수 항수를 낮출 수 있습니다.
- 작업을 단순한 함수들로 쪼갠 후 다시 조합하는 식으로 전체 해법에 도달합니다.
- 함수 조합기를 쓰면 실무에서 복잡한 프로그램의 흐름을 조화롭게 편성하고 무인수 스타일로 개발할 수 있습니다.

## CHAPTER 5

복잡성을 줄이는 디자인 패턴

이 장의 내용

- ◆ 명령형 에러 처리 체계의 문제점
- ◆ 컨테이너로 잘못된 데이터 접근을 차단
- ◆ 함수자를 자료 변환 도구로 활용
- ◆ 모나드는 합성을 촉진하는 자료형
- ◆ 에러 처리 전략을 모나드형에 통합
- ◆ 모나드형의 교차 배치 및 합성

널 참조는 (…) 10억 달러짜리 실수다.

– 찰스 앤터니 리처드 호어, 2009년 QCon 발표에서

함수형 프로그래밍이 수치에 관한 학술적 문제만을 다루는 패러다임이라서 실세계에서 맞닥뜨리는 실패 가능성에 대해선 거의 관심이 없다고 오해하는 사람들이 있습니다. 하지만 최근 수년 동안, 외려 함수형 프로그래밍이 다른 프로그래밍보다 에러를 더 깔끔하게 잘 처리한다는 사실이 밝혀졌습니다.

프로그램 실행 중 예외가 나거나 네트워크 연결이 끊기는 등 예기치 않은 사고로 인해 데이터가 null, undefined로 세팅되면 갖가지 골치 아픈 문제가 생깁니다. 그래서 언제 발생할지 모를 이런 이슈를 대비해 코딩하는데요, 그러다 보니 코드는 어쩔 수 없이 점점 복잡해집니다. 예외를 적절히 붙잡아 던지고 에러가 날 만한 곳에 null 체크문을 넣느라고 많은 시간을 허비하지만 그 결과 훨씬 더 복잡하게 꼬인 코드만 양산됩니다. 애플리케이션 덩치가 커지고 복잡도가 커질수록 확장하기도 어렵고 알 수 없는 수수께끼 코드로 가득해지죠.

기왕 해야 할 일이라면 영리하게 해야지, 고통스럽게 할 필욘 없겠죠? 이 장에서는 함수 매핑이 가능한 단순 자료형을 생성하는 함수자functor라는 개념을 소개합니다. 다양한 방식으로 에러를 처리하는 로직이 들어 있는 모나드monad라는 자료형에 함수자를 적용합니다. 모나드는 함수형 프로그래밍에서 가장 난해한 개념 중 하나로, 범주론이란 수학 분야에서 비롯된 결과물입니다. 이 책에서는 범주론은 다루지 않고 실용적인 부분에만 집중하고자 합니다. 일단, 몇 가지 선수 개념을 머릿속에 정리하고, 명령형 에러 처리로는 불가능한 장애 허용 함수를 모나드로 합성하는 방법을 설명합니다. 그리고 조금씩 어려운 주제로 나아가겠습니다.

5.1 명령형 에러 처리의 문제점

자바스크립트 코드에서 에러가 나는 상황은 다양합니다. 애플리케이션/서버 간 통신이 끊기거나, null 객체 속성에 접근하려고 할 때도 나지만, 간혹 서드파티 라이브러리 함수도 예외를 던져 특수한 에러 조건을 알리지요. 개발자는 소 잃고 외양간 고치기 전에 늘 최악의 상황, 즉 실패 케이스를 마음속으로 대비해야 합니다. 명령형 코드는 대부분 try-catch 구문으로 예외를 처리합니다.

5.1.1 try-catch 에러 처리

오늘날 자바스크립트 에러 처리 체계는 현대 프로그래밍 언어에서 보편적인 try-catch 구문으로서 예외를 붙잡아 던지는 방식에 기반합니다.

```
try {
  // 예외가 날 가능성 있는 코드
}
catch (e) {
  // 예외를 처리하는 구문
  console.log('에러: ' + e.message);
}
```

안전하지 않은 코드 조각은 둘러싸자는 발상이지요. 프로그램이 예외를 던지면 자바스크립트 런타임은 실행을 멈추고 문제의 원인을 찾는 데 실마리가 될 만한 함수 호출 스택의 추적 정보를 생성합니다. 여러분도 알다시피, 에러 메시지, 줄번호, 파일명 등 구체적인 에러 내용을 Error 객체에 가득 담아 catch 블록으로 넘깁니다. catch 블록이 프로그램을 잠재적으로 복원할 피난처 구실을 하는 셈입니다. 앞서 나왔던 findObject와 findStudent 함수를 떠올려봅시다.

```
// findObject :: DB, String -> Object
const findObject = R.curry(function (db, id) {
  const result = find(db, id)
  if(!result) {
    throw new Error('ID가 [' + id + ']인 객체는 없습니다');
  }
  return result;
});

// findStudent :: String -> Student
const findStudent = findObject(DB('students'));
```

어디서 예외가 날지 모르니 호출자를 try-catch 블록으로 감싸야 합니다.

```
try {
  var student = findStudent('444-44-4444');
}
catch (e) {
  console.log('에러: ' + e.message);
}
```

루프와 조건문을 함수로 추상했던 것처럼 에러 처리도 어떤 식으로든 추상할 필요가 있습니다. 함수에 try-catch를 쓰면 다른 함수와 합성/체이닝을 할 수 없고 코드 설계 시 적잖은 압박을 받기 때문입니다.

5.1.2 함수형 프로그램은 왜 예외를 던지지 않을까?

명령형 자바스크립트 코드에서 예외를 붙잡아 던지는 방법은 단점이 많고 함수형 설계와도 잘 맞지 않습니다. 예외를 던지는 함수의 특징은 다음과 같습니다.

- 다른 함수형 장치처럼 합성이나 체이닝을 할 수 없습니다.

- 예외를 던지는 행위는 함수 호출에서 빠져나갈 구멍을 찾는 것이므로 단일한, 예측 가능한 값을 지향하는 참조 투명성 원리에 위배됩니다.

- 예기치 않게 스택이 풀리면 함수 호출 범위를 벗어나 전체 시스템에 영향을 미치는 부수효과를 일으킵니다.

- 에러를 조치하는 코드가 당초 함수를 호출한 지점과 동떨어져 있어서 비지역성$^{non-locality}$ 원리에 위배됩니다. 에러가 나면 함수는 지역 스택과 환경에서 벗어납니다.

```
try {
  var student = findStudent('444-44-4444');

  ... 중간 코드 생략
}
catch (e) {
  console.log('에러: 찾을 수 없습니다');

  // 에러 처리
}
```

- 함수의 단일 반환값에 신경 써야 할 에너지를, catch 블록을 선언해 특정 예외를 붙잡아 처리하는 데에 낭비하면서 호출자의 부담이 가중됩니다.

- 다양한 에러 조건을 처리하는 블록들이 중첩되어 사용하기 어렵습니다.

```
var student = null;
try {
  student = findStudent('444-44-44444');
}
catch (e) {
  console.log('에러: 해당 SSN으로 학생을 찾을 수 없습니다!');

  try {
    student = findStudentByAddress(new Address(...));
  }
  catch (e) {
    console.log('에러: 그런 학생은 없습니다!');
  }
}
```

그럼, 함수형 프로그래밍에서는 예외를 완전히 없애야 할까요? 필자는 그렇게 생각하지 않습니다. 실제로 예외를 아주 없애기란 불가능에 가깝고, 개발자가 어쩔 도리가 없는 요인들이 너무 많습니다. 더구나 빌려 쓰는 라이브러리에 자리잡은 예외는 속수무책입니다.

물론, 예외를 사용하면 더 효율적인 경우도 있습니다. 4장의 checkType 함수도 예외를 통해 API를 잘못 쓰고 있음을 알렸고, RangeError: Maximum call stack size exceeded(7장에서 다룹니다)처럼 복구 불가능한 상황을 전달하는 쓰임새도 유용합니다. 다만 예외를 던져야 할 경우라도 과용해선 안 됩니다. null 객체에 함수를 실행할 때 마주치는 악명높은 TypeError는 자바스크립트에서 아주 흔히 벌어지는 일입니다.

5.1.3 null 체크라는 고질병

뜻밖의 함수 호출이 실패하는 것보다, 차라리 null을 돌려받으면 적어도 함수를 한군데로 흘러가게 할 수는 있습니다. 하지만 나아질 건 조금도 없습니다. 함수가 null을 반환하면 이 함수를 부른 호출자는 성가신 null 체크를 해야 하는 부담을 떠안습니다. 다음은 학생의 주소를 읽고 거주 국가를 조회하는 getCountry 함수입니다.

```javascript
function getCountry(student) {
  let school = student.getSchool();
  if(school !== null) {
    let addr = school.getAddress();
    if(addr !== null) {
      var country = addr.getCountry();
      return country;
    }
    return null;
  }
  throw new Error('국가 조회 중 에러 발생!');
}
```

이 함수는 기껏해야 객체 속성을 얻는 기능이 전부라서 더 간단히 구현해야 합니다. 렌즈를 간단히 만들어 조회할 속성에 초점을 맞추면 됩니다. 똑똑한 렌즈는 주소가 null일 경우 알아서 undefined를 반환하겠지만, 그렇다고 에러 메시지까지 알아서 출력해주진 않습니다.

필자는 과거에 방어 코드를 여러 줄 짜서 뜻밖의 결과로부터 스스로를 지켰습니다. 하지만 try-catch나 null 체크 코드로 감싸는 건 겁쟁이나 하는 짓입니다. 판박이 코드를 안 쓰고도 에러를 멋지게 처리할 방법은 없을까요?

5.2 더 나은 방안: 함수자

함수형 에러 처리는 철저히 다른 방법으로 접근해 소프트웨어 시스템의 난관을 해결합니다. 기본 아이디어는 비슷합니다. 잠재적으로 위험한 코드 주위에 안전망(말하자면 컨테이너)을 설치하는 겁니다.

```
try {

    var student = findStudent('444-44-4444');

    ··· 중간 코드 생략

}
catch (e) {
    console.log(' 에러: 학생을 찾을 수 없습니다!     ');

    // 찾지 못한 학생을 처리
}
```

그림 5-1 try-catch 블록은 예외가 날 만한 함수 주변을 눈에 띄지 않는 안전망으로 감쌉니다. 이 안전망을 컨테이너로 구현합니다.

함수형 프로그램에서는 위험한 코드를 감싼다는 개념은 그대로 가져가되 try-catch 블록은 제거할 수 있습니다. 이것이 명령형과 가장 큰 차이점입니다. 함수형 자료형을 사용하여 불순함과의 분리를 일급 시민으로 만드는 것이지요. 지금부터 기본적인 형식부터 고급 형식 순서로 하나씩 설명하겠습니다.

5.2.1 불안전한 값을 감쌈

값을 컨테이너화containerization하는(감싸는) 행위는 함수형 프로그래밍의 기본 디자인 패턴입니다. 값을 안전하게 다루고 프로그램의 불변성이 지켜지도록 직접적인 접근을 차단하는 것입니다. 전장에 나가기 전 갑옷을 챙겨 입는 것과 비슷하지요. 이렇게 감싼 값에 접근하는 유일한 **방법은 연산을 컨테이너에 매핑**mapping an operation to its container하는 것입니다. 3장에서 맵을 배열에 적용할 때에는 배열이 바로 값(원소)을 감싼 컨테이너에 해당된다고 했는데요, 이 장에서는 맵의 개념을 더 포괄적으로 다루고자 합니다.

배열이 아니더라도 함수를 매핑할 대상은 무궁무진합니다. 사실 함수형 자바스크립트에서 **맵**

은 함수 그 이상, 이하도 아닙니다. 이 모든 것이 참조 투명성에서 출발한 사상으로, 함수는 반드시 동일 입력을 동일 결과에 '매핑'해야 합니다. 이런 점에서 보면, 맵은 (캡슐화한 값을 변환하는) 특정한 동작이 구현된 람다 표현식을 끼워 넣을 수 있는 관문에 해당합니다. 배열이라면 변환된 값(원소)이 담긴 새 배열을 map으로 만드는 것이지요.

Wrapper라는 단순 자료형을 만들어 개념을 좀 더 구체적으로 알아봅시다(코드 5-1). 형식은 단순하지만 그 바탕에 깔려 있는 원리는 실로 강력하고, 다음 절의 기초가 되는 내용이니 꼭 이해하고 넘어가세요.

코드 5-1 값을 함수형 자료형으로 감쌈

```
class Wrapper {
  constructor(value) {          ◁───── 어떤 단일 값을 저장하는
    this._value = value;                단순한 형식입니다.
  }

  // map :: (A -> B) -> A -> B
  map(f) {                      ◁─────── (배열처럼) 주어진 함수를
    return f(this._value);               매핑합니다.
  };

  toString() {
    return 'Wrapper (' + this._value + ')';
  }
}

// wrap :: A -> Wrapper(A)
const wrap = (val) => new Wrapper(val);   ◁─────  값을 래퍼로 감싸주는
                                                  도우미 함수
```

요점은 에러가 날지 모를 값을 래퍼 객체로 감싼다는 것입니다. 값에 직접 접근할 순 없으니 값을 얻으려면 4장에서 배운 identity 함수를 써야 합니다(보다시피 이 자료형에는 명시적인 get 메서드가 없습니다). 자바스크립트 코드로 이 값에 접근하는 건 얼마든지 가능하지만, 일단 어떤 값이 컨테이너 속으로 들어가면 (마치 가상의 장벽에 갇힌 것처럼) 절대로 값을 직접 조회/변경할 수 없습니다(그림 5-2).

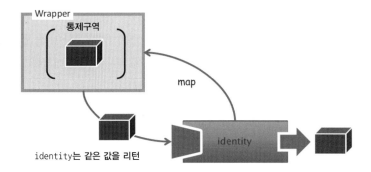

그림 5-2 Wrapper 형은 map을 통해 값에 접근하거나 값을 변경할 수 있습니다. 여기서도 identity 함수를 컨테이너에 매핑하여 마치 컨테이너에 있던 값처럼 값을 추출합니다.

올바른 값을 넣어 확인해봅시다.

```
const wrappedValue = wrap('Get Functional');
wrappedValue.map(R.identity); //-> 'Get Functional'   ◁─── 값을 얻습니다.
```

콘솔에 로그를 남기거나 값을 조작하는 함수를 컨테이너에 매핑하는 것도 가능합니다.

```
wrappedValue.map(console.log);   ◁─── 내부에 들어 있는 값에 함수를 실행합니다.
wrappedValue.map(R.toUpper); //-> 'GET FUNCTIONAL'
```

이 단순한 아이디어 덕분에, 컨테이너 안에 넣어 보호된 값을 얻고 싶은 코드는 무조건 **Wrapper.map**을 통해서만 '컨테이너 내부에 손을 뻗칠 수 있는' 구조로 만들 수 있습니다. 그런데 이렇게 얻은 값이 만약 null이나 undefined면 호출자가 책임지고 처리해야 할 텐데, 깔끔하게 처리하지 못할 수도 있겠죠?

```
const wrappedNull = wrap(null);
wrappedNull.map(doWork);   ◁─── null 체크는 doWork의 몫입니다.
```

예제에서 보다시피 어떤 콘텍스트로 감싼, 보호된 값을 얻으려면 반드시 어떤 함수를 이 콘텍스트에 적용할 수밖에 없습니다. 직접 함수를 호출하진 못합니다. 그래서 설사 에러가 나더라도 그 뒷일은 구체화한 래퍼 형식에 넘길 수 있지요. 즉, 함수를 호출하기 전에 null, 빈 문자열, 음수 등을 체크할 수 있습니다. 결국 **Wrapper.map**의 의미는 래퍼 형식을 실제로 어떻게 구현하는가에 따라 결정되는 것입니다.

자, 너무 성급한 마음 갖지는 마세요. 아직 기초공사가 다 끝난 게 아닙니다. 다음은 map을 변형한 fmap 함수입니다.

```
// fmap :: (A -> B) -> Wrapper[A] -> Wrapper[B]
fmap (f) {
  return new Wrapper(f(this._value));  ◄─────  변환된 값을 호출부에 반환하기
}                                               전에 컨테이너로 감쌉니다.
```

fmap은 주어진 함수를 콘텍스트로 감싼 값에 적용하는 방법이 구현된 함수입니다. 먼저 컨테이너를 열고 그 안에 보관된 값에 주어진 함수를 적용한 다음, 그 결과를 동일한 형식의 새 컨테이너에 넣고 닫는 것으로 마무리하지요. 이런 함수를 함수자(함자)[1]라고 합니다.

5.2.2 함수자의 세계로

함수자functor는 값을 래퍼 안으로 승급lifting[2]한 다음 수정하고 다시 래퍼에 넣을 목적을 염두에 둔 함수 매핑이 가능한 자료구조입니다. fmap이 어떻게 움직여야 하는지는 디자인 패턴에 따라 달라지는데요, 이 함수를 일반적으로 정의하면 다음과 같습니다.

```
fmap :: (A -> B) -> Wrapper(A) -> Wrapper(B)  ◄─────  Wrapper는 임의의 컨테이너 형입니다.
```

fmap 함수는 함수(A -> B)와 함수자(감싼 콘텍스트) Wrapper(A)를 받아 새로운 함수자 Wrapper(B)를 반환합니다. 이렇게 반환된 함수자에는 주어진 함수를 값에 적용한 후 다시 래퍼로 감싼 결과가 담겨 있습니다. [그림 5-3]은 increment 함수가 A -> B로 매핑하는 함수라고 보고 간단히 알기 쉽게 표현한 그림입니다(여기서 A와 B가 같은 형식이라는 점만 다릅니다).

fmap은 꼭 렌즈(2장)랑 비슷해서 호출할 때마다 컨테이너를 새로 복사 후 반환하는 불변 연산을 수행합니다. [그림 5-3]을 보면 Wrapper(1)에 increment를 매핑하여 전혀 새로운 Wrapper(2)라는 객체를 반환하고 있습니다. 자, 좀 더 실전에 가까운 문제를 풀기 전에 간단

---

1 역주_ 공식적인 수학(범주론) 용어는 함자(函子)이지만, 이 책에서는 여러 프로그래밍 도서에서 보편적으로 많이 쓰이는 '함수자'로 옮깁니다.

2 역주_ 승급은 원래 함수형 프로그래밍의 근간인 수학 범주론에 나오는 개념입니다. 이 책에서는 저자가 별다른 설명 없이 이 용어를 사용하고 있는데 가장 쉽게 대략적으로 설명하면, 어떤 값을 래퍼로 감싸 일반화하는(즉 에러가 날 가능성까지 감안하여 안전하게 감싸는) 행위를 승급이라고 합니다. 따라서 A를 함수자를 통해 Wrapper(A)로 감싸면 원본 A가 Wrapper(A)로 승급되었다고 할 수 있습니다. 이렇게 풀이하는 것이 수학적으로 대단히 허술하고 취약한 설명일지는 모르지만, 이 책에 쓴 함수형 프로그래밍을 이해하기 위해 수학 이론까지 철저하게 숙지할 필요는 없다고 봅니다. 처음 보는 함수형 용어가 주는 뉘앙스를 어느 정도 마음속으로 받아들일 정도만 되어도 책을 읽는 목적의 절반은 달성한 셈입니다.

한 함수자 예제를 더 살펴봅시다. 2 + 3 = 5 덧셈을 함수자로 풀어볼까요? 일단 add 함수를 커리한 plus3 함수를 만듭니다.

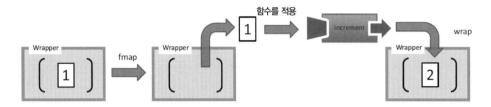

그림 5-3 1이란 값이 Wrapper 안에 있습니다. 이 래퍼와 increment 함수를 함수자에 넣고 실행하면 안에서 값이 바뀌고, 바뀐 값은 다시 컨테이너 안에 넣고 닫습니다.

```
const plus = R.curry((a, b) => a + b);
const plus3 = plus(3);
```

그리고 숫자 2를 Wrapper 함수자에 넣습니다.

```
const two = wrap(2);
```

fmap을 호출해서 컨테이너에 plus3를 매핑하면 두 수가 더해집니다.

```
const five = two.fmap(plus3); //-> Wrapper(5)      콘텍스트에 들어 있는 값을
five.map(R.identity); //-> 5                        반환합니다.
```

결국 fmap을 실행하면 형식이 동일한 콘텍스트가 하나 더 생성되고 R.identity 함수를 매핑하여 그 값을 빼내는 것입니다. 이 값이 래퍼 밖으로 탈출할 일은 없으므로 각 단계마다 여러 함수를 자유자재로 매핑하여 값을 변환할 수 있습니다.

```
two.fmap(plus3).fmap(plus10); //-> Wrapper(15)
```

코드만 봐서는 쉽게 떠오르지 않으니 [그림 5-4]를 보면서 fmap과 plus3이 서로 어떻게 어울리는지 감상하세요.

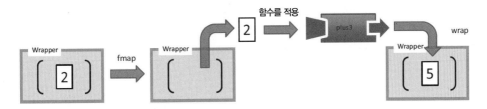

그림 5-4 2란 값을 Wrapper 컨테이너에 넣습니다. 함수자를 이용해 이 값을 콘텍스트에서 풀고 주어진 함수를 적용한 다음 다시 새로운 콘텍스트로 결괏값을 감쌉니다.

fmap이 같은 형식을 반환하기 때문에, 즉 같은 형식의 컨테이너로 결과를 감싸기 때문에 뒤이어 계속 체이닝을 할 수 있는 것입니다. [코드 5-2]는 감싼 값에 plus3을 매핑해서 결과를 로그에 남깁니다.

코드 5-2 주어진 콘텍스트에 추가 로직을 적용하기 위해 함수자를 체이닝

```
const two = wrap(2);
two.fmap(plus3).fmap(R.tap(infoLogger)); //-> Wrapper(5)
```

이걸 실행하면 콘솔에 메시지가 출력되겠죠.

```
InfoLogger [INFO] 5
```

이런 식으로 함수를 체이닝하는 패턴이 조금 낯이 익지 않나요? 네, 그렇습니다. 이미 여러분은 함수자가 뭔지도 모르고 계속 써왔습니다. map과 filter 함수로 배열을 다루었던 바로 그 방식 말입니다(기억이 잘 안 나면 3.3.2와 3.3.4절을 다시 읽어보세요).

```
map :: (A -> B) -> Array(A) -> Array(B)
filter :: (A -> Boolean) -> Array(A) -> Array(A)
```

map과 filter는 형식을 보존하는 함수자인 까닭에 체이닝 패턴을 쓸 수 있습니다. 지금껏 줄곧 등장한 compose도 사실 함수자입니다. 4장에서 배웠듯이 함수를 다른 함수로 (형식은 그대로 둔 채) 바꾸는 매핑이지요.

```
compose :: (B -> C) -> (A -> B) -> (A -> C)
```

다른 함수형 프로그래밍 장치가 그렇듯 함수자 역시 몇 가지 중요한 전제 조건이 있습니다.

- **부수효과가 없어야 합니다.** 콘텍스트에 R.identity 함수를 매핑하면 동일한 값을 얻습니다. 이는 함수자가 부수효과 없이 감싼 값의 자료구조를 그대로 유지한다는 결정적 증거입니다.

```
wrap('Get Functional').fmap(R.identity); //-> Wrapper('Get Functional')
```

- **합성이 가능해야 합니다.** 합성 함수에 fmap을 적용한 것과 fmap 함수를 함께 체이닝한 것이 동일하다는 뜻입니다. 그래서 [코드 5-2]를 이런 표현식으로도 쓸 수 있습니다.

```
two.fmap(R.compose(plus3, R.tap(infoLogger))).map(R.identity); //-> 5
```

위와 같은 함수자의 요건은 사실 당연합니다. 결국 함수자로는 예외를 던지거나, 원소를 바꾸거나, 함수 로직을 변경하는 일 따위는 할 수 없습니다. 콘텍스트를 생성 또는 추상하여 원본 값을 바꾸지 않은 상태로 안전하게 값을 꺼내어 연산을 수행하는 것이 함수자의 존재 이유입니다. map 함수가 한 배열을 다른 배열로 변환하면서 원본 배열은 전혀 건드리지 않는 것과 같은 이치라고 볼 수 있죠. 이런 개념은 다른 컨테이너 형에도 동일하게 적용됩니다.

함수자는 null 데이터를 다루는 법을 알지 못하므로 그 자체로는 별로 매력이 없습니다. 쉬운 예를 들어 R.compose로 합성 시 함수 레퍼런스를 null로 전달하면 바로 사달이 납니다. 이것은 설계상의 결함이 아니라 일부러 그렇게 만든 것입니다. **함수자는 한 형식의 함수를 다른 형식의 함수로 매핑합니다.** 더 구체적인 동작은 모나드라는 함수형 자료형에서 일어납니다. 모나드는 그 무엇보다 능률적으로 코드 에러를 처리해서 물 흐르듯 매끄럽게 함수 합성을 가능케 합니다. 그럼, 모나드와 함수자, 이 둘은 어떤 관계일까요? 함수자가 '건드리는' 컨테이너가 바로 모나드입니다.

모나드란 용어가 나왔다고 주눅들지 마세요. 제이쿼리 경험자라면 사실 모나드는 이미 익숙한 개념입니다. 잡다한 규칙과 이론은 차치하고, 모나드의 주목적은 어떤 자원(단순 값이든, DOM 요소든, 이벤트건, AJAX 호출이건)을 추상하여 그 속에 든 데이터를 안전하게 처리하는 겁니다. 이런 점에서 제이쿼리 역시 일종의 DOM 모나드인 셈입니다.

```
$('#student-info').fadeIn(3000).text(student.fullname());
```

fadeIn, text라는 변환 작업을 제이쿼리가 안전하게 담당하므로 이 코드 역시 모나드와 작동 원리는 같습니다. 만약 student-info 패널이 없다 해도 예외를 던지는 게 아니라 빈 제이쿼리 객체에 메서드를 적용하므로 얌전하게 실패합니다. 에러 처리를 겨냥한 모나드는 이처럼 안전하게 에러를 전파하여 장애 허용 애플리케이션을 만드는 데 강력한 힘을 발휘합니다. 이제 본격적으로 모나드를 살펴봅시다.

5.3 모나드를 응용한 함수형 에러 처리

모나드monad를 함수형 프로그램에 응용하면 앞서 언급한 전통적인 에러 처리의 문제점을 일거에 해소할 수 있습니다. 그 전에 먼저 함수자 사용의 한계점을 짚고 넘어가겠습니다. 함수자를 쓰면 값에 어떤 함수를 불변/안전하게 적용할 수 있지만, 곳곳에서 남용한다면 금세 난처한 상황에 빠질 수 있다고 말했습니다. SSN으로 학생 레코드를 찾아 주소 속성을 얻는다고 합시다. 이 작업은 크게 findStudent와 getAddress 두 함수로 구분됩니다. 둘 다 함수자 객체를 써서 반환값을 안전한 콘텍스트로 감쌉니다.

```
const findStudent = R.curry((db, ssn) =>
  wrap(find(db, ssn))          ◁─────  객체를 발견하지 못할 경우를 대비하여
);                                      조회한 객체를 감쌉니다.

const getAddress = student =>
  wrap(student.fmap(R.prop('address')));  ◁─────  R.prop() 함수를 객체에 매핑하여 주소를 얻고
                                                   그 결과를 다시 감쌉니다.
```

프로그램 실행은 지금까지 해왔던 대로 두 함수를 합성하여 호출합니다.

```
const studentAddress = R.compose(
  getAddress,
  findStudent(DB('student'))
);
```

에러 처리 코드는 자취를 감췄지만, 실행 결과는 예상과 다릅니다. 실제로 감싼 주소 객체가 아닌, 이중으로 감싼 주소 객체가 반환됩니다.

```
studentAddress('444-44-4444'); //-> Wrapper(Wrapper(address))
```

값을 얻으려면 R.identity도 두 번 적용해야겠군요.

```
studentAddress('444-44-4444').map(R.identity).map(R.identity);  ◁─────  어이쿠!
```

이런 식으로 데이터 접근 코드를 작성하고픈 개발자는 없을 겁니다. 합성 함수가 서너 개로 늘어난다면? 아무래도 다른 방법을 찾아야겠습니다. 그게 바로 모나드죠.

5.3.1 모나드: 제어 흐름에서 데이터 흐름으로

특정한 케이스를 특정한 로직에 위임하여 처리할 수 있다는 점을 제외하면 모나드는 함수자와 비슷합니다. 간단한 예를 들어보지요. [그림 5-5]는 래퍼로 감싼 값에 half :: Number -> Number 함수를 적용한 과정입니다.

```
Wrapper(2).fmap(half); //-> Wrapper(1)
Wrapper(3).fmap(half); //-> Wrapper(1.5)
```

그림 5-5 함수자는 감싼 값에 함수를 적용합니다. 여기서 감싼 값 2를 2로 나눈 결괏값 1을 다시 래퍼로 감싸 반환합니다.

자, 그런데 짝수에만 half를 적용하고 싶다고 해보죠. 함수자는 정의상 주어진 함수를 그대로 적용하고 그 결과를 다시 래퍼에 감싸는 일만 할뿐 다른 일은 안 합니다. 그럼 입력값이 홀수인 경우는 어떻게 처리할까요? null을 반환하거나 예외를 던지는 것도 방법이겠지만, 올바른 입력값이 넘어오면 유효한 숫자를, 그렇지 않으면 그냥 무시하게끔 털털하게 일을 시키는 편이 낫습니다.

Wrapper 정신을 계승한 Empty라는 컨테이너를 작성합시다.

```
class Empty
  map(f) {                    ◁── Empty에는 값을 담을 일이 없으니 쓸데없는 코드(no-op)입니다.
    return this;                  글자 그대로 '빈(empty)', '쓸모없음(nothing)'을 의미합니다.
  }

  // fmap :: (A -> B) -> Wrapper[A] -> Wrapper[B]
  fmap (_) {
    return new Empty();
  }

  toString() {                ◁── 마찬가지로, 어떤 함수를
    return 'Empty ()';            Empty에 매핑해도 할 일이 없습니다.
  }
};
```

```
const empty = () => new Empty();
```

이제 half 코드를 다음과 같이 고치면 짝수만 2로 나눕니다(그림 5-6).

```
const isEven = (n) => Number.isFinite(n) && (n % 2 == 0);
const half = (val) => isEven(val) ? wrap(val / 2) : empty();

half(4); //-> Wrapper(2)
half(3); //-> Empty
```

홀수, 짝수를 분간하는 도우미 함수입니다.

짝수만 2로 나누는 함수 입니다. 홀수가 주어지면 빈 컨테이너를 반환합니다.

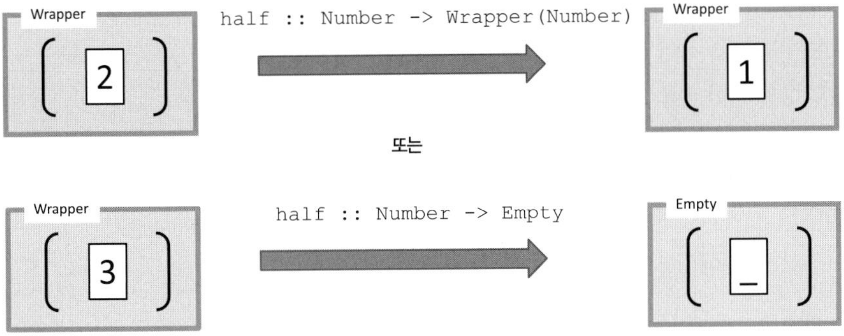

그림 5-6 half 함수는 입력값에 따라 감싼 값을 반환하거나 빈 컨테이너를 반환합니다.

컨테이너 안으로 값을 승급하고 어떤 규칙을 정해 통제한다는 생각으로 자료형을 생성하는 것이 바로 모나드입니다. 함수자처럼 모나드도 자신의 상대가 어떤 값인지는 전혀 모른 채, 일련의 단계로 계산 과정을 서술하는 디자인 패턴입니다. 함수자로 값을 보호하되, 합성을 할 경우 데이터를 안전하고 부수효과 없이 흘리려면 모나드가 필요합니다. 앞 예제에서도 홀수가 넘어오면 null 대신 Empty 컨테이너를 반환했죠? 이렇게 하면 에러 염려 없이 원하는 연산을 수행할 수 있습니다.

```
half(4).fmap(plus3); //-> Wrapper(5)
half(3).fmap(plus3); //-> Empty
```

잘못된 입력이 넘어와도 컨테이너가 알아서 함수를 매핑합니다.

모나드로 다양한 문제를 해결할 수 있습니다. 이 장에서는 잡다한 명령형 에러 처리를 정리하는 용도로 썼는데, 덕분에 코드를 좀 더 효과적으로 이해하는 데 도움이 됩니다.

이론적으로, 모나드는 프로그래밍 언어의 자료형 체계마다 다릅니다. 많은 사람이 하스켈처럼 명시적으로 형식을 나타내는 언어에서만 모나드를 제대로 이해할 수 있다고 주장하지만, 자바스크립트처럼 무형식typeless 언어에서도 모나드를 쉽게 이해할 수 있고 정적 형식 체계의 세부 사항을 시시콜콜 상대하는 고통에서도 해방될 수 있습니다.

다음 두 가지 중요 개념을 이해해야 합니다.

- **모나드**: 모나드 연산을 추상한 인터페이스를 제공합니다.
- **모나드형**monadic type: 모나드 인터페이스를 실제로 구현한 형식입니다.

모나드형은 이 장 첫부분에서 설명한 Wrapper 객체와 원리는 같지만, 모나드마다 개성이 있고 그 목적에 따라 의미도 달라지므로 (map 또는 fmap 동작의) 구현 로직 또한 제각각입니다. 따라서 모나드형마다 연산 체이닝 또는 타 형식의 함수를 중첩시키는 의미는 다르지만, 무릇 모든 모나드형은 다음 인터페이스를 준수해야 합니다.

- **형식 생성자**type constructor: 모나드형을 생성합니다(Wrapper 생성자와 비슷합니다).
- **단위 함수**unit function: 어떤 형식의 값을 모나드에 삽입합니다. 방금 전 wrap, empty 함수와 비슷하나, 모나드에서는 of라고 함수를 명명합니다.
- **바인드 함수**bind function: 연산을 서로 체이닝합니다(함수자의 fmap에 해당하며, flatMap이라고도 합니다). 지금부터 필자는 편의상 map으로 줄이겠습니다. 이 함수는 4장의 함수 바인딩과는 전혀 무관하니 헷갈리지 마세요.
- **조인 연산**join operation: 모나드 자료구조의 계층을 눌러 펩니다(평탄화flatten). 모나드 반환 함수를 다중 합성할 때 특히 중요합니다.

[코드 5-3]은 이 인터페이스에 따라 Wrapper를 리팩터링한 코드입니다.

코드 5-3 Wrapper 모나드

```
class Wrapper {          ◄─┐
  constructor(value) {      │  형식 생성자
    this._value = value;
  }

  static of(a) {         ◄─┐
    return new Wrapper(a);   │  단위 함수
  }
                    ┌─ 바인드 함수(함수자)
  map(f) {          ◄─┘
    return Wrapper.of(f(this._value));
```

```
    }
                          중첩된 계층을 눌러 폅니다.
    join() {    ←─────────┤
      if(!(this._value instanceof Wrapper)) {
        return this;
      }
      return this._value.join();
    }

    get() {
      return this._value;
    }
                          자료구조를 나타낸 문자열을
                          반환합니다.
    toString() {    ←─────┤
      return `Wrapper (${this._value})`;
    }
  }
```

Wrapper는 데이터를 외부 세계와 완전히 단절시킨 채 부수효과 없이 다루기 위해 함수자로
데이터를 컨테이너 안에 승급합니다. 내용이 궁금하면 당연히 _.identity 함수를 매핑해야
하겠죠?

```
Wrapper.of('Hello Monads!')
  .map(R.toUpper)
  .map(R.identity); //-> Wrapper('HELLO MONADS!')
```

여기서 map은 주어진 함수를 매핑하고 컨테이너의 대문을 닫는 일이 전부인 **중립 함수자**neutral
functor라고 볼 수 있는데요, 나중에는 독특한 방식으로 map을 쥐락펴락하는 모나드도 보게 될 겁
니다. join은 중첩된 구조를 양파 껍질을 벗기듯 눌러 펴는 함수입니다. 앞서 래퍼가 중첩됐던
함수자의 문제점도 말끔히 해결할 수 있지요.

코드 5-4 모나드를 눌러 펌

```
// findObject :: DB -> String -> Wrapper
const findObject = R.curry((db, id) => Wrapper.of(find(db, id)));

// getAddress :: Student -> Wrapper
const getAddress = student => Wrapper.of(student.map(R.prop('address')));
```

```
const studentAddress = R.compose(getAddress, findObject(DB('student')));

studentAddress('444-44-4444').join().get(); // 주소
```

[코드 5-4]처럼 합성을 하면 중첩된 래퍼 집합이 반환되는데, join 함수를 적용하면 납작한 단층 구조로 눌러 펴집니다.

```
Wrapper.of(Wrapper.of(Wrapper.of('Get Functional'))).join();

//-> Wrapper('Get Functional')
```

[그림 5-7]을 보면 이해가 빠를 것입니다.

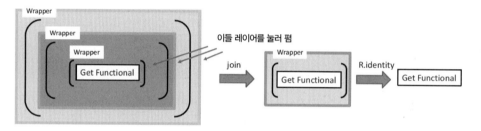

그림 5-7 join 연산으로 마치 양파 껍질 벗기듯 중첩된 모나드를 눌러 폅니다.

(역시 매핑 가능한 컨테이너인) 배열의 R.flatten 연산과 비슷하지요.

```
R.flatten([1, 2, [3, 4], 5, [6, [7, 8, [9, [10, 11], 12]]]]);

//=> [1, 2, 3, 4, 5, 6, 7, 8, 9, 10, 11, 12]
```

모나드는 특정한 목적에 맞게 활용하고자 많은 연산을 보유하는 게 보통이라서 이 책에서 제시한 인터페이스는 전체 API의 극히 일부분에 불과한 최소한의 규격입니다. 그럼에도, 모나드 자체는 추상적이고 실질적인 의미는 없습니다. 실제 형식으로 구현되어야 비로소 빛을 발하기 시작하죠. 다행히 함수형 프로그래밍에서는 많이 쓰는 모나드형 몇 가지만 있으면 엄청난 판박이 코드를 제거하고 무수히 많은 일을 해낼 수 있습니다. 지금부터 다재다능한 모나드[3] Maybe,

---

3 역주_ 이 책의 문맥으로 보아 Maybe, Either, IO는 모나드가 아니라 모나드형이라고 해야 맞겠지만, 저자는 엄격한 구분 없이 두 용어를 혼용하고 있습니다. 이 책은 범주론을 다루는 수학책이 아니므로 독자 여러분도 모나드(모나드형)를 '프로그램을 작성하기 위해 함수, 입출력, 구현 로직을 어떻게 사용해야 하는지 정의한 자료구조' 정도로 이해하면 되겠습니다.

Either, IO를 하나씩 살펴보겠습니다.

5.3.2 Maybe와 Either 모나드로 에러를 처리

모나드는 유효한 값을 감싸기도 하지만 값이 없는 상태, 즉 null이나 undefined를 모형화할 수 있습니다. 함수형 프로그래밍에서는 Maybe/Either형으로 에러를 **구상화**reify('어떤 것thing'으로 만듦)하여 이런 일들을 처리합니다.

- 불순 코드를 격리
- null 체크 로직을 정리
- 예외를 던지지 않음
- 함수 합성을 지원
- 기본값 제공 로직을 한곳에 모음

Maybe/Either 두 형식 모두 나름대로 장점이 있습니다. Maybe 모나드를 먼저 이야기합니다.

null 체크를 Maybe로 일원화

Maybe 모나드는 Just, Nothing 두 하위형으로 구성된 빈 형식(표식형marker type)으로서, 주목적은 null 체크 로직을 효과적으로 통합하는 것입니다.

- Just(value): 존재하는 값을 감싼 컨테이너를 나타냅니다.
- Nothing(): 값이 없는 컨테이너, 또는 추가 정보 없이 실패한 컨테이너를 나타냅니다. Nothing 값(존재하지 않는 값)에도 얼마든지 함수를 적용할 수 있습니다.

두 하위형은 앞서 열거한 모나드 자격 요건을 모두 갖추면서 나름의 목적에 맞게 특화되어 있습니다. [코드 5-5]는 Maybe 모나드 및 그 하위형을 구현한 코드입니다.

코드 5-5 Maybe 모나드와 그 하위형 Just와 Nothing

```
class Maybe {              ◄──────────────┐
  static just(a) {              컨테이너 형 (부모 클래스)
    return new Just(a);
  }

  static nothing() {
```

```
      return new Nothing();
    }

    static fromNullable(a) {
      return a !== null ? Maybe.just(a) : Maybe.nothing();
    }

    static of(a) {
      return just(a);
    }

    get isNothing() {
      return false;
    }

    get isJust() {
      return false;
    }
  }

class Just extends Maybe {
  constructor(value) {
    super();
    this._value = value;
  }

  get value() {
    return this._value;
  }

  map(f) {
    return Maybe.fromNullable(f(this._value));
  }

  getOrElse() {
    return this._value;
  }

  filter(f) {
    Maybe.fromNullable(f(this._value) ? this._value : null);
  }

  chain(f) {
    return f(this._value);
```

널 허용 형에서 Maybe를 만듭니다(생성자 함수). 모나드에 승급된 값이 null이면 Nothing 인스턴스를 생성하나, 값이 있으면 하위형 Just에 값을 담습니다.

Just는 값이 있는 경우에 해당하는 하위형입니다.

Just에 함수를 매핑하고 값을 변환 후, 다시 컨테이너에 담습니다.

자료구조의 값을 추출합니다.

```
    }
    toString () {                          자료구조를 텍스트로
      return `Maybe.Just(${this._value})`;   나타냅니다.
    }
  }

class Nothing extends Maybe {               Nothing은 값이 없는 경우를
  map(f) {                                  대비하는 하위형입니다.
    return this;
  }

  get value() {                             Nothing형에서 값을 얻
    throw new TypeError("Nothing 값을 가져올 수 없습니다.");   으려고 하면 예외를 내서
  }                                         모나드를 오용한 사실을
                                            밝힙니다(잠시 후 설명).
  getOrElse(other) {                        자료구조의 값은 무시하고
    return other;                           무조건 other를 반환합니다.
  }

  filter(f) {                               값이 존재하고 주어진 술어를 만족하면
    return this._value;                     해당 값이 담긴 Just를 반환하고,
  }                                         그 외에는 Nothing을 반환합니다.

  chain(f) {
    return this;
  }

  toString() {                              자료구조를 텍스트로
    return 'Maybe.Nothing';                 나타냅니다.
  }
}
```

Maybe는 '널 허용nullable' 값(null 및 undefined)을 다루는 작업을 명시적으로 추상하여 개발자가 중요한 비즈니스 로직에만 전념할 수 있게 합니다. 보다시피 Maybe는 (각자 방식으로 모나드 요건을 구현한) 두 실제 모나드형 Just와 Nothing의 추상적인 우산 노릇을 합니다. 모나드 연산이 어떻게 작동할지 서술한 구현부는 어디까지나 실제로 모나드형에 함축되어 전달된 의미에 따라 움직인다고 했습니다. 예를 들어 map 함수는 형식이 Nothing이냐 Just냐에 따라 하는 일이 달라집니다. [그림 5-8]은 Maybe 모나드에 학생 객체를 저장한 모습입니다.

```
// findStudent :: String -> Maybe(Student)
function findStudent(ssn)
```

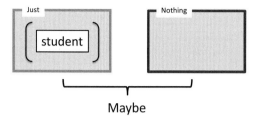

그림 5-8 Maybe 모나드 하위형인 Just와 Nothing. findStudent를 호출하면 Just에 감싼 값을 반환하거나, 값이 존재하지 않음을 Nothing으로 나타냅니다.

이 모나드는 DB 쿼리, 컬렉션에서 값을 검색하거나 서버에 데이터를 요청하는 등 결과가 불확실한 호출을 할 때 자주 씁니다. 지역 저장소에서 조회한 학생 객체의 address 속성 값을 얻는 [코드 5-4]를 다시 볼까요? 찾는 레코드가 정말 있는지 없는지 예측할 수 없으니 조회 결과를 Maybe로 감싸고 연산명 앞에 safe를 붙여 구분합니다.

```
// safeFindObject :: DB -> String -> Maybe
const safeFindObject = R.curry((db, id) => Maybe.fromNullable(find(db, id)));

// safeFindStudent :: String -> Maybe(Student)
const safeFindStudent = safeFindObject(DB('student'));

const address = safeFindStudent('444-44-4444').map(R.prop('address'));
address; //-> Just(Address(...)) 또는 Nothing
```

모나드로 결과를 감싸면 함수 서명에 부가 정보를 덧붙여 자기 문서화[self-documentation]도 가능하며 반환값의 불확실성을 있는 그대로 나타낼 수 있습니다. 고맙게도 null 체크는 Maybe.fromNullable이 대신 해주고 safeFindStudent를 호출해서 값이 있으면 Just(Address(...)), 없으면 Nothing이 반환됩니다. 모나드에 R.prop을 매핑하면 고대하던 결과를 얻을 수 있겠죠. 덤으로, API를 잘못 사용하거나 프로그램 에러가 발생하면 이를 감지하는 역할도 해주니, 잘못된 인수 값의 허용 여부를 나타내는 사전 조건을 강제하는 효과도 있습니다. Maybe.fromNullable에 잘못된 값이 넘어오면 Nothing형을 내므로 결국 get()을 호출해 컨테이너를 열어보려고 하면 예외가 납니다.

```
TypeError: Can't extract the value of a Nothing
(Nothing 값을 가져올 수 없습니다.)
```

모나드는 내용물을 직접 추출하는 대신, 이 내용물에 함수를 계속 매핑하리라 전제합니다. Maybe 연산 중 getOrElse는 기본값을 반환하는 멋진 방법입니다. 다음은 값이 있으면 폼 필드 값으로 세팅하고, 없으면 기본 문구를 보여주는 예제입니다.

```
const userName = findStudent('444-44-4444').map(R.prop('firstname'));

document.querySelector('#student-firstname').value =
    username.getOrElse('이름을 입력하세요');
```

조회 작업이 성공하면 학생 username을 표시하고, 실패하면 else 분기로 빠져 기본 문자열을 출력합니다.

Maybe의 다른 이름

자바 8과 스칼라 등의 언어에서는 Maybe를 Optional 또는 Option이라고 합니다. Just, Nothing도 각각 Some, None으로 용어는 달리 쓰지만 의미는 같습니다.

앞에서 봤던, 객체지향 소프트웨어에 자주 등장하는 null 체크 안티패턴을 떠올려봅시다.

```
function getCountry(student) {
  let school = student.school();
  if(school !== null) {
    let addr = school.address();
    if(addr !== null) {
      return addr.country();
    }
  }
  return '존재하지 않는 국가입니다!';
}
```

정말 너저분하죠? 이 함수가 '존재하지 않는 국가입니다!'를 반환하면 과연 어디서 실패했는지 알 수 있을까요? 이런 식으로 코딩하면 스타일, 정확성은 아주 뒤로 미뤄둔 채 방어 코드를 함수 호출 주변에 도배하는 일에 급급하게 될 겁니다. 모나드가 아니면 여기저기 null 체크문으로 도배하여 TypeError 예외를 틀어막을 수밖에 없습니다. Maybe는 이 모든 로직을 재사용 가능한 형태로 캡슐화한 자료구조입니다. 다음 예제를 봅시다.

```
const country = R.compose(getCountry, safeFindStudent);
```

감싼 학생 객체를 safeFindStudent가 반환하므로 방어 코드를 짜던 습관에서 탈피해 잘못된 값이 넘어와도 안전하게 전파할 수 있습니다. getCountry를 고치면 다음 코드와 같습니다.

```
const getCountry = (student) => student
    .map(R.prop('school'))
    .map(R.prop('address'))
    .map(R.prop('country'))
    .getOrElse('존재하지 않는 국가입니다!');
```
이 단계 중 하나라도 결과가 Nothing이면, 이후 연산은 전부 건너뜁니다.

세 속성 중 하나라도 null이면 에러는 Nothing으로 둔갑하여 모든 계층에 전파되므로 후속 연산은 모두 조용히 건너뜁니다. 이제 선언적이고 우아하면서, 동시에 장애를 허용하는 품격 높은 프로그램이 되었군요.

함수 승급

다음 함수를 잘 보세요.

```
const safeFindObject = R.curry((db, id) => Maybe.fromNullable(find(db, id)));
```

함수명 앞에 safe를 붙였고 반환값은 직접 모나드로 감쌌습니다. 이처럼 함수가 잠재적으로 위험한 값을 지니고 있을지 모른다는 점을 호출자에게 분명하게 밝히는 건 좋은 습관입니다. 그럼 프로그램에 있는 함수마다 모나드 장치를 부착해야 할까요? 그렇지 않습니다. **함수 승급**function lifting이란 기법을 쓰면 어떤 일반 함수라도 컨테이너에서 작동하는 '안전한' 함수로 변신시킬 수 있습니다. 기존 코드를 군이 바꾸지 않고 쓸 수 있는 편리한 유틸리티입니다.

```
const lift = R.curry((f, value) => Maybe.fromNullable(value).map(f));
```

함수 본체 안에서 모나드를 직접 쓰지 않고,

```
const findObject = R.curry((db, id) => find(db, id));
```

원래 모습을 그대로 유지한 채 lift를 이용해 함수를 컨테이너로 보내면 됩니다.

```
const safeFindObject = R.compose(lift(console.log), findObject);
safeFindObject(DB('student'), '444-44-4444');
```

함수 승급은 어느 함수, 어느 모나드에서도 잘 작동합니다!

Maybe는 잘못된 데이터를 한곳에서 다스릴 수 있는 탁월한 수단이지만, 뭔가 일이 잘못될 경우에 아무것도 주지 않습니다(Nothing). 좀 더 적극적으로 실패한 원인까지 통보받을 방안이 있으면 더 좋겠네요. 이런 일은 Either 모나드가 제격입니다.

Either로 실패를 복구

Either는 Maybe와 약간 다릅니다. Either는 절대로 동시에 발생하지 않는 두 값 a, b를 논리적으로 구분한 자료구조로서, 다음 두 경우를 모형화한 형식입니다.

- Left(a): 에러 메시지 또는 예외 객체를 담습니다.
- Right(b): 성공한 값을 담습니다.

Either는 오른쪽 피연산자^{operand}를 중심으로 작동합니다. 그래서 컨테이너에 함수를 매핑하면 항상 하위형 Right(b)에 적용됩니다. Maybe에서 Just로 분기한 거나 마찬가지죠.

보통 Either는 어떤 계산 도중 실패할 경우 그 원인에 관한 추가 정보를 결과와 함께 제공할 목적으로 씁니다. 복구 불가한 예외가 발생한 경우, 던질 예외 객체를 왼쪽에 두는 것입니다. 다음은 Either 모나드를 구현한 코드입니다.

코드 5-6 EitherLeftRight Either 모나드 및 하위클래스 Left, Right

```
class Either {
  constructor(value) {         Either형 생성자 함수.
    this._value = value;       예외(왼쪽) 또는 정상 값(오른쪽)을 가집니다.
  }

  get value() {
    return this._value;
  }

  static left(a) {
    return new Left(a);
  }

  static right(a) {
    return new Right(a);
  }
                               값이 올바르면 Right,
                               아니면 Left를 취합니다.
  static fromNullable(val) {
```

```
      return val !== null && val !== undefined ? Either.right(val) :
      Either.left(val);
  }

  static of(a){
    return Either.right(a);
  }
}
```

주어진 값을 Right에 넣고
새 인스턴스를 만듭니다.

```
class Left extends Either {
  map(_) {
    return this; // 쓰지 않음
  }
```

함수를 매핑하여 Right 값을 변환하는 메서드지만,
Left는 변환할 값 자체가 없습니다.

Right 값이 있으면 가져오고,
없으면 TypeError를 냅니다.

```
  get value() {
    throw new TypeError("Left(a) 값을 가져올 수 없습니다.");
  }

  getOrElse(other) {
    return other;
  }
```

Right 값이 있으면 가져오고,
없으면 주어진 기본값을 반환합니다.

```
  orElse(f) {
    return f(this._value);
  }
```

Left 값에 주어진 함수를 적용합니다.
Right는 아무 일도 안 합니다.

```
  chain(f) {
    return this;
  }
```

Right에 함수를 적용하고 그 값을 반환합니다.
Left는 아무 일도 안 합니다.

```
  getOrElseThrow(a) {
    throw new Error(a);
  }
```

Left에서만 주어진 값으로 예외를 던집니다.
Right는 예외 없이 그냥 정상 값을 반환합니다.

```
  filter(f) {
    return this;
  }
```

주어진 술어를 만족하는 값이 존재하면
해당 값이 담긴 Right를 반환하고,
그 외에는 빈 Left를 반환합니다.

```
  toString() {
    return `Either.Left(${this._value})`;
  }
}

class Right extends Either {
```

```javascript
  map(f) {
    return Either.of(f(this._value));
  }
```

> Right 값에 함수를 매핑하여 변환합니다.
> Left에는 아무 일도 안 합니다.

```javascript
  getOrElse(other) {
    return this._value;
  }
```

> Right 값을 얻습니다. 값이 없으면
> 주어진 기본값 other를 반환합니다.

```javascript
  orElse() {
    return this; // 쓰지 않음
  }
```

> Left에 주어진 함수를 적용하는 메서드입니다.
> Right에는 아무 일도 안 합니다.

```javascript
  chain(f) {
    return f(this._value);
  }
```

> Right에 함수를 적용하고 그 값을 반환합니다.
> Left에는 아무 일도 안 합니다.

```javascript
  getOrElseThrow(_) {
    return this._value;
  }
```

> Left에서만 주어진 값으로 예외를 던집니다.
> Right는 예외 없이 그냥 정상 값을 반환합니다.

> 주어진 술어를 만족하는 값이 존재하면
> 해당 값이 담긴 Right를 반환하고, 그 외에는 빈 Left를 반환합니다.

```javascript
  filter(f) {
    return Either.fromNullable(f(this._value) ? this._value : null);
  }

  toString() {
    return `Either.Right(${this._value})`;
  }
}
```

Maybe와 Either 두 형식 모두 쓰지 않는[no-op] 연산이 있는데요, 이들은 의도적으로 추가한 자리끼우개입니다. 상대편 모나드가 작동할 때 안전하게 함수 실행을 건너뛰게 하려는 거지요.

safeFindObject 함수에 Either 모나드를 응용하면 다음과 같이 작성할 수 있습니다.

```javascript
const safeFindObject = R.curry((db, id) => {
  const obj = find(db, id);
  if(obj) {
    return Either.of(obj);
  }
  return Either.left(`ID가 ${id}인 객체를 찾을 수 없습니다`);
});
```

> Either.fromNullable()로 전체 if-else 문을 추상합니다.
> 이해를 돕기 위해 이렇게 한 것입니다.

> Left도 Either의
> 하위형이라서 값을
> 담을 수 있습니다.

데이터가 정상 조회되면 학생 객체는 오른쪽에 저장되고, 그렇지 않으면 에러 메시지가 왼쪽에 담깁니다(그림 5-9).

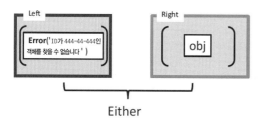

그림 5-9 Either 구조는 객체(오른쪽) 또는 스택 추적 정보가 담긴 Error(왼쪽)를 저장합니다. 실패할 경우 에러 메시지까지 하나의 값에 담아 반환하고자 할 때 유용합니다.

그런데, 잠깐만요! 객체와 메시지, 두 마리 토끼를 잡는다면 4장에서 배운 2-튜플(또는 Pair)를 쓰면 되지 않을까요? 네, 이런 의문이 들지만, 그렇게 하지 않는 미묘한 이유가 있습니다. 튜플은 이른바 곱 형식product type, 즉 피연산자 간의 논리적 AND 관계를 나타냅니다. 에러 처리는 값이 존재하거나 또는(OR) 존재하지 않는 경우를 모형화하므로 상호 배타적 형식이 더 적절하죠. 둘 다 동시에 발생할 일은 절대로 없으니까요.

Either에서 결괏값을 얻을 때는 getOrElse 함수(값이 없으면 적절한 기본값을 제공)를 씁니다.

```
const findStudent = safeFindObject(DB('student'));
findStudent('444-44-4444').getOrElse(new Student()); //->Right(Student)
```

Maybe.Nothing과 달리 Either.Left는 함수 적용이 가능한 값을 담을 수 있습니다. 그래서 findStudent가 객체를 반환하지 않으면 orElse 함수를 Left 피연산자에 적용해서 에러 로그를 남길 수 있습니다.

```
const errorLogger = _.partial(logger, 'console', 'basic', 'MyErrorLogger',
'ERROR');
findStudent('444-44-4444').orElse(errorLogger);
```

콘솔에는 이렇게 나오겠지요.

```
MyErrorLogger [ERROR] ID가 444-44-4444인 객체를 찾을 수 없습니다
```

Either는 예외가 날지 모를, 예측하기 어려운 (여러분 또는 제삼자가 작성한) 함수로부터 코드를 보호하기 위해 씁니다. 예외를 퍼뜨리지 않고 일찌감치 없애버려 좀 더 형식에 안전하고 부수효과 없는 함수로 만들자는 것이죠. 예컨대 자바스크립트의 decodeURIComponent 함수는 인수로 받은 URL이 올바르지 않으면 URIError를 냅니다.

```
function decode(url) {
  try {
    const result = decodeURIComponent(url);    ←——  URIError를
    return Either.of(result);                         던집니다.
  }
  catch (uriError) {
    return Either.Left(uriError);
  }
}
```

보다시피 에러 메시지와 스택 추적 정보가 포함된 Error 객체를 Either.Left에 채워 넣고 이 객체를 던져 복구 불가한 연산임을 알리는 식으로 작성하는 게 보통입니다. 주어진 URL로 넘어가기 전에 디코딩을 하고 싶다고 합시다. 올바른 입력, 잘못된 입력을 넣고 함수를 호출하면 다음과 같은 결과가 나옵니다.[4]

```
const parse = (url) => url.parseUrl();    ←————  4.4.1 절에서
decode('%').map(parse); //-> Left(Error('URI malformed'))    작성한 함수입니다.
decode('http%3A%2F%2Fexample.com').map(parse); //-> Right(true)
```

함수형으로 프로그래밍하면 사실상 예외를 던질 필요 자체가 사라집니다. 대신 이렇게 모나드를 이용해서 예외 객체를 왼쪽에 담고 느긋하게 예외를 던질 수 있죠.

```
  ...
catch (uriError) {
  return Either.Left(uriError);
}
```

지금까지 모나드를 이용하여 잠재적으로 위험한 함수 호출을 try-catch 블록으로 감싸는 행위를 흉내 내보았습니다. 스칼라 언어에도 이와 개념이 비슷한 Try라는 형식이 있어서 try-catch를 함수형으로 대체할 수 있습니다. Try는 완벽한 모나드는 아니지만, 온전히 계산된 값을 반환하거나, 예외가 날지 모를 계산을 표현한 자료구조입니다. Either와 의미상 동등하며,

---

4 역주_ 에러 메시지는 'URI 형식이 잘못됐습니다'라는 뜻입니다.

Success와 Failure 두 케이스 클래스$^{case class}$[5]가 있습니다.

연구할 만한 함수형 프로그래밍 프로젝트

부분 적용, 튜플, 합성, 함수자, 모나드 등 이 책에서 다루는 주제들은 판타지 랜드$^{Fantasy Land}$ (https://github.com/fantasyland)라는 공식 명세에 모듈별로 구현되어 있습니다. 판타지 랜드는 자바스크립트로 함수형 대수를 구현하는 방법이 정의된, 함수형 개념의 표준 구현체입니다. 편의상 이 책은 로대시JS, 람다JS 같은 라이브러리를 사용하지만, 함수형 자료형에 대해 더 깊이 있게 연구하고 싶은 독자는 판타지 랜드 및 포크테일^{Folktale}(http://folktalejs.org/) 같은 함수형 라이브러리를 찾아보면 많은 도움이 됩니다.

모나드는 실세계의 소프트웨어에서 장애가 날 가능성과 불확실성에 대응할 수 있게 도와줍니다. 그렇다면, 외부 세계와 상호작용은 어떻게 할까요?

5.3.3 IO 모나드로 외부 자원과 상호작용

하스켈은 파일 읽기/쓰기, 화면 출력 등의 IO 연산을 전적으로 모나드에 의존해 처리하는 특이한 프로그래밍 언어입니다. 자바스크립트 코드로 옮기면 이런 모습이지요.

```
IO.of('불안전한 연산입니다').map(alert);
```

하는 일은 단순하지만, 복잡다기한 IO 세부 사항을 욱여넣은 느긋한 모나드 연산(여기서는 단순히 경고창에 메시지를 띄우는 일)을 플랫폼에 전달하여 실행시키는 겁니다. 하지만 자바스크립트는 어쩔 수 없이 계속 바뀌는, 상태적이고 공유된 DOM과 상호작용해야 하므로 결국 읽기든 쓰기든 DOM에 하는 모든 작업들은 부수효과를 일으키고 참조 투명성에 위배됩니다. 가장 기본적인 IO 연산부터 살펴볼까요?

```
const read = (document, selector)
  => document.querySelector(selector).innerHTML;     ◁—— read를 계속 호출하면 그때마다
                                                          결과가 달라질 수 있습니다.

const write = (document, selector, val) => {          ◁—— 값을 반환하지 않고 변이를
  document.querySelector(selector).innerHTML = val;        일으킵니다(불안전한 연산).
```

---

5 역주_ 스칼라 언어는 class 앞에 case 키워드를 붙인 케이스 클래스를 지원합니다. 케이스 클래스는 new 키워드 없이도 인스턴스를 생성할 수 있으며, 주로 패턴 매칭(pattern matching)과 함께 사용합니다.

```
    return val;
  };
```

이런 단독형 함수를 독립적으로 실행하면 그 결과는 아무도 장담할 수 없습니다. 실행 순서에 따라 결과가 바뀌는 건 물론이고, 가령 다른 프로세스가 호출 도중 write를 실행해서 DOM 을 변경하고 그 상태에서 read를 여러 번 호출하면 응답 결과도 그때마다 달라집니다. 4장의 showStudent도 그랬듯이 순수 코드에서 불순 코드를 들어내는 주된 목적은 일관된 결과를 보장하는 것입니다.

부수효과 문제를 바로잡거나 변이를 막을 순 없지만, 적어도 애플리케이션 관점에서 IO 연산 이 불변한 것처럼 작동시킬 방법은 있습니다. IO 연산을 모나드 체인에 승급하여 데이터 흐름 을 모나드가 주도하게끔 맡기는 것입니다. 일단, 다음 IO 모나드가 필요합니다.

코드 5-7 IO 모나드

```
class IO {
  constructor(effect) {        ◁──   IO 모나드는 (DOM 읽기/쓰기 같은) 읽기/쓰기
    if (!_.isFunction(effect)) {       작업을 effect 함수에 담아 초기화합니다.
      throw 'IO 사용법: 함수는 필수입니다!';
    }
    this.effect = effect;
  }

  static of(a) {               ◁──
    return new IO( () => a );         값, 함수를 IO 모나드로 승급하는
  }                                   단위 함수

  static from(fn) {            ◁──
    return new IO(fn);
  }

  map(fn) {    ◁──   맵 함수자
    let self = this;
    return new IO(() => fn(self.effect()));
  }

  chain(fn) {
    return fn(this.effect());
  }
```

```
    run() {
      return this.effect();    ◁——┐ 느긋하게 초기화한 체인을 가동하여
    }                              │ IO 작업을 시작합니다.
  }
```

값이 아닌 effect 함수를 감싼 이 모나드는 이전 모나드와는 작동 방식부터 다릅니다. 함수는 일종의 느긋한 값lazy value, 말하자면 계산될 때까지 기다리는 값입니다. 따라서 갖가지 DOM 연산을 이 모나드로 함께 체이닝한 다음, 하나의 참조 투명한 의사pseudo 연산으로 묶어 실행하면, 부수효과를 일으키는 함수의 실행 순서가 뒤바뀌거나 호출 도중에 실행되는 일은 방지할 수 있습니다.

먼저 read/write 함수를 수동 커리하여 리팩터링합시다.

```
const read = (document, selector) => {
  () => document.querySelector(selector).innerHTML;
};

const write = (document, selector) => {
  return (val) => {
    document.querySelector(selector).innerHTML = val;
    return val;
  };
};
```

document 객체를 전달할 필요가 없도록 두 함수를 부분 적용하면 더 좋겠군요.

```
const readDom = _.partial(read, document);
const writeDom = _.partial(write, document);
```

이렇게 고치니 readDom, writeDom 모두 실행 대기하는, 체이닝(그리고 합성) 가능한 함수로 변신했습니다. 나중에 IO 작업을 체이닝하려고 이렇게 고친 겁니다. 학생 이름을 다음 HTML 요소에서 읽어 각 단어의 첫자를 대문자로 바꾼다고 합시다.

```
<div id="student-name">alonzo church</div>
```

코드는 다음과 같습니다.

```
const changeToStartCase =
  IO.from(readDom('#student-name'))    ┐ 변환 작업은 여기에 매핑할 수
    .map(_.startCase)    ◁————————————┘ 있습니다.
```

```
.map(writeDom('#student-name'));
```

체인 마지막의 DOM 쓰기는 불순한 연산입니다. 그럼, changeToStartCase를 실행한 결과는 어떻게 될까요? 모나드가 정말 좋은 점은, 순수함수라는 요건이 지켜진다는 것입니다. 다른 모나드처럼 map의 출력도 모나드 자신, 즉 IO 인스턴스라서 아직 이 단계에선 아무것도 실행되지 않습니다. 여기서는 IO 작업을 그냥 선언적으로 서술했을 뿐입니다. 이제 코드를 돌려봅시다.

```
changeToStartCase.run();
```

DOM을 조사하면 다음 HTML 코드를 확인할 수 있습니다.

```
<div id="student-name">Alonzo Church</div>
```

바로 이것입니다. IO 작업을 참조 투명한 방향으로 처리한 것이지요! IO 모나드의 가장 중요한 이점은 순수한 부분과 불순한 부분을 분명하게 가른다는 점입니다. changeToStartCase만 봐도 그렇지만, IO 컨테이너에 매핑을 하는 변환 함수가 DOM을 읽고 쓰는 로직과는 완전히 떨어져 있습니다. 덕분에 HTML 요소의 내용은 얼마든지 변환할 수 있고, 또 한 방에 실행되므로 읽기/쓰기 연산 중간에 탈이 생겨 엉뚱한 결과가 나올 일도 없습니다.

모나드는 체이닝 가능한 표현식 또는 계산일뿐이라서 마치 공장의 컨베이어 벨트처럼 순서대로 흘려 보내면서 단계별로 부가 처리를 할 수 있게 배열할 수 있습니다. 하지만 모나드는 연산 체이닝 외에 다른 방법으로 활용할 수도 있습니다. 모나드 컨테이너를 반환 형식으로 쓰면 함수에 일관된, 형식에 안전한 반환값을 줄 수 있고 참조 투명성도 유지됩니다. 또 이는 함수 체인을 조합하고 함수를 합성하는 필요조건이기도 합니다(4장 참고).

5.4 모나드 체인 및 합성

모나드는 부수효과를 억제하므로 합성 가능한 자료구조로 활용할 수 있습니다. 필자가 4장에서 합성성이 코드 복잡도를 줄이는 비결이라고 했을 때에는 군이 잘못된 데이터를 체크하는 일은 언급하지 않았습니다. findStudent가 null을 반환하면 전체 프로그램이 실패할 텐데 말이지요(그림 5-10).

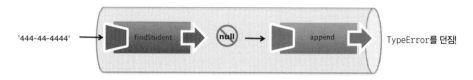

그림 5-10 findStudent, append 두 함수의 조합. 체크 로직을 따로 넣지 않아도 전자의 반환값이 null 값이면 후자는 TypeError 예외를 내며 실패합니다.

다행히 모나드를 이용하면 적은 코드만으로도 물 흐르듯 매끄럽고 표현적인 에러 처리 장치를 통해 안전한 합성을 도모할 수 있습니다. 파이프라인에 나열된 함수들이 null이란 지뢰를 얌전히 피해 갈 수 있으면 최상이겠지요?

첫 단추는 첫 번째 함수가 적절한 모나드(여기선 Maybe와 Either 둘 다 상관없습니다)로 결과를 감싸도록 하는 겁니다(그림 5-11).

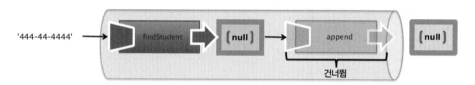

그림 5-11 앞의 두 함수를 이번엔 null 값이 모나드(Maybe 또는 Either)를 통과하게 하여 파이프라인의 나머지 함수들을 얌전하게 실패 처리합니다.

함수형 프로그래밍은 체인과 합성, 두 가지 방법으로 함수를 조합한다고 했습니다. 다음은 4장의 showStudent를 구성하는 세 요소입니다.

1. 사용자 입력을 정규화
2. 학생 레코드를 검색
3. 학생 정보를 HTML 페이지에 추가

입력 검증 로직까지 붙이면 코드가 한층 더 복잡해집니다. 이 프로그램이 실패한다면 그 원인은 입력값 검증, 학생 레코드 조회, 둘 중 한 군데서 실패했기 때문이겠죠. [코드 5-8]은 Either 모나드를 동원해 적절한 에러 메시지를 제공하는 형태로 리팩터링한 코드입니다.

코드 5-8 Either로 함수를 리팩터링

```
// validLength :: Number, String -> Boolean
const validLength = (len, str) => str.length === len;

// checkLengthSsn :: String -> Either(String)
const checkLengthSsn = ssn =>
  validLength(9,ssn) ? Either.right(ssn)
                     : Either.left('잘못된 SSN입니다.');
};

// safeFindObject :: Store, string -> Either(Object)
const safeFindObject = R.curry((db, id) => {
  const val = find(db, id);
  return val ? Either.right(val) : Either.left(`ID가 ${id}인 객체를 찾을 수 없습니다`);
});

// finStudent :: String -> Either(Student)
const findStudent = safeFindObject(DB('students'));

// csv :: Array => String
const csv = arr => arr.join(',');
```

두 함수를 Either에 승급하는 대신, 모나드를 직접 써서 발생한 에러에 특정한 메시지를 줍니다.

리팩터링한 csv 함수는 값 배열을 문자열로 반환합니다.

이들 함수는 커리되어 있어서 전에도 한 것처럼 부분 평가를 적용하여 더 간단한 함수로 만들고 도우미 로깅 함수도 추가할 수 있습니다.

```
const debugLog = _.partial(logger, 'console', 'basic', 'Monad 예제', 'TRACE');

const errorLog = _.partial(logger, 'console', 'basic', 'Monad 예제', 'ERROR');

const trace = R.curry((msg, val)=> debugLog(msg + ':' + val));
```

이게 다입니다! 나머진 공짜로 모나드 연산이 책임지고 데이터가 함수 호출 구간을 여행할 수 있게 처리합니다. 그럼 Either와 Maybe로 showStudent에 자동 에러 처리 기능을 탑재하는 방법을 알아봅시다.

코드 5-9 showStudent에서 발생한 에러를 모나드로 자동 처리

```
const showStudent = (ssn) =>
  Maybe.fromNullable(ssn)
```

map, chain 메서드는 모나드에 들어 있는 값을 변환하는 데 쓰입니다. 맵은 모나드를 반환합니다. 중첩시켰다가 눌러 펴지 않아도 되게끔 map을 chain과 잘 엮어 1층짜리 모나드 형태로 호출을 통과합니다.

```
        .map(cleanInput)
        .chain(checkLengthSsn)
        .chain(findStudent)
        .map(R.props(['ssn', 'firstname', 'lastname']))    ◁── 주어진 객체 속성을 배열 형태로
        .map(csv)                                               얻습니다.
        .map(append('#student-info'));
```

[코드 5-9]는 chain 메서드의 사용법을 잘 보여줍니다. 사실 이 메서드는 모나드 반환 함수의
조합 결과 두꺼워진 계층을 눌러 펴고자 번거롭게 map하고 join할 필요 없이 한 번에 처리하
기 위해 만든 단축키일 뿐입니다. chain도 map처럼 데이터에 함수를 적용할 때 결과를 모나드
형에 도로 감싸지 않습니다.

어떻게 두 모나드는 빈틈없이 교차 배치interleave되었을까요? Maybe, Either 둘 다 동일한 모나
드 인터페이스를 구현했기 때문입니다. 다음 코드를 실행하면 결과는 어떨까요?

```
    showStudent('444-44-4444').orElse(errorLog);
```

결과는 두 가지 중 하납니다. 학생 객체를 문제없이 찾으면 그 정보를 HTML에 덧붙이겠죠.

```
    Monad Example [INFO] Either.Right('444-44-4444, Alonzo,Church')
```

혹은 못 찾으면 전체 작업을 조용히 건너뛰고 orElse로 메시지를 출력할 것입니다.

```
    Monad Example [ERROR] ID가 444444444인 객체는 찾을 수 없습니다
```

체이닝이 유일한 패턴은 아닙니다. 에러 처리 로직은 합성으로도 쉽게 넣을 수 있습니다. 그러
려면 먼저 모나드 메서드를 (리스코프 치환 원칙Liskov substitution principle[6]에 따라) 모든 모나드형에
다형적으로 작동하는 함수로 전환하기 위해 여러분이 앞서 배웠던 객체지향 → 함수형 단순 변
환을 해야 합니다. 이를테면 map, chain 함수를 일반화하면 [코드 5-10]처럼 작성할 수 있습
니다.

코드 5-10 모든 컨테이너에서 작동하는 일반화한 map, chain 함수

```
    // map :: (ObjectA -> ObjectB), Monad -> Monad[ObjectB]
    const map = R.curry((f, container) => container.map(f));
```

----

6 역주_ '상위형 객체를 하위형 객체로 치환해도 상위형을 사용하는 프로그램은 정상적으로 동작해야 한다'는 객체지향 설계 5대 원칙
(S.O.L.I.D) 중 하나입니다.

```
// chain :: (ObjectA -> ObjectB), Monad -> ObjectB
const chain = R.curry((f, container) => container.chain(f));
```

이런 함수들로 모나드를 합성 표현식에 주입하는 겁니다. [코드 5-11]과 [코드 5-9]의 실행 결과는 같습니다. 한 표현식에서 다른 표현식으로 데이터가 흘러가는 과정을 모나드로 제어하는 이런 코딩 스타일을 '프로그래밍 가능한 콤마programmable commas'라고 합니다. 이것도 무인수 스타일입니다. 옛부터 자바스크립트 코드에서 세미콜론으로 구문을 구분해온 것처럼 여기서 콤마는 여러 상이한 표현식의 구분자로 쓰입니다. trace 문을 곳곳에 심어놓아 연산 과정에서 데이터가 흘러가는 모습을 지켜볼 수 있지요(구문 자체를 로깅하는 것도 디버깅할 때 도움이 됩니다).

코드 5-11 프로그래밍 가능한 콤마를 쓴 모나드

```
const showStudent = R.compose(
  R.tap(trace('HTML 페이지에 학생 정보 추가'))
  map(append('#student-info')),
  R.tap(trace('학생 정보를 CSV 형식으로 변환')),
  map(csv),
  map(R.props(['ssn', 'firstname', 'lastname'])),
  R.tap(trace('레코드 조회 성공!')),
  chain(findStudent),
  R.tap(trace('입력값이 정상입니다')),
  chain(checkLengthSsn),
  lift(cleanInput));
```

코드를 실행하면 다음과 같이 콘솔에 표시됩니다.

Monad Example [TRACE] 입력값이 정상입니다: Either.Right(444444444)

Monad Example [TRACE] 레코드 조회 성공!: Either.Right(Person [firstname: Alonzo, lastname: Church])

Monad Example [TRACE] 학생 정보를 CSV 형식으로 변환: Either.Right(444-44-4444, Alonzo, Church)

Monad Example [TRACE] HTML 페이지에 학생 정보 추가: Either.Right(1)

> ## 프로그램을 추적하기
>
> [코드 5-11]에서 보다시피 함수형 코드는 정말 추적하기 쉽습니다. 함수 본체를 파헤치지 않아도 함수 호출 전후로 추적문을 실행시켜 전체 프로그램의 경계를 구분함으로써 문제 해결과 디버깅에 엄청난 도움이 됩니다. 객체지향 코드에서 이런 일을 하려면 실제 함수 코드를 뜯어고치거나 관점 지향 프로그래밍aspect-oriented programming(AOP)[7] 같은 수법을 동원해야 하지만 결코 만만 찮은 일이지요. 함수형 프로그램은 이런 일이 다 공짜입니다!

끝으로, 전체 흐름을 도식화해서 단계별로 벌어지는 일들을 조망합시다(그림 5-12). [그림 5-13]은 findStudent 함수가 실패했을 경우 같은 프로그램이 작동하는 모습입니다.

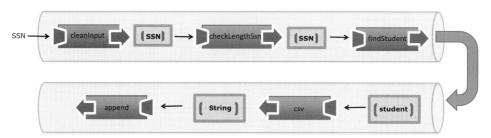

그림 5-12 showStudent 함수의 단계별 실행 흐름(findStudent 함수가 주어진 SSN에 해당하는 학생 객체를 정상 조회했을 경우).

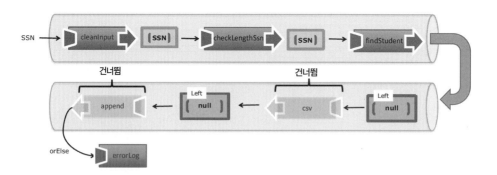

그림 5-13 findStudent 실행 중 실패하여 나머지 부분에도 영향을 미치게 된 경우. 파이프라인에 나열된 어느 컴포넌트가 실패하든 프로그램은 문제없이 돌아가며, 데이터와 연관된 단계는 모두 조용히 건너뜁니다.

---

7 역주_ 여러 계층에 걸친 공통적인 횡단 관심사(cross-cutting concern)를, 코드 자체를 수정하지 않고 기존 코드에 동작(어드바이스)을 추가하여 반영하는 방식을 말합니다.

showStudent 프로그램 개발은 아직 안 끝났습니다. 이제 IO 모나드를 다시 살려 DOM을 읽고 쓰는 코드를 개선해봅시다.

```
map(append('#student-info')),
```

append는 커리된 함수라서 IO 모나드와 잘 맞습니다. 이제 남은 일은 csv에서 받은 값을 IO.of로 승급하고 R.identity 함수를 IO에 매핑하여 내용을 추출하는 두 가지 연산을 체이닝하는 작업입니다.

```
const liftIO = function (val) {
  return IO.of(val);
};
```

이리하여 다음과 같은 프로그램이 완성됩니다.

코드 5-12 완성된 showStudent 프로그램

```
const getOrElse = R.curry((message, container) => container.getOrElse(message));

const showStudent = R.compose(
  map(append('#student-info')),
  liftIO,
  getOrElse('학생을 찾을 수 없습니다!'),
  map(csv),
  map(R.props(['ssn', 'firstname', 'lastname'])),
  chain(findStudent),
  chain(checkLengthSsn),
  lift(cleanInput)
);
```

IO 모나드를 이용하면 정말 굉장한 일들을 해낼 수 있습니다. 보다시피 showStudent(ssn)를 실행하면 정해진 각본대로 학생 레코드를 검증/조회하는 로직을 전부 실행합니다. 이 과정이 끝나면 프로그램은 데이터를 화면에 출력하지 않고 일단 대기합니다. 데이터는 IO 모나드에 승급된 상태라서 run 함수를 호출하면 내부(클로저)에 느긋하게 보관된 데이터가 화면에 쏟아져 나옵니다.

```
showStudent(studentId).run(); //-> 444-44-4444, Alonzo, Church
```

대부분의 IO에서는 불순한 연산을 합성의 제일 마지막 단계로 밀어 넣습니다. 그래야 한 번에 한 단계씩 프로그램을 쌓아 올리면서 필요한 비즈니스 로직을 모두 수행한 다음, 최종적으로 은쟁반에 데이터를 고이 올려놓아 IO 모나드가 선언적으로, 부수효과 없이 일을 마치게끔 할 수 있습니다.

함수형 프로그래밍이 코드를 얼마나 헤아리기 쉽게 만드는지 (보기 싫은 코드를 다시 보여 죄송하지만) 방금 전 완성한 showStudent를 비함수형 버전과 견주어보세요.

```
function showStudent(ssn) {
  if(ssn != null) {
    ssn = ssn.replace(/^\s*|\-|\s*$/g, '');
    if(ssn.length !== 9) {
      throw new Error('잘못된 입력입니다');
    }
    let student = db.get(ssn);
    if (student) {
      document.querySelector(`#${elementId}`).innerHTML =
        `${student.ssn},
        ${student.firstname},
        ${student.lastname}`;
    }
    else {
      throw new Error('학생을 찾을 수 없습니다!');
    }
  }
  else {
    throw new Error('잘못된 SSN입니다!');
  }
}
```

부수효과 발생, 모듈성 결여, 명령형 에러 처리 등으로 인해 이 프로그램은 사용하고 테스트하기 어렵습니다. 합성은 프로그램 흐름을 제어하고, 모나드는 데이터 흐름을 제어합니다. 합성과 모나드는 함수형 프로그래밍의 생태계를 이루는 양대 개념입니다.

이것으로 2부를 마칩니다. 지금쯤이면 여러분의 개발 연장 가방은 실전 문제를 해결할 때 꺼내 쓸 함수형 개념으로 가득 찼으리라 봅니다.

5.5 마치며

- 객체지향 방식으로 예외를 처리하면 결국 호출자가 try-catch 로직으로 예외를 붙잡아 처리해야 하므로 담당해야 할 일이 많습니다.

- 하나의 참조 투명한 프로세스에서 가능한 변이를 모두 감싸는 패턴, 즉 값을 컨테이너화 하는 패턴을 따르면 부수효과 없이 코드를 작성할 수 있습니다.

- 부수효과 없이, 불변적으로 객체를 접근/변경하려면 함수자를 써서 함수를 컨테이너에 매핑합니다.

- 모나드는 함수형 프로그래밍의 디자인 패턴으로, 함수 간에 데이터가 안전하게 흘러가도록 조정하여 애플리케이션의 복잡도를 낮추는 역할을 합니다.

- Maybe, Either, IO 등의 모나드형을 교차 배치하면 탄력적으로, 빈틈없이 함수를 합성할 수 있습니다.

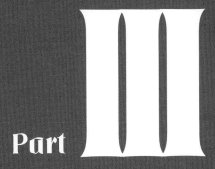

Part III

함수형 스킬 갈고닦기

1, 2부에서는 함수형 프로그래밍을 실무에 적용할 때 필요한 도구를 알아보았습니다. 여러분이 배운 새로운 기법과 디자인 패턴의 주된 관심사는 부수효과를 제거하여 확장성 좋고 헤아리기 쉬운 모듈적 코드를 작성하는 일이었습니다. 지금까지 습득한 지식을 토대로 3부에서는 자바스크립트 애플리케이션을 단위 테스트하고, 함수형 우산 밑에서 코드를 최적화하며, 비동기 이벤트/데이터와 관련한 복잡성을 다루는 주제를 공부합니다.

6장에서는 명령형 애플리케이션의 단위 테스트를 돌아보고 함수형으로 작성하면 왜 처음부터 테스트하기 좋고 덜 복잡한지 설명합니다. 참조 투명성을 달성하면 속성 기반 테스트라는 기법으로 테스트를 자동화할 수 있습니다.

7장에서는 자바스크립트 함수 콘텍스트의 내부 작동 원리를 고찰하고 깊이 중첩된 함수 클로저와 재귀를 쓸 때 불거지는 성능 이슈를 논합니다. 애플리케이션의 전체 성능을 끌어올리는 느긋한 평가, 메모화, 꼬리 호출 최적화 등의 기법을 이야기합니다.

마지막 8장에서는 더 모나드적인 디자인 패턴을 이용하여 점점 복잡해지는 애플리케이션에 대응하는 방법을 배웁니다. 특히, 자바스크립트에서 가장 빈번한 두 가지 작업(서버 또는 DB에서 데이터를 프라미스로 비동기 조회하는 작업, 이벤트 중심 방식의 프로그램에서 전통적인 함수 콜백을 줄이는 작업)을 RxJS를 응용한 리액티브 접근 방법으로 해결하는 내용을 집중 조명합니다.

이 책을 완독하면 여러분이 앞으로 전문가로 활약하면서 함수형 프로그래밍 기법을 성공적으로 구사할 채비가 갖춰지게 될 것입니다.

Part III

함수형 스킬 갈고닦기

## CHAPTER 6

빈틈없는 코드 만들기

이 장의 내용

◆ 함수형 프로그래밍과 프로그램 테스트

◆ 명령형 코드 테스트의 어려움

◆ QUnit으로 함수형 코드를 테스트

◆ JSCheck를 응용한 속성 기반 테스트

◆ 블랭킷JS로 프로그램 복잡도를 측정

담장이 튼튼해야 이웃 사이가 좋지요.

– 로버트 프로스트, 「담장 고치기」 중에서

3부까지 오느라 고생했습니다! 1, 2부에서는 주로 함수형 프로그래밍이 코드를 쉽게 이해하고 관리할 수 있게 한다는 사실을 설명했습니다. 함수형 특유의 선언적 성격 역시 코드를 자기 문서화하도록 유도합니다.

함수형으로 코드를 작성한 다음, 제대로 작동하는지는 어떻게 확인할까요? 개발한 프로그램이 고객 요구 사항을 충실히 반영했는지 어떻게 장담할 수 있을까요? 테스트 코드를 작성해서 의도한 대로 움직이는지 알아보는 수밖에 없겠죠. 함수형 사고방식은 애플리케이션 수준의 코드에도 지대한 영향을 주고, 이는 테스트를 설계하는 방식에도 직접적인 영향을 미칩니다.

단위 테스트의 목적은 코드가 개발 명세를 충족하는지 확인하고 코드가 실패하는 모든 경계 조건 주변에 담장을 치는 것입니다. 이미 단위 테스트를 경험한 독자는 잘 알다시피, 명령형 프로그램, 특히 엄청나게 큰 코드베이스를 테스트하는 건 정말 버거운 일입니다. 명령형 코드는 부수효과를 내므로 시스템의 전역 상태를 잘못 넘겨짚게 되고, 이로 인해 무수한 에러에 취약할 수밖에 없는 한계가 있습니다. 더욱이 호출 순서와 무관한, 일관된 결과를 보장받기 어려워 테스트 간의 독립적인 실행을 할 수 없습니다. 그래서 불행히도, 대부분 테스트를 맨 뒤로 미루거나 그냥 넘어가게 되는 것 같습니다.

이 장에서는 대부분의 다른 패러다임에서 일부러 테스트하기 쉽게 코드를 설계하는 것과 달리, 함수형 코드는 왜 그 자체로 테스트하기 좋은지 설명합니다. 외부 디펜던시를 제거하고 예측 가능한 함수를 작성하는 등 바람직한 테스트를 작성하는 최상의 지침은 이미 대부분 함수형 설계의 핵심 원리로 담겨 있습니다. 순수한, 참조 투명한 함수는 이미 그 자체가 이런 특성을 가지며, 속성 기반 테스트처럼 더 진보한 수단에도 유용합니다. 그럼, 먼저 FP가 여러 유형의 테스트에 어떤 식으로 영향을 끼쳤는지 살펴보고, 여러분의 생산성을 최고로 끌어올릴 단위 테스트의 세계로 안내하겠습니다.

6.1 함수형 프로그래밍과 단위 테스트

일반적으로 테스트는 단위 테스트unit test, 통합 테스트integration test, 인수 테스트acceptance test 세 가지로 분류합니다. [그림 6-1]의 테스트 피라미드를 보면, 코드에 미치는 FP의 영향력은 인수 테스트(꼭대기)에서 단위 테스트(바닥) 쪽으로 갈수록 확대됩니다. 함수형 프로그래밍은 함수와 모듈의 설계, 그리고 그 구성 요소의 통합에 집중하는 소프트웨어 개발 패러다임이니까 당연히 그렇겠죠.

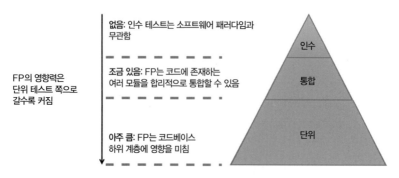

그림 6-1 함수형 프로그래밍은 코드가 주된 관심사인 소프트웨어 패러다임이라서 단위 테스트 설계에 가장 큰 영향을 미칩니다. 통합 테스트에도 조금 영향을 주지만, 인수 테스트와는 완전히 무관합니다.

웹 애플리케이션의 차림새look and feel나 사용성usability, 탐색성navigability이 사용자가 기대하는 기준과 얼마나 부합하는지 테스트하는 일(인수 테스트)은 중요하지만, 이는 프로그램을 함수형으로 작성했는지, 명령형으로 작성했는지 여부와는 거의 상관이 없습니다. 이런 테스트는 테스트 자동화 프레임워크에 맡기는 편이 더 낫지요. 그리고 FP에서는 상이한 애플리케이션 컴포넌트를 합성이란 방법을 통해 편성한다고 했습니다(4장). 따라서 단지 FP 패러다임을 수용하기만 해도 통합 테스트에 투자할 시간은 공짜로 벌게 되는 셈입니다.

함수형 프로그래밍의 진짜 관심사는 함수(코드를 모듈화하는 단위) 간의 소통입니다. 이 책에서는 QUnit이라는 테스트 실행기test runner 라이브러리를 쓰겠습니다. 전에 테스트 라이브러리를 경험한 독자라면 사용법을 어렵지 않게 익힐 수 있을 테니 설정하는 방법은 따로 설명하지 않습니다. 자세한 내용은 부록을 참고하세요.

단위 테스트의 기본 구조는 다음과 같습니다.

```
QUnit.test('사람 검색 기능을 테스트한다', function(assert) {
  const ssn = '444-44-4444';
  const p = findPerson(ssn);
  assert.equal(p.ssn, ssn);
});
```

테스트 코드는 메인 애플리케이션 코드와 별개의 자바스크립트 파일에 두며, 대상 함수를 전부 들여와서import 테스트합니다. 사실 명령형 프로그램의 단위 테스트는 부수효과와 변이가 생겨서 상당히 까다로운데요, 구체적으로 어떤 점에서 문제가 있는지 알아봅시다.

6.2 명령형 프로그램 테스트의 어려움

명령형 테스트는 명령형 코드만큼이나 쉽지 않은 도전입니다. 명령형 코드는 데이터 흐름을 보관하고 계산을 조합하는 대신, 전역 상태와 변이에 의존하기 때문에 테스트하기가 정말 어렵습니다. 단위 테스트 설계의 주요 원칙 중 하나가 **격리**isolation입니다. 단위 테스트는 진공 상태에 떠 있는 것처럼 다른 데이터나 주변 테스트에 상관없이 실행돼야 하지만, 부수효과를 유발하는 코드는 기능을 테스트할 때 심한 제약을 받게 됩니다.

명령형 코드의 문제를 열거하면 다음과 같습니다.

- 식별은 물론 간단한 작업으로 분해하기도 어렵습니다.

- 결과를 들쭉날쭉하게 만드는 공유 자원에 의존합니다.

- 반드시 평가 순서를 미리 정해야 합니다.

세 가지 난제를 하나씩 살펴봅시다.

6.2.1 작업을 식별하고 분해하기 어려움

단위 테스트는 설계상 애플리케이션의 가장 작은 부분을 테스트합니다. 애당초 분할을 감안하여 설계하지 않은 하나의 거대한 모놀리틱 프로그램은 직관적으로 알기 쉽게 나눌 방법이 마땅찮기 때문에 절차적 프로그램에서 **모듈 단위**unit of modularity를 식별하기란 아주 어렵습니다. 여기서 모듈 단위란 비즈니스 로직을 캡슐화한 함수를 말합니다. 예를 들어 명령형 버전 showStudent의 구성 요소는 [그림 6-2]와 같이 나눌 수 있습니다.

```
function showStudent(ssn) {
    if(ssn !== null) {
        ssn = ssn.replace(/^\s*|\-|\s*$/g, '');
        if(ssn.length !== 9) {
            throw new Error('잘못된 입력입니다');         1| 검증
        }

        var student = db.get(ssn);                     2| 저장소에서 학생 조회

        if (student !== null) {
            var info =
                `${student.ssn},
                  ${student.firstname},
                  ${student.lastname}`;
            document.querySelector(`\#${elementId}`)
                .innerHTML = info;                     3| DOM IO
            return info;
        }
        else {
            throw new Error('학생을 찾을 수 없습니다! ');   4| 에러 처리
        }
    }
    else {
        return null;
    }
}
```

그림 6-2 모놀리틱 함수 showStudent의 기능 영역. 테스트 코드를 단순화하려면 검증, IO, 에러 처리를 담당하는 함수로 각각 분리해야 합니다.

이 프로그램은 보다시피 관심사가 제각각인 비즈니스 로직이 하나의 거대한 함수 안에서 단단히 결합되어 있습니다. 데이터 검증 코드는, 학생 레코드 조회나 DOM 요소 추가 코드와 함께 있을 이유가 없는데도 말이죠. 합성을 통해 이들을 조립 가능한, 따라서 테스트 가능한 비즈니스 단위로 나눌 수 있습니다. 에러 처리 로직은 5장에서 배운 모나드에게 맡기면 더 좋겠군요.

모나드와 에러 처리

5장에서 함수를 장애 허용 상태로 유지한 채 에러 처리 코드를 제거/통합하기 위한 디자인 패턴을 몇 가지 배웠습니다. Maybe/Either 모나드를 이용하면 프로그램을 빠릿빠릿하게 응답하게 하면서 여러 컴포넌트를 통해 발생한 에러를 적절히 전파시키는 방법을 무인수 코드로 구현할 수 있습니다.

함수의 테스트 가능 범위를 넓히려면 순수한 부분과 불순한 부분이 구분된, 느슨하게 결합된 컴포넌트로 함수를 나눌 방법을 궁리해야 합니다. 불순한 코드는 DOM, 저장소 등의 외부 자원을 읽고 쓰는 도중 부수효과를 일으킬 수 있어서 테스트하기가 영 까다롭습니다.

6.2.2 공유 자원에 의존하면 들쭉날쭉한 결과가 나옴

앞에서 전역 범위에 공유된 데이터에 마음대로 접근하는 자바스크립트의 자유분방함을 언급했습니다(2장). 부수효과를 동반한 프로그램을 테스트하려면 대상 함수 주변의 상태를 알아서 잘 관리해야 하지만 그 밖에도 신경 써야 할 일이 한두 가지가 아닙니다. 필자는 잘 돌아가던 테스트 스위트test suite (테스트 모음)에 새 테스트를 추가하자 엉뚱하게도 해당 테스트와 전혀 무관한 다른 테스트가 실패하는 사례를 숱하게 목격했습니다. 왜 그럴까요? 안정된 테스트라면 모름지기 나머지 다른 테스트와 독립적으로, 즉 그 자체로 돌아가야 합니다. 각 단위 테스트는 자신만의 독무대sandbox에서 작동해야 하며, 시스템 상태는 정확히 테스트 실행 전 그 상태로 유지되어야 합니다. 이 규칙을 위반한 테스트는 절대로 동일한 결과를 일관되게 낼 수 없습니다.

명령형 increment 함수를 다시 봅시다.

```
var counter = 0; // (전역)

function increment() {
  return ++counter;
}
```

0에서 1만큼 증가시킨 결과가 정말 1인지 확인하는 간단한 단위 테스트입니다. 이 테스트를 한 번 돌리든, 100번 돌리든 실행 횟수에 상관없이 결과는 같아야 맞겠지만, 이 함수는 외부 데이터(그림 6-3)를 읽어 수정하기 때문에 결과는 계속 바뀝니다.

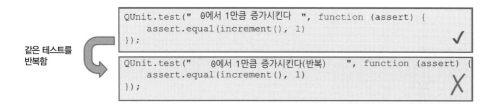

그림 6-3 명령형 increment 함수는 외부 변수 counter에 의존하므로 단위 테스트를 반복할 수 없습니다.

첫 번째 반복 시 외부 변수 counter 값이 바뀌고, 두 번째 반복 시에는 이미 바뀌어버린 전역 변수 값을 단언^assert할 때 실패합니다. 부수효과를 지닌 함수는 평가 순서로 인해 오류가 발생하기 쉽습니다.

6.2.3 평가 순서를 미리 정해야 함

단위 테스트는 일관성 차원에서 **결합적**^commutative이어야 합니다. 즉 실행 순서를 바꿔도 결과가 달라져선 안 됩니다. 이미 앞서 설명한 이유 때문에 불순한 함수는 이 원칙이 통하지 않습니다. 그래서 QUnit 같은 단위 테스트 라이브러리는 후속 테스트를 실행할 전역 테스트 환경을 구성^set up/정리^tear down하는 편리한 도구를 제공함으로써 이 문제를 해결합니다. 물론 테스트마다 구성하는 내용이 완전히 다를 수 있으므로 각 테스트가 시작하는 부분에 사전 조건을 반드시 구성해야 합니다. 즉, 여러분이 알아서 각 테스트 대상 코드의 부수효과(외부 디펜던시)를 모두 찾아내야 한다는 뜻입니다.

가령 increment 함수가 음수, 0, 양수에서도 잘 작동하는지 간단한 테스트 코드로 확인한다고 합시다(그림 6-4). 처음 실행하면(왼쪽) 모든 테스트가 성공하지만, 여기서 테스트 순서만 섞어 테스트하면(오른쪽) 실패합니다. 부수효과를 지닌 테스트의 주변 상태가 잘 구성되었겠거니 그냥 믿고 실행한 게 화근입니다.

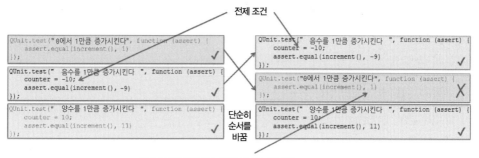

전제 조건

단순히
순서를
바꿈

이전 상태를 섣불리 넘겨짚었다간 실패하게 됨

그림 6-4 시스템의 전역 상태를 잘못 예측하면 간단한 테스트도 실패합니다. 왼쪽 세 테스트는 모두 실행 전 주변 상태가 정확히 준비되어 문제가 없었지만, 순서를 뒤섞으면 상태에 관한 예측은 모두 빗나갑니다.

이 간단한 예제만 봐도 알 수 있듯이, 어떤 함수에 대해 각 테스트를 수행할 때마다 전역 콘텍스트를 적당히 조작해서 성공리에 마쳤다 해도, 이들의 실행 순서가 뒤섞였을 때도 문제가 없을지는 장담할 수 없습니다. 순차열의 순서를 조금만 바꿔도 모든 단언이 무효가 될 가능성이 농후하지요.

함수형 사고방식은 테스트 스위트를 안정적으로 구축하는 데 도움이 됩니다. 사실 함수형으로 코딩만 해도 저절로 그렇게 됩니다. 절박한 심정에 함수형 원리를 테스트 코드에 욱여넣지 말고, 애초에 시간을 들여 함수형으로 코딩한 다음, 투자한 시간을 테스트 단계에서 뽑아내는 게 낫겠죠? 그럼 함수형 코드가 테스트에 유용한 점을 살펴봅시다.

6.3 함수형 코드를 테스트

명령형이든 함수형이든, 격리, 예측성, 반복성 등 단위 테스트를 개발하는 최상의 지침은 대부분 매한가지입니다. FP의 모든 함수는 입력 매개변수가 명확히 정의되어 있으므로 여러 가지 경계 조건 집합을 제공하여 코드를 구석구석 살피는 일은 어렵지 않습니다. 부수효과 측면에서도 모든 함수는 단순 명료하게 정의되며, 불순한 코드는 모나드로 안전하게 감쌀 수 있다고 했습니다(5장).

또, 수동 루프의 고질적인 불순함도 map, reduce, filter, 재귀 등의 고계 연산과 부수효과 없는 함수형 라이브러리에 위임하여 해결했습니다. 이런 기법과 디자인 패턴 덕분에 코드의 복잡성을 추상하여 좀 더 생산적으로, 주요 비즈니스 로직만 신경 쓰면서 테스트를 진행할 수 있습니다. 이 절에서는 함수형 코드를 테스트하면 어떤 점이 이로운지 살펴보겠습니다.

- 함수를 블랙박스처럼 취급
- 제어 흐름 대신 비즈니스 로직에 집중
- 모나드 격리를 통해 순수한 부분과 불순한 부분을 분리
- 외부 디펜던시를 모의

6.3.1 함수를 블랙박스처럼 취급

함수형 프로그래밍에서는 애플리케이션의 다른 부분에 구애받지 않고 느슨하게 입력값을 결합하는 함수를 독립적으로 작성합니다. 이런 함수는 부수효과가 없고 참조 투명하므로, 임의의 순서로 몇 번이고 실행하더라도 결과가 동일하고 예측 가능한 테스트를 작성할 수 있습니다. 이는 함수를 블랙박스로 취급하고 주어진 입력에 맞는 출력을 내는지만 집중해서 보자는 생각입니다. 따라서 showStudent 같은 함수를 테스트할 때에도 함수형 버전의 increment 함수를 테스트하는 정도의 수고만 하면 됩니다(그림 6-5).

어떤 순서로 실행해도 문제 없음

그림 6-5 함수형으로 작성한 increment 함수는 몇 번을, 어떤 순서로 테스트하든 결과가 같습니다.

모든 매개변수를 함수 서명에 명시하면 함수를 구성하기 더 좋다고 했습니다(1장). 이렇게 하면 호출자가 함수에 인수를 제공해서 어떤 일을 할지 기대하는 시점에 아무것도 감추는 것이 없기 때문에 테스트도 엄청나게 단순해집니다. 보통 한두 개 매개변수가 선언된 단순 함수를 서로 합성하여 한데 모으면 더욱 풍성한 함수가 됩니다.

6.3.2 제어 흐름 대신 비즈니스 로직에 집중

어떤 작업을 단순한 함수들로 분해하는 건 이 책에 전반에 걸쳐 나오는 단골 패턴입니다. 함수형 코드 개발 시 가장 시간이 많이 걸리는 과정은 문제를 더 작은 부분으로 나누는 일이라고 했습니다(1장). 가장 어려운 작업이지요. 나머지 시간은 이렇게 분해된 함수를 서로 붙이는 데 소요됩니다. 다행히 로대시JS, 람다JS 같은 라이브러리 덕분에 자바스크립트의 함수형 간극을 curry, compose 같은 함수로 메울 수 있습니다. 4.6절의 함수 조합기를 쓰면 설계와 분해 과정에 쏟은 시간을 테스트 단계에서 돌려받을 수 있지요. 개발자는 단지 주요 프로그램 로직을 형성하는 개별 함수를 테스트하는 일만 책임지면 됩니다. 함수형 버전인 computeAverageGrade의 테스트를 작성해보겠습니다(4.6.5절에서 만들었던 함수입니다).

코드 6-1 computeAverageGrade 프로그램 테스트

```
const fork = (join, func1, func2) =>
  (val) => {
    join(func1(val), func2(val));
  };
};

const toLetterGrade = (grade) => {
  if (grade >= 90) return 'A';
  if (grade >= 80) return 'B';
  if (grade >= 70) return 'C';
  if (grade >= 60) return 'D';
  return 'F';
};

const computeAverageGrade =
  R.compose(toLetterGrade, fork (R.divide, R.sum, R.length));

QUnit.test('평균 학점을 계산', function(assert) {
  assert.equal(computeAverageGrade([80, 90, 100]), 'A');
});
```

이 프로그램은 R.divide, R.sum, R.length 같은 단순 함수를 커스텀 함수 조합기 fork로 조합한 후, 그 결과를 toLetterGrade와 합성합니다. 람다JS의 함수들은 이미 완벽히 검증을 마친 터라, 굳이 바퀴를 다시 발명할 필요는 없습니다. 이런 점에서 확실히 함수형 라이브러리를 쓰는 편이 좋습니다. 이제 toLetterGrade 단위 테스트를 작성합시다.

```
QUnit.test('평균 학점을 계산: toLetterGrade', function (assert) {
  assert.equal(toLetterGrade(90), 'A');
  assert.equal(toLetterGrade(200),'A');
  assert.equal(toLetterGrade(80), 'B');
  assert.equal(toLetterGrade(89), 'B');
  assert.equal(toLetterGrade(70), 'C');
  assert.equal(toLetterGrade(60), 'D');
  assert.equal(toLetterGrade(59), 'F');
  assert.equal(toLetterGrade(-10),'F');
});
```

toLetterGrade는 순수함수라서 입력값과 경계 조건을 몇 번이고 바꿔가며 테스트해도 상관없
고, 참조 투명한 함수라 테스트 케이스 순서를 바꿔도 결과는 같습니다. 적절한 샘플 입력값을
자동 생성하는 방법을 잠시 후 배우겠지만, 지금은 어느 정도 포괄적인 입력값을 손으로 만들
어 함수가 제대로 작동하는지 넣어봅시다. 프로그램의 각 부위를 모두 테스트했으니 전체 프로
그램도 잘 작동하리라 안전하게 추정할 수 있습니다. 이것이 바로 합성과 함수 조합기의 강력
함이죠.

그런데 fork 테스트는 왜 안 할까요? 함수형 조합기는 애플리케이션 제어 흐름에 맞게 함수 호
출을 알맞게 조정하는 기능 외에 다른 비즈니스 로직은 전혀 없으므로 테스트할 필요가 없습니
다. 4.6절에서 배웠듯이, 조합기는 if-else(선택), 루프(순차열) 같은 표준 제어 구문을 대체
하는 유용한 장치입니다.

R.tap처럼 바로 꺼내 쓸 수 있는 조합기를 구현한 라이브러리도 있지만, (fork 같은) 커스
텀 조합기를 만들어 쓰면 다른 애플리케이션 부분과 독립적으로, 비즈니스 로직과 무관하게
테스트할 수 있습니다. 완벽을 기하는 차원에서 fork 테스트를 작성해봅시다. 다음 코드는
R.identity의 또 다른 좋은 용례입니다.

```
QUnit.test('함수 조합기: fork', function (assert) {
  const timesTwo = fork((x) => x + x, R.identity, R.identity);
  assert.equal(timesTwo(1), 2);
  assert.equal(timesTwo(2), 4);
});
```

조합기는 자신이 받은 인수와 전혀 무관하기 때문에 단순 함수로 테스트하는 것만으로도 충분
합니다. 함수형 라이브러리, 합성, 조합기를 사용하면 개발/테스트가 간편해집니다. 하지만 불
순한 코드를 다뤄야 한다면 상황이 지저분해집니다.

6.3.3 모나드 격리를 통해 순수/불순 코드를 분리

프로그램은 대부분 순수한 부분과 불순한 부분을 모두 갖고 있습니다. DOM 상호작용이 사실상 거의 전부인 클라이언트 측 자바스크립트라면 더더욱 그렇겠죠. 서버 측에서는 DB 또는 파일에서 데이터를 읽어와야 합니다. 앞서 합성을 통해 순수/불순 함수를 결합하여 프로그램을 제작하는 방법을 배웠지만, 이렇게 해도 프로그램은 여전히 불순한 상태로 남습니다. 애플리케이션 관점에서 참조 투명성을 확보하여 더 선언적이고 헤아리기 쉬운 코드를 작성하기 위해 IO 모나드에 의존해서 순수한 것들을 밀어냈기 때문입니다. IO 외에도 Maybe, Either 같은 모나드를 써서 도중 실패하더라도 계속 실행 가능한 프로그램을 작성할 수도 있었습니다. 이런 기법들 덕분에 대부분의 부수효과는 제어 가능하지만, DOM 읽기/쓰기가 필요한 자바스크립트 코드의 테스트 역시 잘 격리되어 있고 반복 가능한지 장담할 수 있을까요?

showStudent 비함수형 버전은 불순한 부분이 방치된 까닭에 한데 뒤섞인 코드를 매번 예외없이 전체적으로 테스트할 수밖에 없었습니다. 다양하게 조합한 SSN 입력값을 db.get(ssn)에 넣고 실행해도 문제없는지, 이 하나만 확인하려고 해도 매번 전체 프로그램을 실행하여 테스트할 수밖에 없으니 매우 비효율적이고 생산적이지 못한 구조입니다. 모든 구문이 단단히 결합되어 테스트를 철저하게 할 수 없는 것도 문제입니다. 이를테면 첫 번째 코드 블록은 일찌감치 예외를 내고 함수를 빠져나가므로 db.get(ssn)에 잘못된 인수를 넣고 테스트할 방도가 없습니다.

한편, 함수형 프로그래밍에서 (IO처럼) 부수효과를 유발하는 작업은 최소한의 함수(단순 읽기/쓰기)에 국한되므로 애플리케이션 로직 중 테스트 가능한 영역이 늘어나며, 개발자가 어찌할 도리가 없는 IO 테스트와도 분리됩니다. showStudent 함수형 버전을 다시 봅시다.

```
const showStudent = R.compose(
  map(append('#student-info')),
  liftIO,
  getOrElse('학생을 찾을 수 없습니다!'),
  map(csv),
  map(R.props(['ssn', 'firstname', 'lastname'])),
  chain(findStudent),
  chain(checkLengthSsn),
  lift(cleanInput)
);
```

두 버전의 코드를 잘 관찰하면, 본질적으로 함수형 버전이 명령형 버전을 잘게 부순 다음 합성 및 모나드를 이용해 재조립함을 알 수 있습니다. 따라서 showStudent의 테스트 가능한 영역이 현저히 늘어나고 불순한 코드에서 순수함수를 떼어낼 수 있습니다.

그럼 showStudent 컴포넌트의 테스트성을 분석해봅시다. 우선 5개 함수 중 cleanInput, checkLengthSsn, csv 3개만 믿음성 있는 테스트가 가능합니다. findStudent은 외부 자원의 데이터를 읽는 부수효과를 일으키는데요, 해결 방법은 다음 절에서 이어집니다. 나머지 append 함수는 어떤 데이터를 받든 DOM에 붙이는 작업만 할 뿐 비즈니스 로직은 전혀 없습니다. DOM API 테스트는 여러분이 해야 할 일도 아니고 현장에서 그런 여유는 없을 테니 브라우저 제작사에 맡기세요. 함수형 프로그래밍을 도입하면 이처럼 테스트하기 버거운 프로그램도 테스트성이 우수한 조각들로 나눌 수 있습니다.

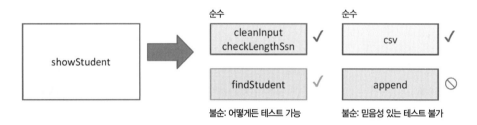

그림 6-6 showStudent 프로그램에서 테스트 가능한 영역을 식별. IO 컴포넌트는 불순한 데다 부수효과를 동반하므로 믿을 수 있는 테스트가 어렵습니다. 불순한 부분을 들어낼 수 있으면 아주 테스트하기 좋은 프로그램이 될 것입니다.

이제 단단히 결합된 비함수형 코드(코드 6-2)와 견주어보세요. 함수형 버전은 프로그램의 90% 정도를 믿음성 있게 테스트할 수 있지만, 절차적 increment 함수와 한 배를 탄 명령형 버전은 계속, 또는 순서를 바꿔서 실행하면 바로 실패합니다.

[그림 6-6]에서 살펴본 대로 테스트 가능한 컴포넌트의 단위 테스트를 작성해봅시다(코드 6-2).

코드 6-2 showStudent 중 순수한 컴포넌트에 대한 단위 테스트

```
QUnit.test('showStudent: cleanInput', function (assert) {

  const input = ['', '-44-44-', '44444', ' 4 ', ' 4-4 '];
  const assertions = ['', '4444', '44444', '4', '44'];

  expect(input.length);
  input.forEach(function (val, key) {
```

공백이 포함된, 길이가 제각각인 문자열을 입력합니다.

```
      assert.equal(cleanInput(val), assertions[key]);
    });
  });

  QUnit.test('showStudent: checkLengthSsn', function (assert) {
    assert.ok(checkLengthSsn('444444444').isRight);
    assert.ok(checkLengthSsn('').isLeft);
    assert.ok(checkLengthSsn('44444444').isLeft);
    assert.equal(checkLengthSsn('444444444').chain(R.length), 9);
  });

  QUnit.test('showStudent: csv', function (assert) {
    assert.equal(csv(['']), '');
    assert.equal(csv(['Alonzo']), 'Alonzo');
    assert.equal(csv(['Alonzo', 'Church']), 'Alonzo,Church');
    assert.equal(csv(['Alonzo', '', 'Church']), 'Alonzo,,Church');
  });
```

Either.isLeft 또는 Either.isRight로 모나드 내용을 단언합니다. 5장에서는 코드를 줄이고자 넣지 않았지만, 예제 코드 파일에는 들어 있습니다.

이 함수들은 서로 떨어져 있고 자체로 철저하게 검증됐기 때문에 다른 데서 쓰면 일을 그르치지 않을까 염려할 필요 없이 안심하고 리팩터링할 수 있습니다(테스트 입력값을 자동 생성하는 장치는 잠시 후 소개합니다).

이제 findStudent 함수만 테스트하면 되네요. 이 함수의 전신인 safeFindObject는 외부 객체 저장소에서 학생 레코드를 찾는 불순한 함수지만, 이런 부수효과는 모의 객체mock object라는 기법으로 관리하면 됩니다.

6.3.4 외부 디펜던시를 모의

모의mocking(모킹)는 함수의 외부 디펜던시를 제어/단언 가능한 방향으로 모방하는 데 많이 쓰입니다. 부수효과를 다루기 좋은 테스트 기법이지요. 모의 객체는 기대식을 충족하지 않을 경우 테스트를 불합격 처리하며, 프로그램 가능한 깡통dummy 메서드(스텁stub)와 같아서 여러분이 작성한 함수와 상호작용하는 객체가 해야 할 일을 미리 여기에 정의합니다. 이런 식으로 DB 객체 호출을 모의하면 외부 자원을 마음대로 조정할 수 있어서 더욱 예측 가능하고 일관된 방향으로 테스트를 진행할 수 있습니다. 이 책은 **시논JS**Sinon.js이라는 QUnit 모의 플러그인을 사용합니다(설치 방법은 부록을 참고하세요).

시논JS는 어떤 객체라도 모의 콘텍스트에서 접근할 수 있도록 sinon 객체로 모의 버전을 생성하여 강력한 테스트 환경을 구축합니다. 이를테면 콘텍스트를 DB 객체로 채우면 이 디펜던시에 대한 활성 스텁acting stub 역할을 합니다.

```
const studentStore = DB('students');
const mockContext = sinon.mock(studentStore);
```

모의 콘텍스트를 이용하면 몇 번 호출했는지, 어떤 인수를 받았는지, 어떤 값을 반환했는지 등등 단언할 모의 객체의 기대 동작을 다양하게 지정할 수 있습니다. 만약 safeFindObject의 반환값을 감싼 Either 모나드의 로직을 검증한다고 합시다. Either.Right형, Either.Left형을 각각 확인해야 하니 단위 테스트는 2개 필요하겠죠. findStudent가 커리된 함수라는 점을 상기하면 검색 시 저장소 구현체는 어떤 걸 쓰더라도 쉽게 주입할 수 있습니다(4장에서 팩토리 메서드 패턴으로 했던 것과 비슷합니다). 이 함수의 코드를 잘 보면 저장소 객체에 get 메서드를 실행합니다. 모의 콘텍스트를 통해 이 저장소 객체를 완전히 손에 넣은 후에는 반환값을 입맛대로 쉽게 조정할 수 있습니다(코드 6-3).

코드 6-3 findStudent의 외부 디펜던시를 모의

```
var studentStore, mockContext;

QUnit.module('6장 모의 테스트',
{
  beforeEach: function() {        ◁┄┄┄  모든 단위 테스트가 공유할 모의 콘텍스트
    studentStore = DB('students');        를 준비합니다.
    mockContext = sinon.mock(studentStore);
  },
  afterEach: function() {        ◁┄┄┄  각 테스트가 끝나면 뒷정리를 합니다.
    mockContext.verify();       ◁┄┄┄  모의 객체에 구성한 단언을 조사합니다.
    mockContext.restore();
  }
});

QUnit.test('showStudent: findStudent는 null을 반환한다', function (assert) {
  mockContext.expects('find').once().returns(null);   ◁┄┐  첫 번째 단위 테스트는 모의 객체를
  const findStudent = safefetchRecord(studentStore);       통해 null을 반환하는 쿼리 메서드
                                                           를 (딱 한 번) 호출합니다.
  assert.ok(findStudent('xxx-xx-xxxx').isLeft);   ◁┄┐
});                                                    반환값을 Either.Left로 감쌌는
                                                       지 단언합니다.
```

```
QUnit.test('showStudent: findStudent는 올바른 객체를 반환한다', function (assert)
{
  mockContext.expects('find').once().returns(            ◁
    new Student('Alonzo', 'Church', 'Princeton').setSsn('444-44-4444'));
  const findStudent = safefetchRecord(studentStore);

  assert.ok(findStudent('444-44-4444').isRight);         ◁
});
```

두 번째 단위 테스트는 모의 객체를 통해 올바른 결과를 내는 쿼리 호출을 모의합니다.

올바른 결괏값을 `Either.Right`로 감쌌는지 단언합니다.

[그림 6-7]은 QUnit과 시논JS로 showStudent의 테스트 가능한 부분을 테스트한 결과입니다.

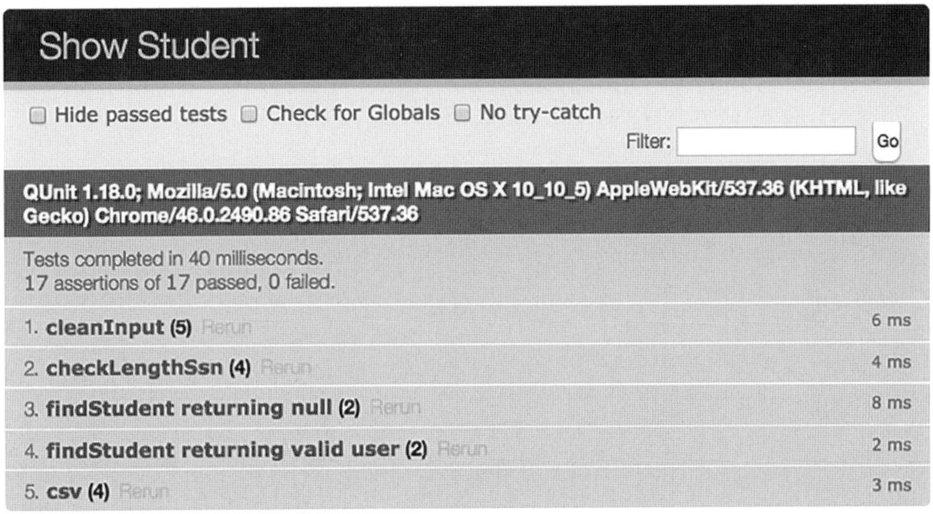

Show Student

☐ Hide passed tests ☐ Check for Globals ☐ No try-catch   Filter: [   ] Go

QUnit 1.18.0; Mozilla/5.0 (Macintosh; Intel Mac OS X 10_10_5) AppleWebKit/537.36 (KHTML, like Gecko) Chrome/46.0.2490.86 Safari/537.36

Tests completed in 40 milliseconds.
17 assertions of 17 passed, 0 failed.

1. **cleanInput (5)** Rerun	6 ms
2. **checkLengthSsn (4)** Rerun	4 ms
3. **findStudent returning null (2)** Rerun	8 ms
4. **findStudent returning valid user (2)** Rerun	2 ms
5. **csv (4)** Rerun	3 ms

그림 6-7 showStudent 프로그램의 모든 단위 테스트를 실행한 결과 화면. 테스트 3, 4에서 학생 레코드 조회 기능을 모방하려면 모의 디펜던시가 필요하므로 QUnit과 시논JS를 이용해 테스트합니다.

함수형 코드가 명령형 코드보다 테스트성이 압도적으로 좋은 이유는 결국 참조 투명성 하나로 요약할 수 있습니다. 무릇 단언이란 그 자체가 참조 투명성이 항상 유효한지 검증하는 행위이니까요.

```
assert.equal(computeAverageGrade([80, 90, 100]), 'A');
```

참조 투명성은 보기보다 얘깃거리가 많은 개념입니다. 프로그램 명세 등 다른 소프트웨어 개발 영역까지 확장시킬 수 있지요. 어쨌든 테스트의 유일한 목적은 시스템 명세에 맞게 구현되었는지 살피는 것입니다.

6.4 속성 기반 테스트로 명세 담기

단위 테스트는 함수의 런타임 명세를 담고 문서화하는 용도로 쓸 수 있습니다. 예를 들어 다음 computeAverageGrade 테스트 코드를 보겠습니다.

```
QUnit.test('평균 학점을 계산한다', function (assert) {
  assert.equal(computeAverageGrade([80, 90, 100]),'A');
  assert.equal(computeAverageGrade([80, 85, 89]), 'B');
  assert.equal(computeAverageGrade([70, 75, 79]), 'C');
  assert.equal(computeAverageGrade([60, 65, 69]), 'D');
  assert.equal(computeAverageGrade([50, 55, 59]), 'F');
  assert.equal(computeAverageGrade([-10]), 'F');
});
```

이것만 보고도 다음과 같이 함수의 요건을 간단히 문서화할 수 있습니다.

- 학생의 평균 성적이 90점 이상이면 A 학점을 받는다.

- 학생의 평균 성적이 80 ~ 89점이면 B 학점을 받는다.

- 등등…

시스템 요건을 사람이 쓰는 자연언어로 표현할 수도 있지만, 자연언어는 모든 참여자가 다 알 수는 없는 특정 맥락의 의미를 표현하므로 요건을 코드로 옮기기가 모호할 때가 많습니다. 고객이나 팀 리더에게 작업 명세서의 애매한 부분을 확실히 해달라고 계속 보채는 것도 같은 이유겠지요. 조건 A가 만족하면 B를 한다는 식으로 if-then 절로 문서화한 결과이기도 합니다. 이런 접근 방법은 경계 조건을 모두 고려하여 작업 전체를 서술하지 않는다는 점도 문제입니다. 만약 A가 만족하지 않으면, 시스템은 뭘 해야 할까요?

훌륭한 명세는 사례에 기반을 두지case-based 않습니다. 일반적이고 보편적인 명세가 좋은 명세입니다. 다음 두 문장의 미묘한 차이점을 찾아보세요.

- 학생의 평균이 90점 이상이면 A 학점을 받는다.

- 평균이 90점 이상인 학생만 A 학점을 준다.

명령형 조건 분기가 제거된 두 번째 문장이 훨씬 완성도가 높습니다. 어떤 학생이 90점 이상의 점수를 받았을 때 무슨 일이 벌어지는지 표현하면서, 다른 범위의 점수를 받으면 절대로 A 학점이란 결과가 나올 수 없다는 제약을 밝히기 때문입니다. 두 번째 문장을 읽어보면, 다른 범위의 점수를 받은 학생은 A 학점을 받지 못하리란 사실을 추론할 수 있지만, 첫 번째 문장은 그렇지 않습니다.[1]

보편적인 요건은 어느 특정 시점의 시스템 상태에 의존하지 않으므로 다루기가 훨씬 수월합니다. 그러므로 좋은 명세는 (단위 테스트도 그렇지만) 부수효과를 유발하거나 주변 콘텍스트를 섣불리 추측하지 않습니다.

명세가 참조 투명하면 함수가 할 일이 더 잘 파악되고, 충족되어야 할 입력 조건이 명확해집니다. 참조 투명한 함수는 일관되게 작동하며 입력 매개변수가 분명하므로 극한적인 케이스까지 점검할 수 있게 테스트를 자동화하는 일도 그리 어렵지 않습니다. 그래서 **속성 기반 테스트** property-based testing라는 아주 강력한 테스트를 실천할 수 있습니다. 속성 기반 테스트는 함수에 어떤 입력을 넣으면 어떤 출력이 나와야 맞는지 성명(聲明)합니다. 하스켈의 퀵체크QuickCheck는 속성 기반 테스트의 표준 구현체입니다.

퀵체크: 하스켈용 속성 기반 테스트

퀵체크는 속성을 무작위로 생성하여 프로그램 명세 및 속성을 테스트하는 하스켈 라이브러리입니다. 순수 프로그램의 명세를 프로그램이 만족해야 하는 속성 형태로 설계하면, 퀵체크가 수많은 케이스를 자동 생성하여 테스트를 실행 후 보고서를 생성합니다. 자세한 정보는 https://hackage.haskell.org/package/QuickCheck를 참고하세요.

자바스크립트 세상에도 퀵체크를 모방한 **JSCheck**라는 라이브러리가 있는데, 개발자가 바로 『자바스크립트 핵심 가이드』(한빛미디어, 2008)를 쓴 더글러스 크록퍼드[2]입니다. JSCheck는

---

1 역주_ '학생의 평균이 90점 이상이면 A 학점을 받는다'의 경우, 가령 '학생의 평균이 60점 이상 ~ 70점 미만이면 A 학점을 받는다'도 성립할 수 있음을 배제하지 못합니다. 즉, 다른 범위의 점수를 받아도 A 학점을 받을 수 있습니다.

2 저명한 컴퓨터 프로그래머이자 작가, 강연자입니다. 자바스크립트 언어가 진화하는 데 꾸준히 기여해왔고, JSON을 대중화했으며, JSLint, JSMin, JSCheck 등 여러 자바스크립트 라이브러리의 개발자로 유명합니다. 『자바스크립트 핵심 가이드』는 그가 쓴 필독서입니다.

함수/프로그램의 참조 투명한 명세에 맞게 기술적인 응답을 생성하는 도구입니다. 엄청나게 많은 무작위 테스트 케이스를 만들고 함수의 모든 가능한 출력 경로를 빠짐없이 체크해봄으로써 어떤 함수의 속성을 검증하자는 겁니다.

또 속성 기반 테스트는 프로그램 리팩터링 시 새로 추가한 코드가 뜻하지 않게 오류를 일으키지 않는지 검증함으로써 프로그램의 진화 과정을 제어/관리하는 용도로도 쓰입니다. JSCheck 같은 도구의 주기능은 나름대로의 알고리즘으로 비정상적인 테스트 자료 집합을 생성하는 일입니다. 그중에는 종종 사람 머릿속으로는 쉽게 지나칠 수 있는 특이한 케이스도 포함됩니다.

JSCheck 모듈은 JSC라는 전역 객체로 멋지게 캡슐화되어 있습니다.

    JSC.claim(이름, 술어, 특정자, 분류자)

JSCheck의 핵심은 주장claim과 결론verdict을 만드는 일입니다. 주장의 구성 요소는 다음과 같습니다.

- **이름**: 주장을 서술합니다(QUnit의 테스트 서술과 비슷합니다).
- **술어**predicate: 주장을 만족하면 true, 그렇지 않으면 false 결론을 내는 함수
- **특정자**specifier: 입력 매개변수의 형식과 무작위 자료 집합의 생성 기준을 서술한 배열
- **분류자**classifier(선택 사항): 해당 없음non-applicable 케이스를 버릴 때 쓰려고 각 테스트 케이스에 붙이는 함수

JSCheck.check에 주장을 전달하면 무작위 테스트 케이스를 실행합니다. JSCheck는 주장을 생성해서 엔진에 넣는 코드를 JSCheck.test 호출 하나로 감쌉니다. 예제도 이 단축 메서드를 사용합니다. '평균이 90점 이상인 학생만 A 학점을 준다'는 computeAverageGrade의 요건을 간단한 JSCheck 명세로 작성하는 예제를 봅시다.

코드 6-4 computeAverageGrade의 속성 기반 테스트

```
JSC.clear();                                      ← 필자는 항상 JSC.clear로 초기화해서 신선한
JSC.on_report((str) => console.log(str));           콘텍스트에서 테스트하는 걸 선호합니다.

JSC.test(
  '평균 학점 계산',        ←── 주장 이름
  function (verdict, grades, grade) {          ←── 확인할 조건을 정의한
    return verdict(computeAverageGrade(grades) === grade);   verdict 객체를 술어 함수에
                                                  전달합니다.
```

```
    },
    [
      JSC.array(JSC.integer(20), JSC.number(90,100)),    ←── 평균 A 학점을 받는 기준에 관한
       'A'                                                     서명 또는 특정자 배열
    ],
    function (grades, grade) {    ←── 분류자 함수를 테스트마다
      return '평균 ' + grade + ' 학점에 관한 테스트: ' + grades;    실행하여 데이터를
    }                                                           리포트에 덧붙입니다.
  );
```

[코드 6-5]를 보면 이 프로그램의 속성을 다음과 같이 선언적 특정자로 규정했습니다.

- JSC.array: 함수 입력값은 Array 형식입니다.

- JSC.integer(20): 이 함수로 테스트할 데이터의 최대 개수. 예제의 경우, 1 ~ 20개 정
  도 잡으면 충분합니다.

- JSC.number(90, 100): 입력 배열의 원소 유형. 90 ~ 100 범위의 숫자(정수 및 부동소
  수점 포함)로 합니다.

술어 함수는 조금 까다롭습니다. 술어는 주장이 옳은 경우 true 결론을 반환하지만, 술어 본체
에서 일어나는 일은 프로그램에 따라, 검증 대상에 따라 개발자가 결정할 문제입니다. 테스트
케이스 결과를 공표하는 결론 함수와 더불어, 무작위로 생성한 입력값과 출력 기대값도 함께
주어집니다. 여기서는 computeAverageGrade가 예상대로 A 학점을 반환한다는 결과를 공표하
고 싶습니다. 이 예제는 특정자를 몇 개만 사용했지만, JSCheck 프로젝트 웹사이트에 가보면
이 밖에도 많은 특정자가 나열되어 있고 필요 시 여러분이 직접 만들어 써도 됩니다.

프로그램의 핵심 파트를 이해했으니 한번 돌려봅시다. JSCheck는 주어진 명세에 기초하여 무
작위 테스트 케이스를 기본으로 100개 생성하므로 보고서는 좀 장황한 편입니다. 필자가 대폭
정리한 다음 결과를 봅시다.

```
평균 학점 계산: 100 classifications, 100 cases tested, 100 pass

평균 A 학점에 관한 테스트:
  90.042,98.828,99.359,90.309,99.175,95.569,97.101,92.24 pass 1
평균 A 학점에 관한 테스트:
  90.084,93.199, pass 1

// 이하 98줄 생략
```

```
Total pass 100, fail 0
```

JSCheck 프로그램은 자기 문서화가 가능해서 함수 입출력에 관한 규약을 일반 단위 테스트로는 불가능한 수준으로 쉽게 서술할 수 있습니다. 보고서 내용도 굉장히 상세하죠. JSCheck 프로그램은 단독형 스크립트나 QUnit 테스트에 내장된 형태로도 실행 가능해서 기존 테스트 스위트의 일부로 집어넣을 수도 있습니다. 라이브러리 간 관계는 [그림 6-8]을 참고하세요.

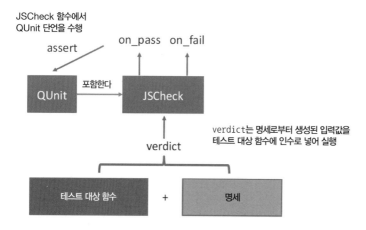

그림 6-8 JSCheck와 QUnit을 통합하기. QUnit 테스트는 JSCheck 테스트 명세를 캡슐화합니다. 명세와 테스트 대상 함수는 verdict 함수에 제공하고, 여기서 JSCheck 엔진을 통해 실행한 후 성공/실패 콜백을 호출합니다. QUnit 단언은 이 두 콜백에서 수행할 수 있습니다.

다음은 checkLengthSsn 프로그램을 JSCheck로 테스트해봅시다. 명세는 다음과 같습니다.

- 올바른 SSN는 다음 조건을 만족해야 합니다.

  – 공백 없음
  – 대시(–) 없음
  – 아홉 자리 숫자임
  – (ssa.gov[3]에 안내된 형식에 따라) 다음 세 부분으로 구성됨

    1. 지역 번호: 처음 세 자리 숫자
    2. 그룹 번호: 그다음 두 자리 숫자
    3. 일련 번호: 끝에서 네 자리 숫자

....

3 역주_ 미국 국민이 사회보장번호(SSN) 조회 등을 처리하는 웹사이트로, 한국 내에서 접속이 안 된다면 https://www.proxysite. com 등의 프록시 사이트를 이용해 우회하여 접속하기 바랍니다.

[코드 6-5]는 테스트 코드입니다. 설명은 조금 이따가 하겠습니다.

코드 6-5 checkLengthSsn의 **JSCheck** 테스트

```
QUnit.test('SSN에 대한 JSCheck 커스텀 특정자', function (assert) {
  JSC.clear();

  JSC.on_report((report) => trace('Report'+ str));
    JSC.on_pass((object) => assert.ok(object.pass));

  JSC.on_fail((object) =>                            인수가 아홉 자리 숫자가 아니면,
    assert.ok(object.pass || object.args.length === 11,   JSC.on_fail로 실패 처리합니다.
      '테스트 실패: ' + object.args));

  JSC.test('SSN 길이를 체크',
    function (verdict, ssn) {                         불리언 함수여서 검사 결과를
      return verdict(checkLengthSsn(ssn));            verdict에 넣을 수 있습니다.
    },
    [
      JSC.SSN(                                        JSC.integer 특정자로 구성된 JSC.SSN라는
        JSC.integer(100, 999),                        커스텀 특정자를 씁니다. JSC.integer는
        JSC.integer(10, 99),                          지정된 구간에서 임의의 숫자를 추출합니다.
        JSC.integer(1000,9999))
    ],
    function (ssn) {
      return '커스텀 SSN 테스트: ' + ssn;
    }
  );
)};
```

JSCheck와 QUnit을 연합해서 `JSC.on_fail`, `JSC.on_pass` 함수를 만들었습니다. 이들은 각각 성공 시 단언 결과와 명세 위배 사항을 QUnit에 보고합니다. 다음 특정자 부분을 보죠.

```
JSC.SSN(JSC.integer(100, 999), JSC.integer(10, 99), JSC.integer(1000,9999))
```

이는 올바른 SSN에 해당하는 규약을 서술하므로 XXX-XX-XXXX 형태로 조합하면 어떤 경우라도 항상 옳은 결과를 냅니다.

```
SSN 길이를 체크:
100 classifications, 100 cases tested, 100 pass
```

```
커스텀 SSN 테스트: 121-76-4808 pass 1
커스텀 SSN 테스트: 122-87-7833 pass 1
커스텀 SSN 테스트: 134-44-6044 pass 1
커스텀 SSN 테스트: 139-47-6224 pass 1
...
커스텀 SSN 테스트: 992-52-3288 pass 1
커스텀 SSN 테스트: 995-12-1487 pass 1
커스텀 SSN 테스트: 998-46-2523 pass 1

Total pass 100
```

지금까지는 매우 순탄합니다. 그런데 만약 그룹 번호를 세 자리 숫자로 바꾸어 명세를 비틀면 어떻게 될까요?

```
JSC.SSN(JSC.integer(100, 999),JSC.integer(10, 999),JSC.integer(1000,9999))
```

실행 결과, 역시 QUnit은 테스트 실패를 표시합니다. [그림 6-9]는 편의상 한 건의 실패 화면을 캡처한 것입니다.

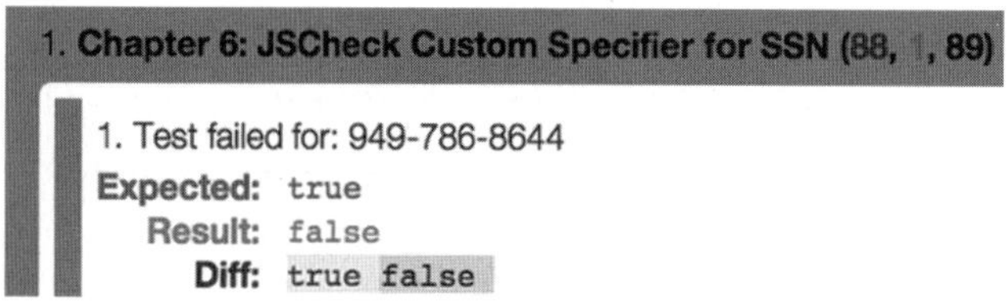

그림 6-9 속성이 올바르지 않아 QUnit 체크 결과 실패한 화면. 잘못된 값을 포함하도록 무작위로 입력값을 지정해도 JSCheck 알고리즘은 대다수의 테스트가 실패할 정도로 충분한 무작위성을 자랑합니다.

JSC.SSN 함수는 어떤 코드일까요? JSCheck 특정자는 마치 함수형 조합기 같아서 서로 결합시키면 더 특화한 특정자를 만들 수 있습니다. 여기서는 각 SSN 번호 그룹에 해당하는 속성을 서술한 세 JSC.integer 특정자를 조합하여 커스텀 특정자 JSC.SSN를 생성합니다.

코드 6-6 커스텀 JSC.SSN 특정자

```
/**
 * 올바른 SSN 문자열(대시 포함)을 생성한다
 * @param param1 지역 번호 -> JSC.integer(100, 999)
 * @param param2 그룹 번호 -> JSC.integer(10, 99)
 * @param param3 일련 번호 -> JSC.integer(1000,9999)
```

```
 * @returns {Function} 특정자 함수                          ┌─ JSC 객체의 일부로 추가되어
 */                                                      │  코드 일관성이 도드라집니다.
JSC.SSN = function (param1, param2, param3) {  ◄─────────┘
  return function generator() {
    const part1 = typeof param1 === 'function'  ◄──────┐  SSN 숫자 각 부분은 JSCheck이
      ? param1(): param1;                              │  무작위 입력값을 주입할 때 사용할
    const part2 = typeof param2 === 'function'         │  상수 또는 함수로 구성합니다.
      ? param2(): param2;                              │
    const part3 = typeof param3 === 'function'  ◄──────┘
      ? param3(): param3;
    return [part1 , part2, part3].join('-');  ◄─────────  세 데이터를 조합하여
  };                                                       올바른 SSN를 냅니다.
};
```

JSCheck는 순수 프로그램에만 사용할 수 있습니다. 그래서 showStudent 프로그램을 전체적으로 테스트할 수는 없지만, 각 컴포넌트의 개별 테스트는 가능하지요. 이건 여러분께 숙제로 내드리니 직접 테스트해보세요. 속성 기반 테스트는 함수의 모든 가능성을 최대한 이끌어내는 강력한 기법이지만 무엇보다도 가장 뛰어난 특성은, 코드가 정말 참조 투명한지 여부를 확인할 수 있는 점이라고 생각합니다. 동일한 규약 및 결론에 대해 일관되게 작동해야 하니까요. 하지만 코드를 이렇게 무거운 절차에 맡겨야 하는 이유가 뭘까요? 정답은 간단합니다. 효율적으로 테스트를 하자는 겁니다.

6.5 코드 실행률로 효율 측정

단위 테스트의 효율은 대상 함수에 관한 테스트 코드 실행률code coverage을 나타내므로 적절한 도구 없이 측정하기란 대단히 어렵습니다. 실행률 정보를 얻으려면 프로그램의 제어 흐름에 속한 모든 고유한 경로를 탐색해야 합니다. 이때 함수의 경계 조건에서 코드가 어떻게 흘러가는지 살펴보는 것도 한 가지 방법입니다.

코드 실행률은 비록 품질 지표는 아니지만, 함수를 테스트한 정도를 표시하므로 분명 품질 향상과 연관성이 있습니다. 운영 서버에 배포한 코드가 한 번도 빛을 보지 못한 채 사장되기를 바랄 사람은 없겠죠?

코드 실행률 분석은 여러분이 작성한 코드에서 테스트가 안 된 부분을, 필요하면 테스트를 추

가해서라도 밝혀낼 수 있습니다. 보통 이렇게 테스트되지 않는 부분은, 프로그램의 허점을 뚫고 새어 나간 에러 처리 코드가 많습니다. 코드 실행률은 프로그램을 단위 테스트했을 때 실제로 실행된 코드 라인 수의 비율(%)로 측정합니다. 이 수치는 자바스크립트용 코드 실행률 도구인 **블랭킷JS**[Blanket.js]로 계산할 수 있습니다. 블랭킷JS는 기존 자바스크립트 단위 테스트에 코드 실행률 통계치를 덧붙이도록 설계됐으며, 다음 세 단계로 작동합니다.

1. 소스 파일을 읽는다.
2. 추적기 라인을 추가해서 코드를 장착한다.
3. 테스트 실행기에 걸어 상세 실행률 정보를 산출한다.

블랭킷JS는 구문 실행에 관한 메타정보를 포착하는 계측[instrumentation] 단계에서 실행률 정보를 긁어모아 QUnit 보고서로 멋지게 표시합니다(블랭킷JS 설치 방법은 부록에 있습니다). 어떤 자바스크립트 모듈/프로그램이라도 스크립트 include 라인에 data-covered라는 커스텀 속성을 지정하면 설치 가능합니다. 구문-실행률을 분석해보면 함수형 코드가 명령형 코드보다 테스트성이 월등히 높다는 결론이 나옵니다.

6.5.1 함수형 코드 테스트의 효율 측정

함수형 프로그램은 작업을 원자적[atomic]이고 검증 가능한 단위로 쉽게 나눌 수 있어서 테스트하기도 좋다고 했습니다. 하지만 필자가 한 말을 그냥 곧이곧대로 믿어서는 안 되겠죠? 실제로 showStudent 프로그램을 구문 단위로 실행률을 산출해봅시다. 가장 단순한 긍정 테스트[positive test]부터 시작합니다.

입력이 올바른 경우, 명령형/함수형 코드의 효율 측정

먼저 showStudent 명령형 버전(코드 6-2)이 실행 성공할 경우의 코드 실행률 통계치를 구해봅시다. 다음과 같이 QUnit 프로그램에 블랭킷JS를 장착합니다.

```
<script src="imperative-show-student-program.js" data-cover></script>
```

테스트를 실행합니다.

```
QUnit.test('명령형 showStudent(올바른 사용자)', function (assert) {
  const result = showStudent('444-44-4444');
```

```
    assert.equal(result, '444-44-4444, Alonzo, Church');
});
```

출력된 QUnit/블랭킷JS 화면(그림 6-10)을 보니 총 구문−실행률은 80%입니다.

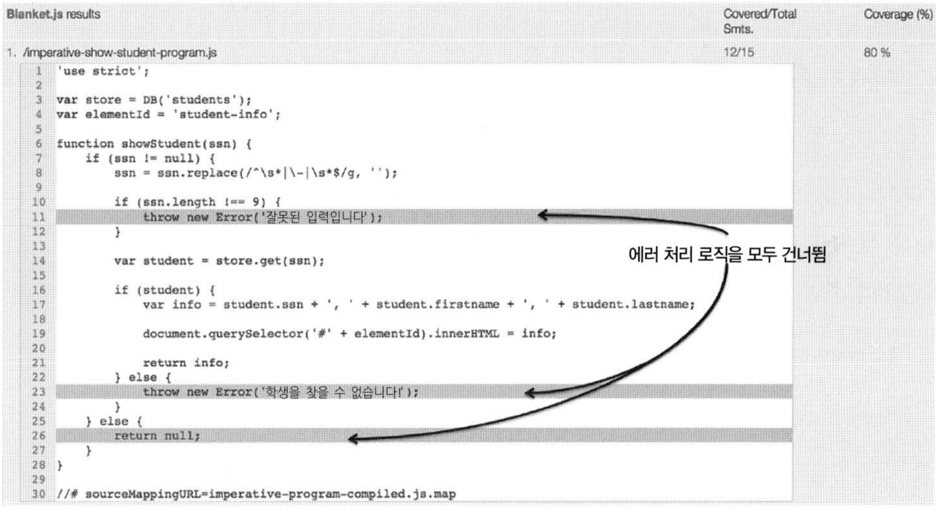

그림 6-10 입력이 올바른 경우 명령형 showStudent의 실행률을 측정한 QUnit/블랭킷JS 결과 화면. 반전 표시한 줄이 한 번도 실행되지 않은 구문입니다. 15행 중 12행만 실행되어 총 실행률은 80%에 그칩니다.

에러 처리 코드를 전부 생략한 셈이니 놀랄 만한 결과는 아닙니다. 명령형 프로그램의 코드 실행률이 75 ~ 80% 정도면 아주 우수한 편이고, 단위 테스트 하나의 코드 실행률은 사실상 80%가 최고치입니다. 이번엔 함수형 버전에 블랭킷JS를 달아 테스트해봅시다.

```
<script src="functional-show-student-program.js" data-cover></script>
```

올바른 SSN을 받아 프로그램이 '정상 경로happy path'를 밟은 건 똑같은데, 함수형 버전은 실행률이 100%로 완벽하군요(그림 6-11)!

Blanket.js results	Covered/Total Smts.	Coverage (%)
1. /functional-show-student-program.js	29/29	100 %

그림 6-11 함수형 showStudent에 긍정 단위 테스트를 한 결과. 실행률이 100%입니다. 테스트 가능한 비즈니스 로직이 한 줄 한 줄 전부 실행된 셈이지요!

여기서 잠깐! 정상 입력인데 에러 처리 로직을 건너뛰지 않은 이유는 뭘까요? 코드의 모나드가 빈 값, 또는 무(無)의 개념을 (Either.Left 또는 Maybe.Nothing 형태로) 프로그램 구석구석 빈틈없이 전파했기 때문입니다. 덕분에 모든 함수가 실행은 되지만, 매핑 함수로 캡슐화한 로직은 건너뛰는 것입니다.

함수형 코드는 정말 기막히게 강건하고 유연합니다. 이번에는 잘못된 입력을 넣고 부정 테스트 negative test를 해봅시다.

입력이 잘못된 경우, 명령형/함수형 코드의 효율 측정

null 같은 잘못된 입력값을 넣고 두 프로그램을 실행하면 효율이 얼마나 나올까요? [그림 6-12]을 보면 명령형 코드 실행률은 (어쩌면 당연하지만) 별로입니다.

```
QUnit.test('명령형 showStudent(입력이 null일 경우)', function (assert) {
  const result = showStudent(null);
  assert.equal(result, null);
});
```

그림 6-12 명령형 showStudent는 정상(긍정) 실행 경로를 대부분 건너뛰고 일부 코드만 실행하므로 실행률은 40%로 낮습니다.

if-else 블록 탓에 제어 흐름이 여러 갈래로 흩어지기 때문입니다. 그래서 결국 함수도 복잡해지지요.

반면, 함수형 프로그램은 null 케이스를 아주 우아하게 처리합니다. 잘못된 입력(null)을 직접 건드리는 로직을 폴짝 건너뛰지요. 그렇지만 프로그램은 전반적인 구조(함수 간 상호작용)를 유지한 상태에서 처음부터 끝까지 성공적으로 실행/테스트를 마칩니다. 함수형 코드에서 에러가 나면 그 결과가 Nothing이라고 했죠? 정말 null이 출력됐는지 확인할 필요 없이 다음 테스트 케이스면 충분합니다.

```
QUnit.test('함수형 showStudent(입력이 null일 경우)', function (assert) {
  const result = showStudent(null).run();
  assert.ok(result.isNothing);
});
```

그림 6-13 함수형 showStudent는 입력값이 올바른 경우 의미 있는 데이터 조작 코드만 건너뜁니다.

[그림 6-13]에서 반전 표시된 부분이 손때를 묻히지 않고 건너뛴 코드입니다. 함수형 프로그램은 말도 안 되는 데이터가 넘어와도 전체 코드 영역을 무작정 건너뛰지 않습니다. 잘못된 조

건을 정중하고 안전하게 모나드에 태워 전파하므로 어지간해선 실행률이 80%(명령형의 거의 2배)는 거뜬합니다. [그림 6-14]를 보세요.

Blanket.js results	Covered/Total Smts.	Coverage (%)
1. /functional-show-student-program.js	23/29	79.31 %

그림 6-14 함수형 showStudent는 입력이 잘못된 경우에도 실행률은 여전히 높습니다.

함수형 코드는 테스트성이 아주 좋아 (불변성 및 부수효과 제거로도 별 효과가 없는 경우까지 대비할 수 있어) 여러분이 운영 시스템에 코드를 배포할 때 심리적인 안정감을 줍니다. 명령형 조건/루프 블록은 테스트도 이해하기 어렵지만, 해당 함수를 점점 더 복잡하게 만드는 점도 문제입니다. 그럼, 복잡도는 어떻게 측정할까요?

6.5.2 함수형 코드의 복잡도 측정

프로그램의 복잡도를 측정하려면 제어 흐름을 잘 들여다보아야 합니다. 언뜻 보기에도 따라가기 어려운 코드를 우리는 복잡한 코드라고 합니다. 함수형 프로그램은 코드를 선언적 형태로 멋지게 표현하므로 일단 눈에 잘 들어옵니다. 개발자 입장에서는 그만큼 복잡도가 줄어드는 셈이죠. 이 절을 읽고 나면, 알고리즘 관점에서도 함수형 코드가 덜 복잡하다는 사실을 알 수 있습니다.

조건/루프 블록 등 코드를 복잡하게 만드는 요소는 여러 가지고 이런 코드가 다른 코드 구조에 중첩되어 나타날 가능성도 있습니다. 예를 들어 상호 배타적 분기 로직은 불리언 조건에 따라 제어 흐름을 완전히 두 갈래로 찢어놓기 때문에 if-else 블록을 많이 쓴 코드는 따라가기가 좀처럼 어렵습니다. 외부 요인에 따른 조건별로 분기하는 경우, 즉 부수효과에 따라 코드가 흘러가는 경로가 달라지면 프로세스가 한층 더 복잡해집니다. 조건 블록이 늘어나고 중첩 수준이 깊어지면 점점 함수를 테스트하기가 곤란해지니 가급적 함수를 단순하게 유지하는 일이 중요합니다. 가능한 한 함수를 단순 람다 표현식으로 축약하고 합성과 모나드로 조합해서 쓰자는 게 FP의 뿌리깊은 철학의 요체입니다.

순환 복잡도cyclomatic complexity (CC)는 함수의 선형 독립적인linearly independent 경로의 개수를 측정하기 위한 정량적인 소프트웨어 지표입니다. 어떤 함수를 통과하는 모든 경로를 확실히 테스트하려면 그 함수의 경계 조건을 확인하면 된다는 발상에서 비롯된 개념이지요. 순환 복잡도는 노드와 간선이 등장하는 간단한 그래프 이론을 기반으로 합니다(그림 6-15).

- 노드는 더 이상 나눌 수 없는 코드 블록입니다.
- 코드 블록 두 개가 있고 2번 블록이 1번 블록 이후에 실행 가능할 때, 방향성 있는^{directed} 간선으로 연결합니다.

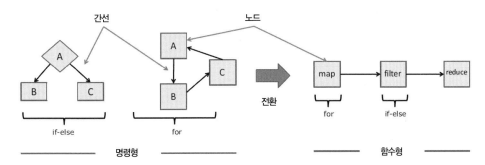

그림 6-15 명령형 코드에 많이 나오는 if-else나 for 블록을 함수형 코드에서는 map, filter, reduce로 전환 가능합니다.

앞서 명령형/함수형 제어 흐름 그래프의 차이점을 살펴보았고, 함수형 코드는 모든 분기/반복 로직을 map, filter 등의 고계 연산에 맡긴다고 했습니다(3장).

그럼, 순환 복잡도에 영향을 미치는 인자는 무엇일까요? 수학적으로는 프로그램의 복잡도를 M이라 할 때 M = E − N + P로 계산합니다. 이때 E, N, P의 의미는 다음과 같습니다.

- **E** = 간선 개수
- **N** = 노드나 블록의 개수
- **P** = 출구 있는 노드의 개수

모든 제어 구조가 순환 복잡도에 영향을 미치지만, 그 정도가 작으면 작을수록 좋지요. 조건 블록은 프로그램의 제어 흐름을 두 갈래의 선형 독립적 경로로 분할하기 때문에 가장 복잡도를 높이는 요인입니다. 따라서 제어 장치가 많을수록 당연히 순환 복잡도는 커지고 프로그램 테스트는 그만큼 힘들어집니다.

명령형 showStudent의 제어 흐름을 다시 한번 따라가봅시다. 이해를 돕기 위해 그래프의 각 노드에 해당하는 구문별로 주해^{annotation}를 달았고 흐름도를 그려보았습니다(그림 6-16). 이

그래프는 간선 11개, 노드 10개, 출구 3개이므로 순환 복잡도 계산 공식에 대입하면, 복잡도 M = E − N + P = 11 − 10 + 3 = 4입니다.

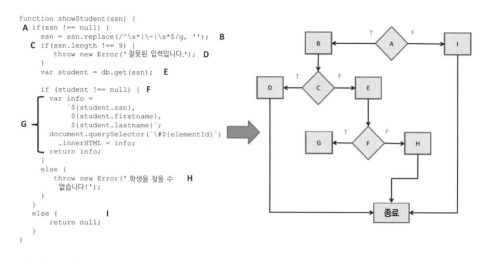

```
function showStudent(ssn) {
  A if(ssn !== null) {
      ssn = ssn.replace(/^\s*|\-|\s*$/g, '');   B
  C if(ssn.length !== 9) {
          throw new Error('잘못된 입력입니다.');  D
      }
      var student = db.get(ssn);   E

      if (student !== null) {  F
        var info =
            `${student.ssn},
             ${student.firstname},
             ${student.lastname}`;
  G     document.querySelector(`\#${elementId}`)
            .innerHTML = info;
        return info;
      }
      else {
          throw new Error(' 학생을 찾을 수   H
          없습니다!');
      }
  }
  else {                       I
      return null;
  }
}
```

그림 6-16 명령형 showStudent의 노드 구성도. 왼쪽 라벨(A ~ I)을 오른쪽 흐름도의 노드/간선으로 바꾸면 조건문이 나올 경우 상이한 선형 독립적 경로가 늘어난다는 사실을 알 수 있습니다.

함수형 프로그래밍에서는 가급적 루프나 조건문 대신 고계함수, 함수 조합기 등의 추상화 장치를 많이 쓰기 때문에 순환 복잡도 측정은 훨씬 간단합니다. 이런 장치 덕분에 노드와 간선은 확실히 줄고 함수 내 모든 경로는 선형 독립적으로 바뀌고, 결국 **순환 복잡도를 계산하면 대개 1에 가까운 값이 나옵니다.** 함수형 showStudent 역시 노드, 간선이 하나도 없는 (출구가 하나인) 함수로 구성되므로 순환 복잡도는 M = E − N + P = 0 − 0 + 1 = 1입니다. 명령형/함수형 두 프로그램에서 추론 가능한 다른 복잡도 관련 지표는 [표 6-1]에 정리했습니다. http://jscomplexity.org에서 이러한 지표를 측정할 수 있습니다.[4]

표 6-1 기타 중요한 정적 코드 지표로 비교한 명령형/함수형 코드

명령형	함수형
• 순환 복잡도: 4	• 순환 복잡도: 1
• 순환 복잡 밀도: 29%	• 순환 복잡 밀도: 3%
• 유지보수성 지수: 100	• 유지보수성 지수: 148

---

4 역주_ 번역 시점에서는 사이트에 접속할 수 없었습니다.

순환 복잡 밀도cyclomatic complexity density란 순환 복잡도 수치를 명령형 코드 라인 수 대비 비율(%)로 환산한 지표입니다. 이 값 역시 함수형 프로그램이 월등히 작습니다. 프로그램의 테스트성은 얼마나 프로그램을 잘 설계했느냐에 정확히 비례합니다. 쉽게 말해, 코드를 모듈화할수록 테스트도 쉬워지지요. 함수형 프로그램은 함수라는 단위 자체에 이미 모듈성을 내포하고 있기 때문에 우월할 수밖에 없습니다.

함수형 프로그래밍은 수동 루프 대신 고계함수를, 명령형 코드 대신 합성을 선호하며, 코드의 순차적 평가, 커링을 이용한 고수준의 추상화를 중요시합니다. 이 모든 요소가 성능에 긍정적인 효과를 가져온다고 봐야겠죠. 그야말로 일석이조인 셈입니다.

6.6 마치며

- 아주 단순한 함수들을 결합하는 추상화로 프로그램을 모듈화할 수 있습니다.
- 순수함수에 기반을 둔 모듈적인 코드는 테스트하기 쉽고, 속성 기반 테스트처럼 더 엄격한 테스트 방법론을 적용할 수 있습니다.
- 테스트 가능한 코드가 되려면 제어 흐름이 직관적이어야 합니다.
- 제어 흐름을 단순화하면 전체 프로그램의 복잡도가 줄어듭니다. 복잡도는 각종 지표를 통해 정량적으로 측정할 수 있습니다.
- 복잡도가 줄면 프로그램을 읽고 이해하기 쉽습니다.

함수형 최적화

> *자그마한 효율은 그냥 잊으세요.*
>
> *대략 97%의 경우 어설픈 최적화가 모든 걸 망쳐놓는 원인이 됩니다.*
>
> *하지만 나머지 결정적 3%는 최적화할 기회를 절대로 놓쳐서는 안 됩니다.*
>
> – 도널드 커누스, 1974년 논문에서

최적화는 항상 맨 나중에 하라고 하지요. 지난 장까지 함수형 코드를 작성/테스트하는 방법을 배우고 신나는 여행의 종착역에 가까워진 지금이 최적화를 논할 적기인 듯싶습니다. 모든 프로그래밍 패러다임이 100% 완벽할 순 없고 일장일단이 있습니다. '성능이냐, 추상화냐' 문제도 그렇습니다. 함수형 프로그래밍은 코드 주위에 추상화 계층을 제공해서 높은 수준의 유창함 fluency과 선언성declarativeness을 실현합니다. 이보다 더 단순할까 싶은 문제도 내부적으로 커링, 재귀, 모나드 래핑 등을 조합해 해결하는 과정을 보면서 '그런데, 함수형 코드가 명령형 코드만큼 성능이 나올까?' 하는 의구심이 생긴 독자도 있을 겁니다.

게임을 제외한, 요즘 제작된 웹 애플리케이션은 대부분 프로그램 실행 시간을 몇 밀리초 단축시켰다고 크게 얻을 건 없습니다. 컴퓨터는 엄청나게 빨라졌고 컴파일러 기술도 비약적으로 발전했기 때문에 지금은 신속 정확하게 코드를 실행할 수 있습니다. FP는 사람들이 의심하는 것처럼 명령형 코드보다 성능이 나쁘지 않습니다. 다른 방향으로 빛을 발할 뿐이지요.

새 패러다임을 시작하면서 실행 환경의 의미도 짚고 넘어가지 않는다면 현명한 처사가 아닐 겁니다. 이에 이 장에서는 (특히 대량 데이터 처리 시) 여러분이 꼭 알아두어야 할 함수형 자바스크립트 코드의 몇 가지 단면을 파헤칩니다. 이미 2장에서 배운 클로저 같은 자바스크립트의 핵심도 한 번 더 확실히 이야기하고, 느긋한 평가^{lazy evaluation}, 메모화^{memoization}, 꼬리 호출 최적화^{tail call optimization} 등 흥미로운 최적화 기법을 소개합니다.

함수형 프로그래밍은 개별 함수의 평가 속도를 올리기보다는 주로 함수 중복 호출을 피해서 코드가 정말 필요할 때까지 평가를 지연시키는 전략을 구사합니다. 그래서 애플리케이션이 전체적으로 빨라집니다. 순수 함수형 언어는 플랫폼 자체로 이러한 최적화할 수행하므로 개발자가 바로 꺼내 쓸 수 있지만, 그렇지 못한 언어(자바스크립트)에서는 커스텀 코드나 함수형 라이브러리를 동원해 최적화 도구를 수동 장착해야 합니다. 자, 그보다 먼저 함수형 자바스크립트 코드를 작성할 때 부딪히는 문제점과 최적화가 절실한 이유를 잠시 살펴보겠습니다.

7.1 함수 실행의 내부 작동 원리

FP에서는 만사가 함수를 평가하며 움직입니다. 따라서 성능/최적화를 공부하기 전에, 함수를 호출하면 물밑에서 무슨 일이 벌어지는지 알아야 합니다. 자바스크립트에서는 함수를 호출할 때마다 함수 콘텍스트 스택^{context stack}에 레코드(프레임^{frame})가 생성됩니다.

> **NOTE_** 스택^{stack}은 후입선출(LIFO^{last in, first out}) 방식으로 삽입/삭제되는, 객체를 보관하는 기본 자료구조입니다. 접시들이 서로 포개어 쌓여 있는 모양과 비슷하죠. 스택의 모든 연산은 항상 맨 위에 쌓인 데이터를 대상으로 합니다.

콘텍스트 스택은 함수 실행 및 함수가 에워싼^{close over}(아직도 이 의미가 와 닿지 않으면 2.4절 클로저를 다시 읽어보세요) 변수를 관리하는 자바스크립트 프로그래밍 모델입니다. 스택은 언제나 전역 데이터가 담긴, 전역 실행 콘텍스트 프레임에서 출발합니다(그림 7-1).

전역 콘텍스트

} 항상 맨 밑에 위치함

그림 7-1 자바스크립트의 초기 실행 콘텍스트 스택. 전역 콘텍스트에는 페이지에 적재되는 스크립트 개수에 따라 많은 변수 및 함수가 담깁니다.

전역 콘텍스트 프레임은 항상 스택 맨 밑에 위치합니다. 함수 콘텍스트 프레임은 각각 내부 지역 변수의 개수만큼 메모리를 점유합니다. 지역 변수가 하나도 없는 빈 프레임은 48바이트 정도 되고, 숫자, 불리언 같은 지역 변수/매개변수는 8바이트를 차지합니다. 함수 본체에 변수를 많이 선언할수록 당연히 스택 프레임은 커지죠. 각 프레임 안에는 다음과 같은 정보가 있습니다.

```
executionContextData = {            이 함수의 variableObject, 그리고 부모 실행 콘텍스트의
  scopeChain,    ←——               variableObject에 접근하는 연결 고리입니다.
  variableObject,  ←——  함수의 인수, 내부 변수, 함수 선언부를 포함합니다.
  this  ←——  함수 객체를 가리키는 레퍼런스
}          (함수도 결국 객체라는 사실을 명심하세요)
```

이 구조에서 몇 가지 중요한 사실이 눈에 띕니다. 첫째, `variableObject`는 지역 변수와 함수는 물론, 함수의 인수, 유사배열 객체 `arguments`(2장)를 가리키는 속성이므로, 사실상 스택 프레임의 크기는 이 속성으로 결정됩니다. 둘째, 스코프 체인은 이 함수의 콘텍스트를 그 부모 실행 콘텍스트와 연결하거나 참조합니다(스코프 체인은 잠시 후 자세히 설명합니다). 모든 함수는 스코프 체인이 결국 직/간접적으로 전역 콘텍스트와 연결됩니다.

> **NOTE_** 함수의 스코프 체인은 자바스크립트 객체의 프로토타입 체인과는 전혀 다릅니다. 둘 다 작동 방식은 비슷하지만 후자는 프로토타입 속성을 통해 객체를 상속할 수 있는 연결 고리를 가리킵니다. 이와 달리, 스코프 체인은 내부 함수가 자신을 둘러싼 외부 함수의 클로저에 접근할 때 사용하는 연결 고리입니다.

스택의 주요 작동 규칙은 이렇습니다.

* 자바스크립트는 단일 스레드로 작동합니다. 즉, 동기 실행^{synchronous execution} 방식입니다.

- 전역 콘텍스트는 단 하나만 존재합니다(모든 함수 콘텍스트는 전역 콘텍스트를 공유합니다).

- 함수 콘텍스트 개수에 제한은 없습니다(클라이언트 측 코드는 브라우저마다 제한 개수가 다릅니다).

- 함수를 호출할 때마다 실행 콘텍스트가 새로 생성되며, 자기 자신을 재귀 호출할 때에도 마찬가집니다.

함수형 프로그래밍은 함수를 최대한 사용하려고 하므로, 유연성과 재사용을 늘리고자 당면한 문제를 가능한 한 많은 함수로 분해하고 커리하는 건 얼마든지 좋지만, 커리된 함수를 지나치게 사용하면 콘텍스트 스택에 어떤 식으로든 영향을 끼칩니다.

7.1.1 커링과 함수 콘텍스트 스택

개인적으로 필자는 커링을 아주 즐겨 씁니다. 모든 함수를 평가할 때마다 자바스크립트가 알아서 자동 커리해주면 더 좋겠는데 말이죠. 하지만 추상화를 한 꺼풀 더 입히면 일반적인 함수 평가보다 콘텍스트에 오버헤드overhead[1]가 더 많이 발생할 수 있습니다. 이해를 돕기 위해 자바스크립트에서 커리된 함수를 호출하면 어떤 일들이 벌어지는지 설명하겠습니다.

어떤 함수를 커리하면, 한 번에 인수를 전부 넣고 평가하는 체제에서 한 번에 인수를 하나씩 받는 함수 호출을 여러 번 하는 체제로 전환된다고 했습니다(4장). 전에 배웠던 logger 함수를 커리하는 예를 들어보죠.

```
const logger = function (appender, layout, name, level, message)
```

이를 커리하면 다음과 같이 중첩된 구조로 바뀐다는 뜻입니다.

```
const logger =
  function (appender) {
    return function (layout) {
      return function (name) {
        return function (level) {
          return function (message) {
            ...
```

---

1 역주_ 컴퓨터가 유저 프로그램을 실행할 때에 직접 유저 프로그램 처리를 하지 않는 부분을 오버헤드라고 합니다.

보다시피 중첩 구조는 한 번에 호출하는 것보다 함수 스택을 더 많이 씁니다. logger 함수를 커링 없이 실행하면 자바스크립트는 동기 실행되기 때문에 우선 전역 콘텍스트 실행을 잠시 멈추고 새 활성 콘텍스트를 만든 다음, 변수 해석에 사용할 전역 콘텍스트 레퍼런스를 생성합니다(그림 7-2).

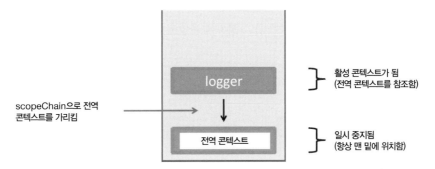

그림 7-2 logger 같은 함수를 호출하면 싱글 스레드로 움직이는 자바스크립트 런타임은 현재 전역 콘텍스트를 잠시 중지하고 새 함수 실행에 필요한 콘텍스트를 활성화합니다. 이때, 함수 콘텍스트가 전역 콘텍스트를 탐색할 수 있도록 scopeChain이라는 링크가 형성됩니다. logger 함수가 반환되면, 이 함수의 실행 콘텍스트는 스택에서 튀어나오고 전역 콘텍스트가 복구됩니다.

logger 함수는 그 안에서 다른 Log4js 연산을 호출하므로 새 함수 콘텍스트가 생성되어 스택에 쌓입니다. 자바스크립트 클로저 때문에 내부 함수 호출로 비롯된 함수 콘텍스트는 다른 콘텍스트 위에 차곡차곡 쌓이며, 각 콘텍스트는 일정 메모리를 차지한 채 scopeChain 레퍼런스를 통해 연결됩니다(그림 7-3).

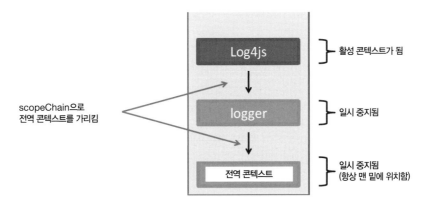

그림 7-3 중첩 함수를 실행하면 이런 식으로 함수 콘텍스트가 증가합니다. 함수마다 스택 프레임이 새로 생기므로 함수가 중첩된 정도만큼 스택이 커집니다. 커링과 재귀는 함수 호출을 중첩하여 작동합니다.

Log4js 코드 실행이 완료되면 스택에서 튀어 나오고 뒤이어 logger 함수도 튀어 나올 겁니다. 런타임은 다시 처음 상태로 돌아가고 전역 콘텍스트 단 하나만 실행 상태로 남겠죠(그림 7-1). 이것이 자바스크립트 클로저라는 마법의 비밀입니다.

아주 강력한 알고리즘이긴 하지만, 함수가 깊이 중첩되면 메모리를 과다하게 점유할 가능성이 있습니다. 그래서 비동기 코드를 다루는 RxJS라는 함수형 라이브러리(8장에서 소개합니다)는 최근 버전 5부터 이전 버전과 완전히 선을 긋고 성능에 올인해서 클로저 수를 줄이는 데 총력을 기울이기도 했습니다.

그림 7-4는 커리된 logger 함수를 나타낸 그립입니다.

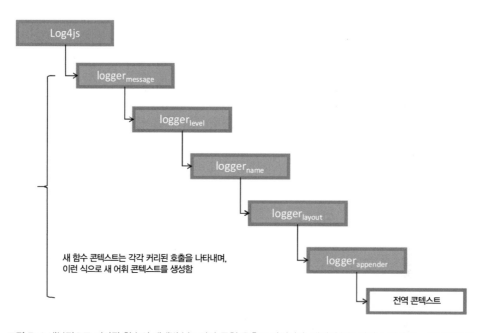

그림 7-4 내부적으로 커리된 함수의 매개변수는 각각 중첩 호출로 바뀝니다. 매개변수를 차례로 내어주는 유연성의 대가로 스택 프레임을 희생할 수밖에 없지요.

모든 함수를 커리하면 항상 좋을 것 같지만, 과용하면 엄청난 메모리가 소모되면서 프로그램 실행 속도가 현저히 떨어질 수 있습니다. 간단히 벤치마킹 프로그램을 작성해서 진짜 그런지 확인해봅시다.

```
const add = function (a, b) {
  return a + b;
};

const c_add = curry2(add);

const input = _.range(80000);

addAll(input, add); //->511993600000000
addAll(input, c_add); //-> 브라우저가 뻗음

function addAll(arr, fn) {
  let result= 0;
  for(let i = 0; i < arr.length; i++) {
    for(let j = 0; j < arr.length; j++) {
      result += fn(arr[i], arr[j]);
    }
  }
  return result;
}
```

80,000개 숫자로 빼곡한 배열을 갖고 원본 함수와 커리된 함수를 실행한 결과를 비교한 것입니다. 원본 함수는 수 초 안에 정확한 결과를 반환하지만, 커리된 함수를 돌리면 브라우저가 먹통이 됩니다. 커링을 위해서 합당한 대가를 치러야 하겠지만, 사실 자바스크립트 애플리케이션이 이처럼 대규모 자료 집합을 처리할 일은 극히 드문 편이지요.

스택이 점점 커지는 원인은 이뿐만이 아닙니다. 비효율적으로, 부정확하게 구현한 재귀 코드역시 종종 스택 넘침stack overflow을 유발합니다.

7.1.2 재귀 코드의 문제점

함수가 자신을 호출할 때에도 새 함수 콘텍스트가 만들어집니다. 그런데 기저 케이스에 도달할수 없게 잘못 구현된 재귀 코드를 호출하면 스택 넘침이 일어날 수 있습니다. 다행히 재귀는 수줍음을 타는 성격이 아니어서 제대로 작동하지 않으면 바로 알려줍니다. 재귀 호출을 너무 많이 할 때 나오는 Range Error: Maximum Call Stack Exceeded(범위 에러: 최대 호출 스택을초과했습니다) 에러로 시달려봤던 독자는 무슨 뜻인지 알 겁니다. 브라우저에서 생성 가능한함수 스택의 크기는 다음 스크립트로 대략 가늠할 수 있습니다.

```
function increment(i) {
  console.log(i);
  increment(++i);
}
increment(1);
```

브라우저마다 스택 에러가 발생하는 로직은 다릅니다. 필자의 PC에서는 크롬이 약 17,500회, 파이어폭스는 이보다 훨씬 많은 약 213,000회 반복 시 예외가 났습니다. 이는 어느 이상 초과하면 안 된다는 걸 보여주는 군더더기 숫자이니 이런 수치를 상한선으로 잡고 함수를 작성하면 안 됩니다! 실제 코드의 재귀 호출 횟수는 이보다 훨씬 아래여야 하며, 그렇지 않으면 재귀 도중 어딘가에 버그가 존재하게 될 것입니다.

엄청 큰 용량의 데이터를 재귀로 처리할 때에는 배열 크기만큼 스택이 커질 수 있습니다. 다음은 배열의 문자열 원소 중 가장 긴 것을 찾는 코드입니다.

```
function longest(str, arr) {
  if(R.isEmpty(arr)) {
    return str;
  else {
    let currentStr = R.head(arr).length >= str.length
      ? R.head(arr) : str;
    return longest(currentStr, R.tail(arr));
  }
}
```

전 세계 192개국이 전체 대상이라면 별문제 없지만, 250만 도시명 중 가장 긴 것을 찾으라고 하면 애플리케이션이 멈출지도 모릅니다. [그림 7-5]를 참고하세요(ES6부터는 이렇게 큰 배열도 문제없이 처리할 수 있는 알고리즘을 지원합니다. 잠시 후 설명합니다).

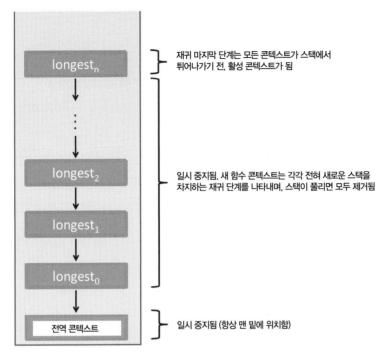

그림 7-5 원소가 n개인 문자열 배열에서 가장 긴 원소를 찾는 과정. longest 함수는 콘텍스트 스택에 n개의 프레임을 삽입하며 그 크기는 입력에 비례합니다.

리스트, 특히 원소가 아주 많은 리스트는 3장에서 배운 map, filter, reduce 등의 고계함수를 이용해서 탐색하는 방법이 좋습니다. 이런 함수를 쓰면 함수 호출을 중첩하지 않고 반복할 때마다 스택을 계속 재활용할 수 있습니다.

커링과 재귀를 함수에 적용하면 아무래도 명령형 코드보다는 메모리를 더 차지하겠지만, 커링을 통한 유연성 및 재사용 측면에서 얻는 이득과 재귀 해법이 선사하는 정확성을 한번 생각해 볼 필요가 있습니다. 아무래도 메모리를 더 투자할 만한 충분한 가치가 있겠죠?

긍정적으로 보면, 함수형 프로그래밍은 다른 패러다임으로는 불가능한 최적화를 실현합니다. 수많은 함수를 스택에 올려놓으면 그만큼 메모리 점유율은 높아질 텐데, 몇 개 함수를 한꺼번에 묶어서 호출하면 안 될까요?

7.2 느긋한 평가로 실행을 늦춤

불필요한 함수 호출을 삼가고 꼭 필요한 입력만 넣고 실행하면 여러모로 성능 향상을 기대할 수 있습니다. 하스켈 같은 함수형 언어는 기본적으로 모든 **함수 표현식을 느긋하게 평가**lazy function evaluation하도록 지원합니다. 느긋한 평가는 여러 가지 전략이 있지만, 가능한 한 오래, 의존하는 표현식이 호출될 때까지 미룬다는 근본 사상은 같습니다.

자바스크립트는 기본적으로 함수를 조급하게 평가eager evaluation합니다. 즉, 함수 결괏값이 필요한지 따져볼 새도 없이 변수에 바인딩되자마자 표현식 평가를 마칩니다. 그래서 **탐욕스런 평가**greedy evaluation라고도 하지요. 어떤 배열에서 일부 원소만 추출하는 간단한 예를 보겠습니다(그림 7-6).

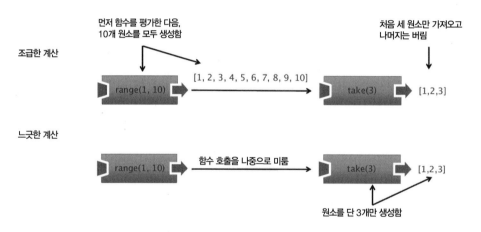

그림 7-6 range 함수(지정한 범위의 숫자 리스트를 반환)와 take 함수(처음 n개 원소 조회)의 합성. 조급하게 평가하면 range 함수가 실행 후 take에 결과를 주지만, 느긋하게 평가하면 의존 연산인 take가 호출되기 전까지 range는 절대 실행되지 않습니다.

조급한 평가 전략에서는 일단 range 함수를 실행한 다음, 그 결과를 take에게 넘기고 그중 일부만 남기고 나머지는 버리는 순서로 진행됩니다. 원소가 아주 많을 경우엔 이런 로직이 큰 낭비겠지요. 한편, 느긋한 평가 전략에서는 range의 실행을 이 함수가 의존하는 take가 요구하는 시점까지 미룹니다. 이렇게 하면 range 함수는 자신이 목표가 무엇인지 더 많이 알고 있으므로 필요한 원소만 만들어낼 수 있습니다. Maybe 모나드를 사용한 다른 예제를 봅시다.

```
Maybe.of(student).getOrElse(createNewStudent());
```

얼핏 보면 위 표현식은 이렇게 작동할 것 같습니다.

```
if(!student) {
  return createNewStudent();
}
else {
  return student;
}
```

그러나 자바스크립트 엔진은 조급하게 평가하므로 학생 객체가 null이든 아니든 createNewStudent 함수를 무조건 실행합니다. 느긋하게 평가하면, 표현식은 위 코드처럼 작동하겠지만 학생 객체가 정상이 아닐 경우 createNewStudent 함수는 호출하지 않습니다. 그럼 느긋한 평가는 어떻게 활용할 수 있을까요? 이 절은 다음 두 가지 팁/트릭을 귀띔합니다.

- 불필요한 계산을 피합니다.
- 함수형 라이브러리에서 단축 융합^{shortcut fusion}을 사용합니다.

7.2.1 대체 함수형 조합으로 계산을 회피

느긋한 평가를 제대로 흉내 내면 순수 함수형 언어만의 혜택을 누릴 수 있습니다. 가장 단순한 용례는 함수를 레퍼런스(또는 이름)로 전달하고 조건에 따라 한쪽만 호출하여 쓸데없는 계산을 건너뛰는 것입니다. 4장에서 배운 함수 조합기 alt를 생각하면 됩니다. ||(OR) 연산자로 일단 func1을 계산 후, 그 결과가 false, null, undefined일 경우에만 func2를 호출했었죠. 다시 한번 봅시다.

```
const alt = R.curry((func1, func2, val) => func1(val) || func2(val));

const showStudent = R.compose(append('#student-info'),
  alt(findStudent, createNewStudent));      ◁── 함수를 조급하게 호출하지 않습니다. 함수를 레퍼런스로
showStudent('444-44-4444');                       전달하고 조합기가 실행을 조정합니다.
```

함수 조합기가 알아서 함수 호출을 관장하기 때문에 이 코드는 다음 명령형 코드와 똑같이 작동합니다.

```
var student = findStudent('444-44-4444');
if(student !== null) {
```

```
    append('#student-info', student);
  }
  else {
    append('#student-info', createNewStudent('444-44-4444'));
  }
```

이렇게 중복을 확 줄이고 불필요한 함수 계산을 아주 간단하게 넘어가는 방법이 있습니다(잠시 후 메모화라는 더 강력한 전략을 선보일 예정입니다). 혹은, 실행 전에 전체 프로그램을 미리 정의해서 함수형 라이브러리로 하여금 단축 융합shortcut fusion이라는 최적화를 수행하게 하는 방법도 있습니다.

7.2.2 단축 융합을 활용

3장에서 _.chain이라는 로대시JS 함수를 배웠습니다. 맨 끝의 value() 함수에 발동을 걸면 전체 함수 순차열을 몽땅 실행하도록 만드는 함수죠. 이렇게 하면 프로그램의 서술부와 실행부를 나눌 수 있을 뿐만 아니라, 함수 실행 중 차지하는 공간을 로대시JS가 알아서 효율적으로 통합하여 최적화하도록 지시할 수 있습니다. 다음은 거주 국가별 인원수에 따라 정렬한 리스트를 만드는 코드입니다.

```
_.chain([p1, p2, p3, p4, p5, p6, p7])
  .filter(isValid)
  .map(_.property('address.country')).reduce(gatherStats, {})
  .values()
  .sortBy('count')
  .reverse()
  .first()
  .value()
```

이처럼 선언적인 형태로 프로그램을 작성하는 건, 하고 싶은 일을 미리 정의함으로써 함수가 어떻게 작동하든 신경 쓰지 않고 무슨 일을 해야 하는지만 밝힌다는 의미입니다. 덕분에 **단축 융합**shortcut fusion이라는 기법으로 로대시JS가 프로그램 실행을 내부적으로 최적화할 수 있습니다. 단축 융합은 몇 개 함수의 실행을 하나로 병합하고 중간 결과를 계산할 때 사용하는 내부 자료구조의 개수를 줄이는 함수 수준의 최적화입니다. 자료구조가 줄면 대량 데이터를 처리할 때 필요한 과도한 메모리 사용을 낮출 수 있겠죠.

이런 일이 가능한 건 전적으로 참조 투명성에 관한 함수형 프로그램의 엄격한 규칙 덕분입니다. 그래서 독특한 수학적 또는 대수적인 정합 관계^{algebraic correctness}가 성립합니다. 가령 compose(map(f), map(g))는 map(compose(f, g))으로 표현식을 바꾸어 실행해도 의미가 같습니다. 마찬가지로, compose(filter(p1), filter(p2))도 filter((x) => p1(x) && p2(x))와 동등한 표현식입니다. filter와 map를 체인 앞으로 빼내도 똑같지요. 다시 말하지만, 이렇게 수학적으로 연산 순차열을 다루는 건 순수함수이기 때문에 가능한 일입니다. 확실한 이해를 돕기 위해 다른 예제를 보겠습니다.

코드 7-1 로대시JS의 느긋한 평가 및 단축 융합

```
const square = (x) => Math.pow(x, 2);
const isEven = (x) => x % 2 === 0;
const numbers = _.range(200);      ◁──┐ 1 ~200 사이의 숫자로 구성된
                                       │ 배열을 생성합니다.
const result =
  _.chain(numbers)
  .map(square)
  .filter(isEven)
  .take(3)    ◁──────────────────────── filter(map) 기준을 만족하는
  .value(); //-> [0,4,16]               처음 세 숫자만 처리합니다.

result.length; //-> 5
```

[코드 7-1]은 두 가지를 최적화합니다. 첫째, take(3)을 호출하여 map, filter를 통과한 처음 세 값만 신경 쓰고 나머지 195개 값들에 대해선 괜히 에너지를 낭비하지 말라고 로대시JS에게 지시합니다. 둘째, 단축 융합을 이용해서 이후 map/filter 호출은 compose(filter(isEven), map(square)) 속으로 융합시킵니다. 이는 square, isEven 함수에 (로깅 용도로 쓸 tap 조합기를 람다JS로 합성한) 로그 추적기를 달아보면 쉽게 알 수 있습니다.

```
square = R.compose(R.tap(() => trace('매핑')), square);
isEven = R.compose(R.tap(() => trace('그리고 필터링')), isEven);
```

콘솔에는 다음 메시지 쌍이 5회 반복해서 출력될 겁니다.

```
매핑
그리고 필터링
```

즉 map과 filter가 병합되었음을 알 수 있습니다. 함수형 라이브러리를 이용하면 테스트도 단순화하고 코드 런타임도 개선할 수 있습니다. _.drop, _.dropRight, _.dropRightWhile, _.dropWhile, _.first, _.initial, _.last, _.pluck, _.reject, _.rest, _.reverse, _.slice, _.takeRight, _.takeRightWhile, _.takeWhile, _.where도 단축 융합의 효과를 본 로대시JS 함수들입니다.

함수형 프로그래밍의 강력한 최적화 기법인 메모화 역시 필요할 때까지 계산을 안 한다는 사고 방식은 같습니다.

7.3 '필요할 때 부르리' 전략

반복적인 계산(특히 자원을 많이 소모하는 계산)을 피하는 것도 애플리케이션 실행 속도를 끌어올리는 방법입니다. 종래의 객체지향 시스템에서는 함수 호출 전, 캐시나 프록시 계층을 두는 방법을 썼습니다. 반환 시 유일하게 참조할 수 있는 키를 돌려주고 이 키/값 쌍을 캐시에 보관하는 것입니다. **캐시**^{cache}란 값비싼 연산을 하기 전에 일단 질의하는 중간 저장소/메모리입니다. 웹 애플리케이션에서는 이미지, 문서, 컴파일된 코드, HTML 페이지, 쿼리 결과 등 캐시의 쓰임새가 다양합니다. 먼저, 함수에 캐시 계층을 간단히 구현한 코드를 봅시다.

```
function cachedFn (cache, fn, args) {          함수 실행 결과를 식별하기 위해 함수명과
  let key = fn.name + JSON.stringify(args); ◀── 인수를 조합하여 키값을 정합니다.
  if(contains(cache, key)) { ◀────────────────── 주어진 키값으로 이전에 함수가
    return get(cache, key); ◀──────────           실행된 적 있는지 캐시를 뒤집니다.
  }                               캐시에 값이 있으면
  else {                          바로 반환합니다(캐시 히트).
    let result = fn.apply(this, args); ◀──────── 캐시에 값이 없으면
    put(cache, key, result); ◀── 결과를 캐시에   함수를 실행합니다(캐시 미스).
    return result;               담습니다.
  }
}
```

findStudent 함수 실행을 cachedFn로 감싸면 다음과 같습니다.

```
var cache = {};                                       처음에는 캐시 미스이므로 findStudent
cachedFn(cache, findStudent, '444-44-4444'); ◀──      를 실행합니다.
cachedFn(cache, findStudent, '444-44-4444'); ◀──      두 번째 실행하면 캐시에 보관된 값을
                                                      곧바로 읽습니다.
```

cachedFn은 함수의 실행과 결과 사이에서 프록시 중개를 하며 같은 함수를 두 번 실행하는 일이 없도록 합니다. 하지만 모든 함수에 일일이 이런 래퍼를 두고 호출하게끔 코딩하는 건 상당히 버겁기도 하고 가독성도 떨어지겠죠. 또 설상가상으로, 그렇게 작성한 함수는 전역 공유 캐시 객체에 의존하는 부수효과가 있습니다. 이런 장치가 있든 없든 원래 있던 코드 및 테스트를 잘 작동시키면서 캐시 혜택까지 누릴 수 있는 범용적인 해결책은 없을까요? 다행히 함수형 언어에는 **메모화**memoization(메모이제이션)라는 메커니즘이 있습니다.

7.3.1 메모화

메모화 배후의 캐시 전략도 함수 인수로 키값을 만들고 이 키로 계산 결과를 캐시에 보관해두었다가, 이후 다시 같은 인수로 함수를 호출하면 보관된 결과를 즉시 반환한다는 로직은 방금 전 코드와 같습니다. 함수의 결과를 해당 입력과 연관시키는 일, 즉 다시 말해, 함수의 입력을 어떤 값으로 계산해내는 건 어떤 함수형 프로그래밍의 원리 덕분에 가능할까요? 네, 그렇습니다. 바로 참조 투명성이죠. 먼저, 단순 함수 호출에 메모화를 적용하고 어떤 효과가 있는지 살펴보겠습니다.

7.3.2 계산량이 많은 함수를 메모화

순수 함수형 언어는 자동으로 메모화를 실천하지만, 자바스크립트나 파이썬 같은 언어에서는 여러분이 함수를 언제 메모할지 선택할 수 있습니다. 아무래도 캐시 계층을 잘 엮어놓으면 가장 큰 덕을 보는 건 계산 집약적인 함수입니다. 예를 들어, 문자열을 ROT13 형식(26개 알파벳에 해당하는 ASCII 문자를 각각 13칸 뒤에 있는 문자와 상호 치환)으로 인코딩하는 rot13 함수를 봅시다. 취약하기 짝이 없는 알고리즘이지만, 웹 애플리케이션에서 퍼즐 정답이나 할인 코드를 감춘다든지, 모욕적인 내용을 뭉개는 용도로는 충분합니다.

```
var discountCode = 'functional_js_50_off';

rot13(discountCode); //-> shapgvbany_wf_50_bss
```

다음은 ROT13 알고리즘을 구현한 코드입니다.

```
var rot13 = s =>
```

```
    s.replace(/[a-zA-Z]/g, c =>
      String.fromCharCode((c <= 'Z' ? 90 : 122)
        >= (c = c.charCodeAt(0) + 13) ? c : c - 26));
        (c = c.charCodeAt(0) + 13) ? c : c - 26);
    });
  };
```

위 코드 내용을 이해하지 못해도 괜찮습니다. 여러분이 기억해야 할 점은, rot13 함수에 동일한 문자열을 입력하면 반드시 동일한 문자열이 출력된다(즉, 참조 투명하다)는 사실입니다. 바꿔 말해, 이 함수를 메모하면 엄청난 성능 향상을 기대할 수 있습니다. memoize 함수 코드를 보기 전에, 두 가지 적용 방법이 있다는 사실을 알아두세요.

- 함수 객체의 메서드를 호출합니다.

```
var rot13 = rot13.memoize();
```

- 앞서 보았던 함수 정의부를 감쌉니다.

```
var rot13 = (s =>
  s.replace(/[a-zA-Z]/g, c =>
    String.fromCharCode((c <= 'Z' ? 90 : 122)
      >= (c = c.charCodeAt(0) + 13) ? c : c - 26))).memoize();
```

메모화를 하면 동일한 입력으로 함수를 재호출할 때 내부 캐시가 히트되어 즉시 결과가 반환됩니다. 자바스크립트의 고정밀 시각^{High Resolution Time} API(성능^{Performance} API라고도 합니다)가 그 예입니다. 이 API는 Date.now(), console.time() 같은 기본 자바스크립트 함수보다 더 정확한 타임스탬프를 계산하고 함수 호출 경과 시간을 잴 수 있습니다. 테스트 대상 함수 전후에 시각을 기록하는 구문을 IO 모나드로 주입해보겠습니다. 단순 함수 start, end로 performance.now()의 부수효과를 감싸고 대상 함수를 실행할 단순 함수를 tap하는 게 전부입니다. 이렇게 해서 작성한 시간 측정 코드가 [코드 7-2]입니다. 다음 예제부턴 프로그램을 짧게 하고자 이 코드는 생략합니다.

코드 7-2 시간을 재는 호출을 tap으로 추가

```
const start = () => now();        ◁————————————————  start, end 두 함수로
const runs = [];                                      시간을 잽니다.
const end = function (start) {
  let end = now();                                    성능 API로 시간을
  let result = (end - start).toFixed(3);  ◁————————   밀리초 세 자리까지 측정합니다.
```

```
    runs.push(result);
    return result;
  };

  const test = function (fn, input) {
    return () => fn(input);
  };

  const testRot13 = IO.from(start)
    .map(R.tap(test(rot13, 'functional_js_50_off')))    ◁─── tap 조합기로 모나드를 통해 시작
    .map(end);                                                 시간 정보를 전파합니다(함수 결과
                                                               가 아닌, 실행 시간이 유일한 관심
  testRot13.run(); // 0.733 m (times may vary)                사이기 때문입니다).
  testRot13.run(); // second time: 0.021 ms
  assert.ok(runs[0] >= runs[1]);
```

같은 문자열 인수로 두 번째 호출하면 눈 깜빡할 사이에 결과가 반환됩니다. 자바스크립트는
자동 메모화를 따로 지원하지 않지만, 다음과 같이 Function 객체를 보강하면 언어에 내장할
수 있습니다.

코드 7-3 함수 호출에 메모화 추가

```
Function.prototype.memoized = function () {    ◁───┐ 이 함수 인스턴스에 특화된 캐시
                                                   └ 로직이 담긴 내부 도우미 메서드

  let key = JSON.stringify(arguments);    ◁───┐ 입력을 문자열화해서 함수 식별자를 얻습니다. 입력 형식
                                               을 감지해서 키를 생성하는 체계가 있으면 더 짜임새 있
  this._cache = this._cache || {};    ◁──────┘ 는 코드가 되겠지만 이 예제는 이 정도로 충분합니다.

  this._cache[key] = this._cache[key] ||    ┌ 이 함수의 내부 지역 캐시를 만듭니다.
    this.apply(this, arguments);    ◁──────┘
                                        ┌ 어떤 입력으로 이전에 함수를 실행한 적 있는지 캐시를
  return this._cache[key];            └ 먼저 읽습니다. 값이 있으면 함수를 건너뛰고 결과를 반환하며,
};                                        값이 없으면 계산을 합니다.

Function.prototype.memoize = function () {    ◁───┐ 함수 메모화를 활성화합니다.

  let fn = this;
  if (fn.length === 0 || fn.length > 1) {
    return fn;    ◁───┐ 단항 함수만 메모합니다.
  }
```

```
    return function () {
      return fn.memoized.apply(fn, arguments);    ◁─── 함수 인스턴스를 memoized 함수로
    };                                                 감쌉니다.
  };
```

Function 객체를 확장하니 어디서건 메모화 기능을 꺼내 쓸 수 있고 전역 공유 캐시에 접근하는 가시적인 부수효과가 사라졌습니다. 또 함수의 내부 캐시 체제를 추상하여 테스트와 완전히 무관한 코드로 만들었습니다. 개발자는 캐시 구문을 여기저기 흩뿌리거나 캐시 기능을 테스트하지 않고 함수가 해야 할 일만 신경 쓰면 됩니다.

더 명확한 이해를 돕기 위해 rot13의 메모화 과정을 시퀀스 다이어그램으로 그려봤습니다(그림 7-7). 메모된 함수를 처음 호출하면 캐시 미스되어 ROT13 메시지를 계산하지만, 이 과정이 끝난 이후엔 다음 호출 시 재계산 없이 결과를 재활용하기 위해 입력 매개변수에서 추출한 키값과 결괏값을 캐시에 보관합니다.

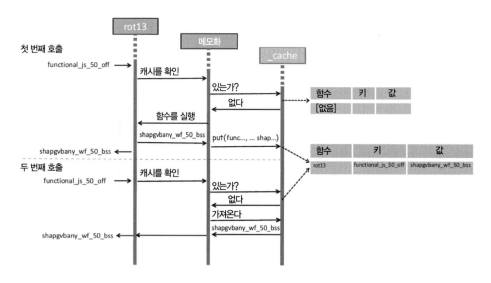

그림 7-7 rot13 함수에 "functional_js_50_off"라는 메시지를 주고 2회 호출한 경우의 상세 흐름도. 처음 호출하면 캐시가 비어 있으니 주어진 할인 코드 ROT13로 해시 값을 계산합니다. 결괏값은 입력값으로 생성한 키와 함께 내부 캐시에 저장하고, 이후 두 번째 호출하면 캐시가 히트해서 재계산 없이 곧바로 값을 반환합니다.

[코드 7-3]은 단항 함수에 한하여 메모화를 적용했는데요, 캐시 로직에서 키 생성 단계를 단순화하고자 이렇게 했습니다. 여러 인수를 받는 함수의 메모화 과정에는 아무래도 적합한 캐시 키를 생성하는 작업이 복잡하고 비싼 연산을 수반하게 됩니다. 하지만 이럴 때 커링이 요긴하게 쓰일 때가 있습니다.

7.3.3 커링과 메모화를 활용

복잡한 함수, 즉 인수가 여러 개인 함수는 아무리 순수함수라 해도 캐시하기가 어렵습니다. 캐시 계층에서 추가 오버헤드가 안 생기게 하려면 키값 생성 연산이 단순해야 하는데 외려 더 복잡해지기 때문입니다. 한 가지 해결 방법은 커링입니다. 다항 함수를 커리하면 단항 함수로 바꿀 수 있다고 했습니다(4장). 따라서 findStudent를 통해 safeFindObject 같은 함수를 커링으로 메모하는 겁니다.

```
const safeFindObject = R.curry(function (db, ssn) {
    // 값비싼 IO 검색 수행
});
```
이 함수는 참조 투명하지 않지만, 실제로 값비싼 검색이나 원격 HTTP 요청을 할 때에는 보통 결과를 캐시하는 경우가 많습니다.

```
const findStudent = safeFindObject(DB('students')).memoize();
findStudent('444-44-4444');
```

DB 객체는 오직 데이터 접근 용도로만 쓰일 뿐, findStudent 함수가 유일 ID로 학생을 찾는 작업에 관여하지 않기에 가능한 일입니다. 단항 함수로 만들면 다루기 쉽고 합성하기도 쉬울 뿐만 아니라, 프로그램을 더 잘게 분해하여 전체를 구성하는 요소별로 메모화하고 캐시를 적용하는 이점을 살릴 수 있습니다.

7.3.4 분해하여 메모화를 극대화

메모화와 분해의 관계를 이해하려면, 기억에 희미하게 남아 있을 화학 교과서를 떠올리면 좋습니다. 고등학교 화학 시간에 가용성solubility을 배울 때, 용액solution은 용질solute과 용매solvent로 구성된다고 배웠을 겁니다. 용질은 용매에 녹아 있는 물질이죠. 용질이 얼마나 빨리 녹는지 의미하는 용해 속도는 여러 요인의 영향을 받는데, 그중 하나가 **표면적**입니다. 물 두 잔을 준비해서 한쪽은 설탕 가루를, 다른 한쪽은 각설탕을 타면 어느 쪽이 더 빨리 녹을까요? 설탕이 물에 들어가면서 맞닿는 부분은 설탕의 표면이므로 용질의 표면적이 클수록 더 빨리 용해되므로 설탕 가루가 더 빨리 녹습니다.

문제를 메모화 가능한 함수로 잘게 나누는 행위도 같은 이치입니다. 코드를 잘게 나눌수록 메모화 효과는 더욱 커집니다. 어떤 함수라도 내부에 캐시 장치를 달면 프로그램을 빨리 평가하는 데 한몫하기 마련입니다. 맞닿은 표면적이 클수록 빨라지는 것이죠.

showStudent도 그렇습니다. 특정 입력을 이미 검증했는데, 굳이 같은 입력을 재검증할 이유는 없겠죠? 지역 저장소나 쿠키, 또는 서버 측 호출을 하여 주어진 SSN에 해당하는 학생 객체를 조회했는데 이 객체가 변경된 데이터가 아니라고 보면, 구태여 처음부터 검색을 다시 하면서 소중한 시간을 낭비할 이유는 없습니다. findStudent의 경우 주목할 부분은, 메모화가 일종의 작은 쿼리 캐시 역할을 담당하면서 이미 조회한 객체를 다음에 빨리 접근할 수 있게 보관한다는 점입니다. 함수를 어떤 값, 즉 느긋하게 계산된 값으로 바라보는 관점에서 메모화는 확실히 그만한 가치가 있습니다. 이해를 돕기 위해 showStudent에 있는 일부 함수를 메모된 함수로 한번 바꿔봅시다(필자는 메모된 함수 앞에 m_를 붙여 구분했지만 일반적인 관례는 아닙니다).

```
const m_cleanInput = cleanInput.memoize();
const m_checkLengthSsn = checkLengthSsn.memoize();
const m_findStudent = findStudent.memoize();

const showStudent = R.compose(
  map(append('#student-info')),
  liftIO,
  getOrElse('학생을 찾을 수 없습니다!'),
  map(csv),
  map(R.props(['ssn', 'firstname', 'lastname'])),
  chain(findStudent),
  chain(checkLengthSsn),
  lift(cleanInput)
);
```

```
showStudent('444-44-4444').run(); //-> 평균 9.2 밀리초 (메모화 X)
showStudent('444-44-4444').run(); //-> 평균 2.5 밀리초 (메모화 O)
```

함수를 잘게 분해한 만큼 속도가 향상되어 두 번째 실행은 75%나 빨라졌습니다!

프로그램을 자신과 닮은, 메모화 가능한, 작은 하위 작업으로 쪼개는 재귀 역시 분해의 한 종류입니다. 성능이 좋지 않은 재귀 알고리즘도 메모화를 이용하면 진짜 빠른 알고리즘으로 거듭날 수 있습니다.

7.3.5 재귀 호출에도 메모화를 적용

재귀는 때때로 브라우저를 서서히 죽음으로 몰고 가거나 고약한 예외를 던지게 합니다. 엄청 큰 입력을 처리하면서 스택이 비정상적으로 커질 때 이런 일이 일어나지요. 메모화를 이용하면 이런 문제를 해결하는 데 도움이 될 때가 있습니다. 재귀는 어떤 작업을 그 자신의 미니 버전들로 분해하는 과정이라고 했습니다(3장). 일반적으로, 재귀 호출은 기저 케이스에 도달할 때까지 '같은 문제', 즉 큰 문제의 하위 문제들을 풀어, 결국 마지막에 스택이 풀리며 최종 결과를 냅니다. 이때 하위 문제의 결과를 캐시하면 같은 함수를 호출할 때 성능을 끌어올릴 수 있습니다.

예를 들어 숫자 n의 계승^{factorial}을 계산하는 함수를 생각해봅시다. n의 계승은 n!이라고 표기하며 n보다 작거나 같은 모든 양수들을 곱한 수입니다.

```
n! = n * (n - 1) * (n - 2) * ⋯ * 3 * 2 * 1
```

예를 들어보죠.

```
3! = 3 * 2 * 1 = 6
4! = 4 * 3 * 2 * 1 = 4 * 3! = 24  ◄──┐ 4! = 4 × 3!처럼 계승도 더 작은
                                    계승으로 재귀적 표현이 가능합니다.
```

따라서 계승을 계산하는 프로그램은 메모화한 재귀 호출 형태로 멋지게 구현할 수 있습니다.

```
const factorial = ((n) => (n === 0) ? 1           100 × 99 × 98 × ⋯
           : (n * factorial(n - 1))).memoize();   × 3 × 2 × 1를 전부 계산합니다.

factorial(100); //-> 첫 번째 실행 시간: .299 밀리초  ◄─
factorial(101); //-> 두 번째 실행 시간: .021 밀리초  ◄─  이전에 캐시한 값으로
                                                      101 × 100!를 계산하면
                                                      실행 시간이 상당히 단축됩니다.
```

계승의 수학적 원리를 메모화 형태로 응용할 수 있어 두 번째 함수를 실행할 때 처리율^{throughput}[2]
이 확 올라갑니다. 두 번째 실행 시 이 함수는 101! = 101 × 100! 공식에서 미리 '기억한'
factorial(100)를 재활용할 수 있으니 전체 알고리즘은 일찍 끝나고 결과는 즉시 반환됩니
다. 스택 프레임을 관리하고 스택 오염을 방지하는 효과도 있습니다(그림 7-8).

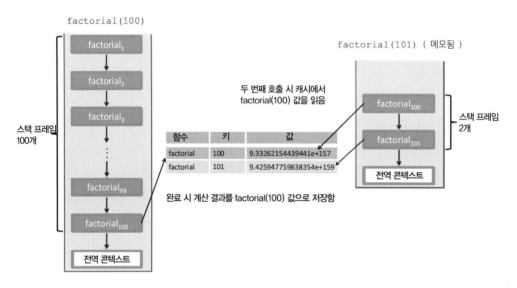

그림 7-8 메모된 factorial(100) 함수를 실행하면 처음엔 매번 숫자를 곱해서 100!을 계산해야 하므로 스택이 **100**
개 생성됩니다. 두 번째 호출 시 101을 입력하면 메모화 덕분에 factorial(100) 결괏값을 재사용할 수 있으므로 스
택 프레임은 2개면 충분합니다.

처음 factorial(100)을 실행하면 전체 알고리즘을 실행하며 100개의 프레임을 함수 스택에
쌓습니다. 이것이 재귀 해법의 흠이지요. 계승을 계산하는 일처럼 주어진 입력 숫자만큼 프레
임 개수가 늘어날 수밖에 없는 경우, 재귀는 스택 공간을 너무 많이 허비하는 경향이 있습니다.
하지만 메모화를 이용하면 다음 숫자를 계산할 때 필요한 스택 프레임 개수를 엄청나게 줄일
수 있습니다.

재귀 호출 최적화 기법에는 메모화뿐만 아니라, 컴파일러 수준의 장치를 응용하여 성능을 끌어
올리는 방법도 있습니다.

....

2 역주_ 주어진 시간에 프로그램이 처리할 수 있는 일의 양을 말합니다. 처리율이 높으면 그만큼 효율적으로 설계/구현한 프로그램임을 의
미합니다.

7.4 재귀와 꼬리 호출 최적화

지금까지 여러분이 보아온 재귀 프로그램은 재귀 없는 일반 프로그램보다 스택 소비량이 훨씬 많습니다. 함수형 언어 중에는 아예 내장 루프문조차 없이 재귀와 메모화로 반복을 대신하는 언어도 있습니다. 하지만 메모화도 별 도움이 되지 않는 경우가 있습니다. 함수 입력이 계속 바뀔 수밖에 없어 내부 캐시 계층이 제 임무를 수행할 기회조차 없다면 그렇겠죠. 재귀를 일반 루프만큼 실행을 최적화할 방법은 없을까요? 컴파일러가 여러분 대신 **꼬리 재귀 호출**^{tail call} optimization(TCO)을 수행하게끔 재귀 알고리즘을 짜면 됩니다. 앞서 살펴본 재귀적인 계승 함수를 꼬리 위치에서 재귀하도록 바꾸면 다음과 같습니다.

```
const factorial = (n, current = 1) =>
  (n === 1) ? current
            : factorial(n - 1, n * current);
```

함수의 마지막 구문(꼬리 위치)에서 재귀 단계를 밟습니다.

이렇게 하면 명령형 버전만큼 신속하게 실행할 수 있습니다.

```
var factorial = function (n) {
  let result = 1;
  for(let x = n; x > 1; x--) {
    result *= x;
  }
  return result;
}
```

TCO는 **꼬리 호출 제거**^{tail call elimination}라고도 하는데, ES6부터 신설된 컴파일러 개선 항목으로서, 재귀 호출 실행을 단일 프레임으로 눌러 펴 실행합니다. 물론 재귀 프로그램이 제일 마지막에 다른 함수(보통 자기 자신)를 호출할 경우에만 TCO가 일어납니다. 이때 마지막 호출이 (글자 그대로) **꼬리 위치**^{tail position}에 있다고 부릅니다.

왜 이렇게 하는 것이 최적일까요? 재귀 함수가 가장 마지막에 함수를 호출하면, 자바스크립트 런타임은 남은 할 일이 없기 때문에 더 이상 현재 스택 프레임을 붙들고 있을 이유가 없고 따라서 (재귀적 계승 함수에서 그랬듯이) 그대로 폐기합니다. 함수 콘텍스트에서 필요한 상태 값은 대부분 인수 형태로 다음 함수에 넘기면 됩니다. 이러면 재귀를 반복할 때마다 스택에 새 프레임이 계속 쌓이지 않고 이전에 쓰고 버린 프레임을 재활용할 수 있습니다. 가령 계승 함수를 꼬리 재귀 호출하면 다음과 같이 피라미드 모양새로 쌓이던 재귀 실행이,

```
factorial(4)
  4 * factorial(3)
    4 * 3 * factorial(2)
      4 * 3 * 2 * factorial(1)
        4 * 3 * 2 * 1 * factorial(0)
          4 * 3 * 2 * 1 * 1
        4 * 3 * 2 * 1
      4 * 3 * 2
    4 * 6
return 24
```

평평한 콘텍스트 스택 구조로 단순해집니다(그림 7-9).

```
factorial(4)
  factorial(3, 4)
  factorial(2, 12)
  factorial(1, 24)
  factorial(0, 24)
  return 24
return 24
```

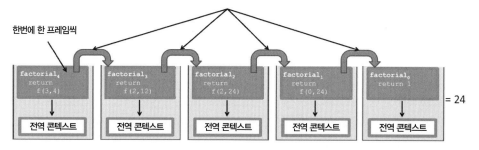

그림 7-9 factorial(4)를 꼬리 재귀 호출로 평가하는 과정. 같은 프레임을 하나만 사용합니다. factorial을 루프문으로 평가하듯 TCO는 현재 함수 프레임을 버리고 새로운 프레임으로 내어주는 일을 담당합니다.

그림에서 보다시피, 평평한 구조일수록 스택을 좀 더 효율적으로 이용할 수 있고 여러 프레임을 풀 필요도 없습니다. 그럼, 비꼬리 재귀 함수를 꼬리 재귀 함수로 바꾸려면 어떻게 해야 할까요?

7.4.1 비꼬리 호출을 꼬리 호출로 전환

자바스크립트의 TCO 체제를 활용하여 계승 함수를 최적화해봅시다. n 계승을 계산하는 초기
버전의 재귀 함수는 다음과 같습니다.

```
const factorial = (n) =>
  (n === 1) ? 1
            : (n * factorial(n - 1));
```

재귀 단계 n * factorial(n - 1) 값과 숫자 n을 곱한 결과를 마지막에 반환하므로 꼬리 호출
이 아닙니다. TCO 덕을 보려면 이 부분을 재귀 단계로 바꿔야 런타임이 알아서 계승을 루프로
전환할 것입니다. 전환 과정은 두 단계로 나뉩니다.

1. 곱셈 부분을 함수의 매개변수로 추가해서 현재 곱셈을 추적합니다.

2. ES6 기본 매개변수default parameter로 기본 인수 값을 미리 정합니다(매개변수를 덜 주는 방
   법도 있지만 기본 매개변수를 쓰는 모양새가 깔끔합니다).

```
const factorial = (n, current = 1) =>
  (n === 1) ? current
            : factorial(n - 1, n * current);
```

이제 이 계승 함수는 원래의 선언적/수학적 느낌을 간직한 상태에서 스택 프레임을 추가 생성
하지 않고도 마치 일반 루프문으로 구현한 것처럼 실행할 수 있습니다. 꼬리 재귀 함수가 일반
루프에 흔한 특성을 갖고 있기에 이러한 전환이 가능한 것입니다(그림 7-10).

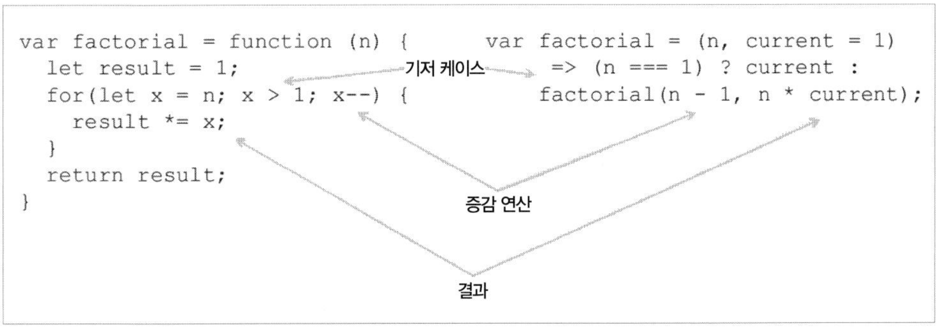

그림 7-10 일반 루프(왼쪽) 및 이와 동등한 꼬리 재귀 함수의 비슷한 점. 두 코드 샘플을 잘 보면 기저 케이스, 증감 연산
또는 누적 매개변수, 결과를 쉽게 알 수 있습니다.

다른 예를 봅시다. 다음은 3장에서 배열 원소를 전부 더했던 재귀 코드입니다.

```
function sum(arr) {
  if(_.isEmpty(arr)) {
    return 0;
  }
  return _.first(arr) + sum(_.rest(arr));
}
```

여기서도 함수가 마지막으로 취하는 행위, 즉 _.first(arr) + sum(_.rest(arr))은 꼬리 호출이 아닙니다. 메모리를 덜 쓰도록 코드를 리팩터링해볼까요? 후속 호출과 공유할 데이터는 함수 인수의 일부로 추가한다고 했습니다.

```
function sum(arr, acc = 0) {
  if(_.isEmpty(arr)) {
    return acc;
  }
  return sum(_.rest(arr), acc + _.first(arr));
}
```

꼬리 재귀는 재귀 루프의 성능을 거의 수동 루프와 맞먹을 정도로 끌어올립니다. 따라서 ES6 자바스크립트처럼 언어 자체가 지원하면서 성능이 가장 큰 관심사인 경우, 알고리즘의 정확성을 유지하고 변이를 다스리는 훌륭한 대체 수단입니다. 꼬리 호출은 재귀뿐만 아니라, 마지막 행위가 다른 함수를 호출하는 어떤 함수에도 적용할 수 있는데, 사실 자바스크립트 애플리케이션에서는 이런 일이 빈번한 편입니다. 여기서 유의할 점은, TCO가 ES4 시절 처음 초안이 나온 이후 지금은 사실상 자바스크립트 표준이 되었지만 아직 이를 지원하지 않는 브라우저가 더 많다는 사실입니다.[3] 그래서 필자도 바벨이라는 트랜스파일러를 써왔습니다.

ES5의 꼬리 재귀 호출 모방

현재 주력 자바스크립트 구현 명세인 ES5는 꼬리 호출 최적화를 지원하지 않습니다. TCO는 **적절한 꼬리 호출**proper tail call이란 명칭으로 ES6 제안서에 추가됐습니다(ECMA-262 명세 14.6절). 2장 예제 코드는 소스에서 소스로 컴파일하는 바벨 트랜스파일러의 도움으로 작동시킨 것입니다. 차기 언어에 탑재될 기능을 미리 시험해보는 좋은 방법이죠.

---

3 역주_ 이 글을 옮기는 현재, 사파리 웹 브라우저의 기본 엔진인 웹킷(WebKit)은 TCO를 100% 지원합니다.

트램펄리닝trampolining이라는 프로세스도 있습니다. 트램펄리닝은 꼬리 재귀를 반복문 형태로 모방한 것으로, 자바스크립트 같은 스택 기반 언어에서 함수 스택이 증가하는 현상을 제어하는 용도로 이상적입니다.

여기서 트램펄린이란 다른 함수를 입력받아 일정 조건이 충족될 때까지 반복 실행하는(또는 튕겨내는) 함수 조합기입니다. 이때 반복 또는 튕겨낼 함수는 **성크**thunk(다른 함수 호출을 보조하는 함수 래퍼)에 캡슐화합니다. 함수형 자바스크립트 맥락에서 보면, 성크는 매개 변수가 하나도 없는 익명 함수의 인수 표현식을 느긋하게 감싸 수신측 함수가 이 익명 함수를 호출하기 전까지 평가를 지연시키는 역할을 합니다.

트램펄리닝, 성크는 이 책에서 다루지 않습니다. 재귀 함수를 당장 최적화해야 하는 상황에 처한 독자라면 진지하게 연구해보기 바랍니다.

TCO를 비롯한 ES6 특성의 호환성은 https://kangax.github.io/compat-table/es6/에서 확인하세요.

빡빡한 그래픽 렌더링 루프를 돌리거나, 짧은 시간 내에 대량 데이터를 처리할 경우, 성능이 관건입니다. 처리 속도를 높이는 일이 우선이므로 우아하고 확장 가능한 코드는 차치하고 가능한 절충점을 찾아야 합니다. 그냥 일반 루프를 쓰는 것도 좋은 생각이지만, 함수형 프로그래밍은 대부분의 애플리케이션 요건에 대해 성능이 우수한 방향으로 개발할 수 있도록 유도합니다. 최적화는 항상 맨 나중에 하되, 밀리초 단위까지 성능을 뽑아내야 하는 특이한 경우라면 이 장에서 배운 기법을 실무에 적용하기 바랍니다.

모든 소프트웨어 결정에는 반대 세력이 따르기 마련이지만, 대부분의 경우 유지보수성을 우선하고 효율을 희생하는 편이 맞는 것 같습니다. 필자라면 가장 빠르진 않더라도 읽고 디버깅하기 쉬운 코드를 선택할 것입니다. 도널드 크누스도 이런 말을 했지요. "당신이 작성한 코드 중 97%는 수 밀리초 정도 빨라진다고 달라질 건 없습니다. 특히 유지보수 가능한 코드를 작성하는 가치와 견주어보면 더 그렇습니다."

함수형 프로그래밍은 완전한 패러다임입니다. 흥미로운 기교를 구사하여 효율적인 코드를 작성하면서도 풍성한 추상화와 리다이렉션을 제공합니다. 지금까지 체이닝, 합성을 통해 선형적인 데이터 흐름을 함수형으로 프로그래밍하는 법을 배웠지만, 여러분도 잘 알다시피 자바스크립트 프로그램은 사용자 입력을 처리하거나 원격 HTTP 요청을 하는 등 수많은 비선형/비동기 로직이 뒤섞여 있는 경우가 많습니다. 8장에서는 이 문제를 집중적으로 다루고, 함수형 프로그래밍 원리에 기초한, 리액티브 프로그래밍이라는 새로운 패러다임을 소개합니다.

7.5 마치며

- 함수형 코드는 동등한 명령형 코드보다 더 느리게 실행되거나 더 많은 메모리를 점유하는 경우가 있습니다.
- 조합기로 대체하거나 로대시JS 같은 함수형 라이브러리의 도움을 받아 느긋하게 평가하는 지연 전략을 구사할 수 있습니다.
- 메모화는 내부적인 함수 수준의 캐시 전략으로, 잠재적으로 값비싼 함수를 중복 평가하지 않게 합니다.
- 프로그램을 단순 함수로 분해하면, 메모화를 통해 보다 효율적인, 확장 가능한 코드로 개발할 수 있습니다.
- 분해의 확장판인 재귀는 자기 반복적인, 더 단순한 문제들로 나누어 해법을 찾는 기법입니다. 콘텍스트 스택 사용까지 최적화하려면 메모화를 십분 활용하세요.
- 꼬리 재귀 함수로 바꾸면 꼬리 호출 최적화라는 컴파일러 확장 기능을 활용할 여지가 생깁니다.

## CHAPTER 8

비동기 이벤트와 데이터를 관리

이 장의 내용

◆ 비동기 코드 개발의 어려움

◆ 함수형 기법으로 중첩된 콜백 사용을 막음

◆ 프라미스를 응용하여 비동기 코드를 능률화

◆ 함수 제너레이터로 데이터를 느긋하게 만듦

◆ 리액티브 프로그래밍 입문

◆ 리액티브 프로그래밍을 적용한 이벤트 중심 코드

> 함수형 프로그래머는 함수형 프로그래밍이 엄청나게 유익하다고 주장합니다.
> 기존 프로그램보다 한 자릿수나 더 짧은 함수형 프로그램이
> 생산성은 외려 한 자릿수 더 생산적이라고 하지요.
>
> – 존 휴스John Hughes, 1989년 논문에서

지금까지 필자는 함수형으로 사고하는 방법과 함수형 기법으로 자바스크립트 코드를 작성, 테스트, 최적화하는 방법을 설명했습니다. 이들은 모두 중대형 규모의 웹 애플리케이션에 내재된 복잡성을 길들이기 위해 고안된 기술입니다. 복잡성을 그냥 방치했다간 금세 관리 불능 상태에 빠지지요. 과거, 웹 애플리케이션과의 상호작용은 그저 덩치 큰 폼을 제출하고 전체 페이지를 한꺼번에 그리는 정도가 고작이었지만, 애플리케이션이 계속 진화하면서 사용자의 요구 수준도 점점 높아졌습니다. 요즘은 웹 페이지가 실시간 반응하는 네이티브 애플리케이션처럼 작동하기를 기대하죠.

다른 환경에 비해 클라이언트 측 자바스크립트 개발자는 더 많은 난제와 씨름해야 하는데, 이는 덩어리가 큰 클라이언트 코드가 출현하기 시작한 것과 직접적인 연관이 있습니다. 구형 웹 미들웨어와의 통신, 사용자 입력의 효율적인 처리, (AJAX를 경유한) 원격 서버 통신, 데이터 화면 표시 등 여러 가지 일을 한꺼번에 처리하는 부담이 가중됐지요. 필자는 높은 수준의 무결성을 지켜야 하는 시스템의 이상적인 해결책으로 함수형 프로그래밍을 권장합니다.

이 장에서는 프로그램 실행을 그대로 좇아가지 않는 코드에서 비동기 데이터 흐름과 관련된, 실세계의 자바스크립트 난제들을 함수형 프로그래밍으로 해결하는 방법을 연구합니다. 일부 예제는 AJAX나 지역 저장소 요청 등의 브라우저 기술을 동원합니다. 8장의 목표는 리액티브 프로그래밍을 소개하고 ES6 프라미스와 함수형 프로그램을 접목시켜 지저분한 콜백 코드를 우아하면서도 물 흐르는 듯한 표현식으로 바꾸는 것입니다. 리액티브 프로그래밍은 문제를 바라보는 방식이 함수형 프로그래밍을 이어받은 형태라 친숙하게 느껴질 겁니다.

비동기 움직임은 제대로 이해하기가 만만찮습니다. 비동기 함수는 일반 함수와 달리 호출자에게 바로 데이터를 반환할 수 없고, 오래 걸리는 계산, DB 조회, 원격 HTTP 호출 등이 완료되는 시점에 통보하는, 악명 높은 콜백 패턴에 의지합니다. 사용자 클릭, 키 누름, 모바일 제스처 등의 이벤트 역시 콜백으로 처리하지요. 프로그램이 실행된 이후 발생하는 이벤트에 반응하는 코드를 짜야 하는데, 데이터가 예측 가능한 방향으로 적시에 들어온다고 기대하는 함수형 사고 방식으로는 적잖은 어려움이 있습니다. 그럼, 앞으로 일어날 일에 대해 어떻게 함수를 합성 또는 체이닝할 수 있을까요?

8.1 골칫덩이 비동기 코드

요즘 자바스크립트 프로그램은 단일 요청으로 로드되는 경우가 거의 없습니다. 보통 사용자의 필요에 따라 여러 비동기 요청을 동시에 전송해서 데이터를 페이지에 미리 로드하지요. 이메일 클라이언트만 해도 그렇습니다. 받은 메일함에는 긴 메일 스레드가 수천 개 있지만, 사용자는 최근 도착한 메일만 보며 업무를 볼 텐데, 메일을 전부 로드할 때까지 수초(또는 수분) 기다려야 한다면 말도 안 되겠죠. 이를 일상적으로 접하는 자바스크립트 개발자는 대부분 비차단 비동기 호출 코드를 구현하여 문제를 해결합니다. 하지만 다음 같은 문제가 발목을 잡지요.

- 함수 간에 일시적 의존 관계가 형성
- 어쩔 수 없이 콜백 피라미드의 늪에 빠짐
- 동기/비동기 코드의 호환되지 않는 조합

8.1.1 함수 간에 일시적 의존 관계가 형성

AJAX 요청으로 서버에서 학생 객체 리스트를 가져오는 함수가 있다고 합시다. [그림 8-1]에서 getJSON은 비동기 함수여서 요청을 보내자마자 반환되어 본 프로그램으로 복귀하고, 이어서 showStudents 함수를 호출합니다. 하지만 아직 원격 요청은 처리되지 않아 학생 객체는 null인 상태죠. 이벤트가 올바른 순서로 발생하도록 보장하려면 비동기 코드와 그다음 액션 사이에 일시적인 관계를 설정하는 수밖에 없습니다. 즉, 제때 실행되도록 showStudent를 콜백 함수 안에 집어넣는 겁니다.

```
var students = null;
getJSON('/students', function(studentObjs) {
    students = studentObjs;
  },
  function (errorObj) {
      console.log(errorObj.message);
  }
);

showStudents(students);
```

student 객체가 바로 초기화될 리 없으므로
실행 흐름이 일시적으로 어긋남

그림 8-1 이 코드는 중대한 결함이 있습니다. 어딘지 보이나요? 데이터는 비동기로 가져와야 하기 때문에 student 객체는 제 시간에 등록부 테이블에 추가되지 않습니다.

일시적 결합temporal coupling(**일시적 응집**temporal cohesion)은 어떤 함수를 논리적으로 묶어 실행할 때 발생합니다. 데이터가 도착할 때까지, 또는 다른 함수가 실행될 때까지 어떤 함수가 기다려야 하는 경우입니다. 데이터든 시간이든 어느 쪽에 의지하는 순간부터 부수효과가 발생합니다.

원격 IO 작업은 나머지 다른 코드에 비해 속도가 느릴 수밖에 없으므로 데이터 요청 후 다시 돌아올 때까지 '대기' 가능한 비차단 프로세스에게 처리를 위임합니다. 개발자가 작성한 콜백 함수는 데이터를 받는 시점에 호출되지요. 이것이 정확히 getJSON이 하는 일입니다. 다음 코드를 보세요.

```
const getJSON = function (url, success, error) {
  let req = new XMLHttpRequest();
  req.responseType = 'json';
  req.open('GET', url);
  req.onload = function() {
    if(req.status == 200) {
      let data = JSON.parse(req.responseText);
      success(data);
    }
    else {
      req.onerror();
    }
  }
  req.onerror = function () {
    if(error) {
      error(new Error(req.statusText));
    }
  };
  req.send();
};
```

콜백 함수는 자바스크립트에서 아주 많이 쓰이지만, 대량 데이터를 순차적으로 로드할 경우 확장하기가 어렵고 결국엔 악명 높은 콜백 피라미드에 빠지게 됩니다.

8.1.2 콜백 피라미드의 늪에 빠짐

콜백의 주용도는 처리 시간이 오래 걸리는 프로세스를 기다리는 도중 UI를 차단하지 않는 것입니다. 콜백을 받는 함수는 값을 반환하는 대신 **제어의 역전**inversion of control을 몸소 실천하여 "날 부르지 말게, 내가 자넬 부를 테니"라고 말하는 셈입니다. 데이터 수신 또는 사용자 버튼 클릭 등의 이벤트가 발생하면 즉시 요청한 데이터를 콜백 함수에 넣고 호출해서 동기 코드를 실행합니다.

```
var students = null;
getJSON('/students',
  function(students) {
    showStudents(students);
  },
```

```
  function (error) {
    console.log(error.message);
  }
);
```

에러가 나면 에러 콜백 함수가 호출되고 여기서 에러 내용을 보고하거나 복원할 기회를 줍니다. 그러나 이런 식의 제어의 역전 구조는 함수형 프로그램의 설계 사상과 정면으로 배치됩니다. 함수형 프로그램의 함수는 서로 독립적이며 값을 호출자에 즉시 반환해야 합니다. 게다가 이미 말했듯, 이미 중첩된 콜백에 비동기 로직을 더할 경우 상황은 악화됩니다.

약간 복잡한 시나리오를 예로 들어 설명하겠습니다. 서버에서 학생 리스트를 가져온 후, 미국 거주 학생들만 점수 데이터를 조회한 다음, SSN 순으로 정렬하고 HTML 페이지에 표시하는 프로그램입니다.

코드 8-2 중첩된 JSON 호출. 둘 다 각자의 성공/에러 콜백을 가집니다.

```
getJSON('/students',
  function (students) {          ◁────  1단계 중첩. 첫 번째 AJAX 요청 후
    students.sort(function(a, b){        성공 콜백을 처리합니다.
      if(a.ssn < b.ssn) return -1;
      if(a.ssn > b.ssn) return 1;
      return 0;
    });
    for (let i = 0; i < students.length; i++) {
      let student = students[i];
      if (student.address.country === 'US') {   미국 거주 학생은 점수를 조회 후,
        getJSON(`/students/${student.ssn}/grades`,  테이블에 해당 점수를 표시합니다.
          function (grades) {        ◁────
            showStudents(student, average(grades)); ◁───┐
          },                                  2단계 중첩. 학생의 점수를 조회 후,
          function (error) {        ◁────      성공/에러 콜백을 처리합니다.
            console.log(error.message);
          }
        );
      }
    }
  },
  function (error) {               ◁────  1단계 중첩. 첫 번째 AJAX 요청 후,
    console.log(error.message);          에러 콜백을 처리합니다.
  }
);
```

이 책을 읽기 전엔 이런 코드가 별문제 없어 보였겠지만, 이제 함수형 프로그래머인 여러분의 눈에는 지저분하게 얽힌 코드로 보일 것입니다(이 코드의 함수형 완성본은 잠시 후 나옵니다). 이벤트를 처리하는 코드도 마찬가지입니다. [코드 8-3]은 사용자 입력을 처리하는 AJAX 호출을 교차 배치합니다. 마우스 클릭 이벤트를 리스닝하고 있다가 서버에서 여러 데이터 조각을 조회하여 DOM에 표시합니다.

코드 8-3 서버에서 SSN으로 학생 레코드를 조회

```
var selector = document.querySelector;
selector('#search-button').addEventListener('click',
  function (event) {
  event.preventDefault();

  let ssn = selector('#student-ssn').value;
  if(!ssn) {
    console.log('경고: 올바른 SSN이 필요합니다!');
    return;
  }
  else {
    getJSON(`/students/${ssn}`, function (info) {
      selector('#student-info').innerHTML = info;
      selector('#student-info').addEventListener('mouseover',
        function() {
          getJSON(`/students/${info.ssn}/grades`,
            function (grades) {
            // ... 학생의 점수 리스트를 처리 ...
            });
        });
    })
    .fail(function() {
      console.log('에러 발생!');
    });
  }
});
```

이 코드 역시 따라가기 어렵군요. 콜백 순차열을 중첩한 광경이 마치 코드를 수평하게 쌓아놓은 피라미드 같습니다(그림 8-2). 보통 이런 상태를 '콜백 지옥' 내지는 '비운의 크리스마스 트리'[1]라고 부릅니다. 많은 비동기 코드와 사용자/DOM 로직을 다루는 프로그램에서 흔히 발견

---

1 역주_ [그림 8-2]처럼 콜백 수준이 깊어지면서 코드를 들여쓰기한 모양이 크리스마스 트리 같다고 하여 붙여진 이름입니다.

되는 특징이지요.

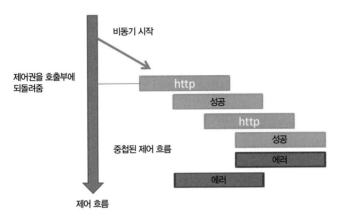

그림 8-2 프로그램의 단순한 선형 제어 흐름이 원격 호출로 인해 깨지고, 결국 중첩 함수 호출의 폭포수('비운의 크리스마스 트리'처럼 옆으로 들쭉날쭉한 피라미드) 모양으로 악화됩니다.

소스 코드가 이런 모양새를 띄기 시작하면 개발자는 그나마 가독성을 높이고자 공백과 구문 배치에 열중하게 됩니다. 하지만 그야말로 돼지 목에 진주 목걸이 격이죠. 함수형으로 사고하여 해결 방안을 찾아봅시다.

8.1.3 연속체 전달 스타일

[코드 8-3]은 적절히 분해되지 않은 프로그램의 전형입니다. 중첩된 콜백 함수는 읽기도 어렵지만, 자기 스코프 및 자신이 중첩된 함수의 변수 스코프를 감싼 클로저를 만듭니다. 어떤 함수를 다른 함수에 중첩하는 건, 그 함수가 어떤 일을 달성하기 위해 자신의 외부 변수에 직접 접근해야 할 경우에만 의미가 있습니다. 하지만 [코드 8-3]에서 전체 점수를 처리하는 내부 콜백 함수는 불필요한 외부 데이터를 참조하는 레퍼런스를 고스란히 간직하고 있습니다. 바로 이런 코드를 **연속체 전달 스타일**continuation-passing style (CPS)로 바꾸어 개선할 수 있습니다. [코드 8-3]을 CPS로 리팩터링한 [코드 8-4]를 봅시다.

```javascript
var selector = document.querySelector;

selector('#search-button').addEventListener('click', handleClickEvent);

const processGrades = function (grades) {
  // ... 학생의 점수 리스트를 처리 ...
};

const handleMouseMovement = () =>
  getJSON(`/students/${info.ssn}/grades`, processGrades);

const showStudent = function (info) {
  selector('#student-info').innerHTML = info;
  selector('#student-info').addEventListener(
    'mouseover', handleMouseMovement);
};

const handleError = error =>
  console.log('에러 발생: ' + error.message);

const handleClickEvent = function (event) {
  event.preventDefault();

  let ssn = selector('#student-ssn').value;
  if(!ssn) {
    alert('잘못된 SSN입니다!');
    return;
  }
  else {
    getJSON(`/students/${ssn}`, showStudent).fail(handleError);
  }
};
```

실은, 여러 내부 콜백 함수를 개별 함수 또는 람다 표현식으로 나눈 게 전부입니다. CPS는 비차단 프로그램의 조각들을 개별 컴포넌트로 분리하기 위한 프로그래밍 스타일입니다. 이런 점에서 보면 함수형 프로그래밍의 중간 형태라고 할 수 있지요. 여기서 콜백 함수는 **현재 연속체** current continuation라고 부르며, 이 함수 자체를 호출자에게 반환값으로 돌려줍니다. CPS의 중요한 강점은 콘텍스트 스택의 효율이 좋다는 점입니다(자바스크립트의 함수 스택이 긴가민가한 독자는 7장을 다시 읽어보세요). [코드 8-4]처럼 완벽히 CPS로 작성된 프로그램은 다른 함수로 이어지는 과정에서 현재 함수의 콘텍스트를 정리하고 새 콘텍스트를 만들어 다음 함수를 지원하는 식으로 프로그램의 흐름을 계속 이어갑니다. 즉 모든 함수가 꼬리에 꼬리를 무는 식이죠.

[코드 8-2]에서 동기/비동기 코드를 서로 끼워 넣으며 생겼던 문제도 연속체를 이용하면 바로잡을 수 있습니다. AJAX 요청으로 각 학생의 점수를 조회하고 평균을 계산하는 중첩 루프문이 문제였죠.

```
for (let i = 0; i < students.length; i++) {
  var student = students[i];
  if (student.address.country === 'US') {
    getJSON(`/students/${student.ssn}/grades`,
      function (grades) {
        showStudents(student, average(grades));
      },
      function (error) {
        console.log(error.message);
      }
    );
  }
}
```

얼핏 보기엔 Alonzo Church, Haskell Curry 학생의 이름과 관련 정보가 화면에 정상적으로 표시될 것 같습니다(이 코드는 각 학생의 데이터를 모두 HTML 테이블 형태로 붙이지만, 파일이나 DB에 집어넣을 수도 있습니다). 하지만 실행하면 예상 밖의 결과가 나옵니다(그림 8-3).

SSN	이름	성	성적
666-66-6666	Alonzo	Church	90
666-66-6666	Alonzo	Church	88

같은 학생 레코드가 2개?

그림 8-3 비동기 함수와 동기 루프가 뒤섞인, 오류 있는 명령형 코드의 실행 결과. 원격 데이터를 가져오는 도중에 함수를 호출하면 언제나 가장 마지막에 반복한(해당 클로저 내부의) 학생 레코드를 참조하므로 같은 레코드를 여러 번 출력합니다.

어떻게 같은 학생이 두 번이나 나왔을까요? 동기 장치(이 예제는 루프) 내부에서 비동기 함수 getJSON을 실행했기 때문입니다. getJSON 실행이 끝날 때까지 루프가 기다릴 리 만무하지요. 블록 스코프를 지정하는 키워드 let의 사용 여부와 상관없이 showStudents(student, average(grades))를 내부에서 호출하면 항상 클로저가 에워싼 마지막 학생 객체를 바라볼 테니, 같은 학생 레코드만 표시될 수밖에 없습니다. 2장에서 모호한 루프 문제를 다룰 때 필자는 어떤 함수의 클로저가 자신을 둘러싼 환경을 복제한 것이 아니라, 실제로 참조하는 레퍼런스임을 증명했습니다. 하지만 점수 컬럼은 제대로 나왔네요? 조회한 점수 값을 콜백 인수로 올바르게 전달한 결과입니다.

2장에서도 배웠지만 이 문제의 해법은, student 객체의 스코프를 AJAX 요청을 하는 함수 안으로 적절히 밀어 넣는 겁니다. 여기서는 점수를 처리하는 중첩된 콜백 함수가 학생 객체에도 의존하기 때문에 CPS를 이용하는 건 이전처럼 직관적이지 않습니다. 이것이 바로 부수효과임을 명심하세요. 연속체를 되찾으려면 여러분이 4장에서 배운 커링을 이용해 함수의 입력과 출력을 서로 연결 지어야 합니다.

```
const showStudentsGrades = R.curry(function (student, grades) {    ← 함수를 커리하여
  appendData(student, average(grades));    ←                         단항 함수로
});                                    appendData 함수는 HTML         바꿉니다.
                                       테이블에 행을 추가합니다.

const handleError = error => console.log(error.message);

const processStudent = function (student) {
  if (student.address.country === 'US') {           나중에 점수 데이터가 오면 커리 함수
    getJSON(`/students/${student.ssn}/grades`,        showStudentsGrades(student)에
      showStudentsGrades(student), handleError);  ←   넣고 콜백합니다.
  }
};

                                                반복되는 객체를 함수에 넘기면
for (let i = 0; i < students.length; i++) {      student를 클로저로
  processStudent(students[i]);  ←                포착할 수 있습니다.
}
```

이제 실행하면 결과가 정확합니다(그림 8-4).

올바른 결과 ⟵

SSN	이름	성	성적
444-44-4444	Haskell	Curry	90
666-66-6666	Alonzo	Church	88

그림 8-4 현재 학생 객체를 인수로 전달하면 함수 클로저를 정확히 지정하고 루프 안에서 원격 호출을 해서 모호한 결과가 빚어지는 문제를 해결할 수 있습니다.

CPS 코딩은 코드에 잔존하는 일시적 의존 관계를 척결하고, 비동기 흐름을 선형적인 함수 평가 형태로 둔갑시키는 능력이 있습니다. 둘 다 좋은 일이지만 이런 스타일이 익숙지 않은 사람이 코드를 보면 함수가 제때 실행되지 않는 이유를 몰라 적잖이 혼란스럽겠죠. 그래서 시간이 오래 걸리는 연산은 프로그램에서 일급 객체로 만들어야 합니다.

8.2 비동기 로직을 프라미스로 일급화

이 장의 서두에 나왔던 명령형 비동기 프로그램에 비하면 앞 절 예제는 확실히 개선은 되었지만 함수형과는 거리가 먼 코드입니다. 무릇 함수형 프로그램이라면 이런 특성을 지녀야 합니다.

- 합성과 무인수 프로그래밍을 이용합니다.
- 중첩된 구조를 보다 선형적으로 흐르게 눌러 폅니다.
- 일시적 결합은 추상하기 때문에 개발자는 더 이상 신경 쓸 필요가 없습니다.
- 여러 콜백 대신, 단일 함수로 에러 처리 로직을 통합하여 코드 흐름을 원활하게 합니다.

구조를 눌러 펴고, 합성하고, 로직을 통합하고… 가만 보니 마치 모나드가 할 일을 나열한 듯싶습니다. 자, 여러분에게 **프라미스**promise라는 모나드를 소개합니다. 한마디로, 프라미스는 오래 걸리는 계산을 모나드로 감싸는 개념입니다(실제 프라미스 인터페이스는 아니지만 다음 코드와 아주 비슷합니다).

```
Promise.of(<오래 걸리는 작업>).map(fun1).map(fun2); //-> Promise(결과)
```

이 책에서 배운 다른 모나드와 달리, 프라미스는 오래 걸리는 계산이 끝날 때까지 '기다렸다가' 미리 매핑한 함수를 실행합니다. 비동기 호출에서 불가피한 지연의 문제를 프라미스라는 자료 구조를 내세워 정면 돌파하는 겁니다. 반환값이 불확실한 함수를 Maybe, Either 모나드로 감쌌듯이, 프라미스는 우직하고 투명하게 데이터를 기다리는 개념입니다. 기존 콜백 기반의 접근 방법에 비하면 더 간편하게 비동기 작업을 실행, 합성, 관리할 수 있는 대안이지요.

프라미스는 나중에 처리가 끝나는 값이나 함수를 감쌉니다(자바에도 이와 비슷한 Future〈V〉 객체가 있습니다). 복잡한 계산, DB/서버로부터 데이터를 조회, 또는 파일을 읽어 들이는 작업은 언제 끝날지 모릅니다. 프라미스를 이용하면 이런 작업 도중 실패해도 Maybe, Either와 아주 비슷하게 에러 처리 로직을 통합하여 대응할 수 있습니다. 또 프라미스는 처리할 작업의 상태 정보를 제공하므로 "데이터를 성공적으로 조회했는가?" 혹은 "작업 도중 에러는 안 났는가?" 등의 질문을 던질 수도 있습니다.

프라미스의 상태는 언제나 **보류**pending, **이룸**fulfilled, **버림**rejected, **귀결**settled 중[2] 하나입니다(그림 8-5). 처음은 보류(미결unresolved) 상태로 시작합니다. 그리고 오래 걸리는 작업 결과에 따라 이룸(resolve를 호출) 또는 버림(reject를 호출) 상태로 분기합니다. 프라미스가 문제없이 이루어지면 다른 객체(연속체 또는 콜백)에 데이터가 당도했음을 통보하고, 처리 도중 에러가 나면 미리 등록한 실패 콜백 함수를 호출합니다. 이때 프라미스는 귀결된 상태라고 봅니다.

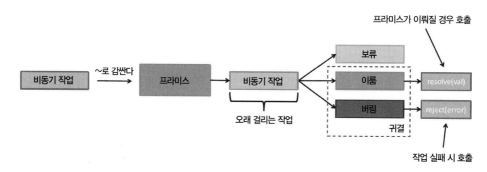

그림 8-5 비동기 작업을 프라미스로 감싸고 이룸/버림 두 콜백을 받는 과정. 프라미스는 처음에 보류 상태로 출발해서 이룸 아니면 버림 상태가 바뀌고, 귀결 상태로 이동하기 전, 각각 resolve 또는 reject 함수를 호출합니다.

프라미스를 쓰면 프로그램을 좀 더 효율적으로 파악할 수 있고 복잡하고 단단히 뭉친 콜백 매듭을 풀 수 있습니다. null 체크하는 if-else 조건 블록이 여러 개 중첩된 코드를 Maybe 모나드로 제거했던 것처럼, 프라미스 역시 모나드의 map 함수자처럼 일련의 중첩된 콜백 함수를 일련의 작업들로 전환할 수 있습니다.

ES6는 브라우저 개발사 간에 자바스크립트 프라미스의 상호 호환성을 규정한 프라미스/A+라는 공개 표준을 채택했습니다(기술 문서는 https://promisesaplus.com에 있습니다. 프로토콜 세부 사항과 여러 가지 용어를 학습할 수 있으니 일독을 권합니다). 기본적인 프라미스 객체는 이렇게 구성합니다.

---

2 역주_ 프라미스 용어는 아직 공식적인 한글 명칭이 정해진 바 없으나, 본 역서에서는 원서의 fulfilled를 프라미스(약속)가 어떤 형태로든 귀결되어 이루어졌다는 의미에서 '이룸'으로, rejected는 프라미스(약속)가 이루어지지 못하고 버려졌다는 의미에서 '버림'이라는 순우리말로 옮기겠습니다.

```
var fetchData = new Promise(function (resolve, reject) {

  // 데이터를 비동기로 가져오거나 오래 걸리는 계산을 한다.

  if (<성공하면>) {
    resolve(result);
  }
  else {
    reject(new Error('작업 중 에러 발생!'));
  }
});
```

프라미스 생성자는 비동기 작업을 감싼 함수(**액션 함수**^{action function})를 하나 받습니다. 이 함수는 resolve와 reject 콜백(연속체라고 볼 수 있습니다). 2개를 받고, 각각 프라미스가 이룸/버림 상태일 때 호출됩니다. Either 디자인 패턴과 강하게 통하는 대목이군요. 4장에서 예제로 보았던 단순 스케줄러에 프라미스를 적용해 보겠습니다.

```
var Scheduler = (function () {
  let delayedFn = _.bind(setTimeout, undefined, _, _);

  return {
    delay5: _.partial(delayedFn, _, 5000),
    delay10: _.partial(delayedFn, _, 10000),
    delay: _.partial(delayedFn, _, _)
  };
})();

var promiseDemo = new Promise(function(resolve, reject) {        ┌ 오래 걸리는 작업을
  Scheduler.delay5(function () {  ←──────────────────────────────┘  지연 함수로 나타냅니다.
    resolve('완료!');  ←──┐
  });                     │ 프라미스가
});                      │ 귀결됩니다.

promiseDemo.then(function(status) {                  ┌ 5초 후 프라미스가
  console.log('5초 후 상태: ' + status);  ←──────────┘  귀결됩니다.
});
```

프라미스는 모나드 map처럼 아직 존재하지 않는 미래의 값을 변환하는 체제입니다.

8.2.1 미래의 메서드 체인

프라미스 객체는 (함수자의 fmap과 유사한) then 메서드를 지닙니다. 프라미스에 보관된 반환값에 어떤 연산을 수행하고 다시 프라미스 형태로 되돌리는 메서드죠. Maybe.map(f)처럼 Promise.then(f)는 데이터 변환 작업을 서로 체이닝하고 여러 함수를 제때 그러모아 함수 사이의 일시적인 결합을 추상하는 용도로 쓰입니다. 덕분에 중첩 수준을 늘리지 않은 상태에서 의존하는 비동기 로직을 여러 단계로 체이닝할 수 있습니다(그림 8-6).

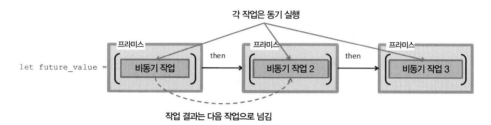

그림 8-6 then 메서드로 이어 붙여 체이닝된 프라미스의 순차열을 구성합니다. 각 then 절은 한 프라미스가 이루어진 직후 다음 프라미스로 진행하면서 차례로 실행됩니다.

then 메서드의 두 인수(선택)는 성공 콜백, 에러 콜백입니다. 에러가 나면 자세한 상황 보고를 하기 위해 각 then 블록에 에러 콜백을 넣을 수 있고, 줄곧 성공 콜백만 넣고 모든 에러 처리는 마지막 단계의 catch 메서드에게 일임하는 방법도 있습니다. 프라미스를 체이닝하기 전에 프라미스를 활용할 수 있도록 getJSON을 리팩터링(함수를 **프라미스화**promisify)합시다.

코드 8-5 getJSON을 프라미스화

```
var getJSON = function (url) {
  return new Promise(function(resolve, reject) {
    let req = new XMLHttpRequest();
    req.responseType = 'json';
    req.open('GET', url);
    req.onload = function() {          ← AJAX 함수가 반환될 때
      if(req.status == 200) {            호출합니다.
        let data = JSON.parse(req.responseText);
          resolve(data);     ← 성공 응답이면(응답 코드 200이면)
      }                        프라미스가 귀결됩니다.
      else {                                  응답 코드가 200이 아니거나 접속 도중
        reject(new Error(req.statusText));  ← 에러가 나면 프라미스를 버립니다.
```

```
      }
    };
    req.onerror = function () {
      if(reject) {
        reject(new Error('IO 에러'));
      }
    };
    req.send();  ←┐
  });              └── 원격 요청을 합니다.
};
```

API를 프라미스화하면 기존 콜백보다 훨씬 코드를 다루기 쉬워 여러모로 좋습니다. 데이터 조회뿐 아니라 오래 걸리는 어떤 종류의 작업도 프라미스로 감쌀 수 있기 때문에 then 메서드를 구현한 객체(**데너블**^{thenable})와 병용할 수 있습니다. 조만간 모든 자바스크립트 라이브러리가 프라미스를 함수에 통합할 전망입니다.

제이쿼리의 프라미스

여러분이 전에 제이쿼리를 써봤다면 이미 프라미스를 경험한 셈입니다. 제이쿼리의 $.getJSON 함수(또는 각종 $.ajax 응용 함수들**3**)가 반환하는 Deferred(프라미스의 비표준 구현체)가 바로 프라미스 인터페이스를 구현한, then 메서드를 지닌(데너블) 객체입니다. 따라서 Deferred 객체를 프라미스로 보고 Promise.resolve() 식으로 쓸 수도 있습니다.

```
Promise.resolve($.getJSON('/students')).then(function () ...);
```

이 객체는 이제 데너블 객체로서 프라미스화한 여느 객체처럼 쓸 수 있습니다. 이 책에서는 프라미스를 응용하여 API 호출을 리팩터링하는 과정을 설명하고자 getJSON을 직접 만들어 썼습니다(코드 8-5).

우선 프라미스에 기반을 둔 새 getJSON 함수로 서버에서 학생 데이터를 가져오는 간단한 예제를 살펴보고 프라미스를 체이닝하여 점수 조회 로직을 추가해봅시다.

```
getJSON('/students').then(
  function(students) {
```

---

3 역주_ 제이쿼리 라이브러리는 편의상 $.ajax()의 각종 옵션값이 용도에 맞게 미리 세팅된 $.get(), $.post(), $getJSON(), $getScript() 등의 단축 함수를 제공합니다.

```
      console.log(R.map(student => student.name, students));
    },
    function (error) {
      console.log(error.message);
    }
  );
```

이제 연속체를 전달하는 대신, 프라미스로 작동하는 훨씬 우수한 기법으로 [코드 8-2]를 리팩
터링할 차례입니다. [코드 8-2]를 한 번 더 살펴봅시다.

```
getJSON('/students',
  function (students) {
    students.sort(function(a, b){
      if(a.ssn < b.ssn) return -1;
      if(a.ssn > b.ssn) return 1;
      return 0;
    });
    for (let i = 0; i < students.length; i++) {
      let student = students[i];
      if (student.address.country === 'US') {
        getJSON(`/students/${student.ssn}/grades`,
          function (grades) {
            showStudents(student, average(grades));
          },
          function (error) {
            console.log(error.message);
          });
      }
    }
  },
  function (error) {
    console.log(error.message);
  }
);
```

[코드 8-6]은 다음과 같이 함수형으로 바꾼 결과입니다.

- 비동기 호출을 중첩하는 대신 then으로 체이닝하고, 비동기 코드를 프라미스 모나드로
  추상합니다.

- 변수를 선언하고 변이를 일으키는 코드는 모두 없애고 람다 함수를 우선합니다.

- 람다JS의 커리된 함수를 적극 활용하여 정렬, 필터링, 매핑 등의 자료 변환 단계를 간소

화합니다.

- 에러 처리 로직을 제일 마지막의 catchall 함수에 몰아 넣습니다.

- 데이터를 IO 모나드에 승급하여 부수효과 없이 DOM에 표시합니다.

코드 8-6 학생/점수 데이터를 비동기 호출로 조회

```
getJSON('/students')
  .then(hide('spinner'))          ←── 스피너(spinner)⁴를 감춥니다. 값을 반환하지 않는 함수
  .then(R.filter(s => s.address.country == 'US'))     라서 프라미스로 감싼 값은 후속 then으로 넘깁니다.
  .then(R.sortBy(R.prop('ssn')))  ←── 남은 객체를 SSN 순으로 정렬합니다.     미국에 거주하지 않는
    .then(R.map(student => {     ←──────────────              학생은 걸러냅니다.
      return getJSON('/grades?ssn=' + student.ssn)
        .then(R.compose(Math.ceil,                        getJSON 요청을 한 번 더 매핑해서
          fork(R.divide, R.sum, R.length)))              점수 데이터를 가져옵니다.
        .then(grade =>               함수 조합기와 람     앞서 조회한 학생 각자마다 개별
          IO.of(R.merge(student,    다JS 함수로 평균     프라미스가 결과를 처리합니다.
          {'grade': grade}))        을 계산합니다.
          .map(R.props(['ssn', 'firstname',
            'lastname', 'grade']))              IO 모나드로 학생과
          .map(csv)                             점수 데이터를 DOM에
          .map(append('#student-info')).run())  표시합니다.
      );
}))
.catch(function(error) {
  console.log('에러 발생: ' + error.message);
});
```

비동기 호출을 처리하는 세부 로직을 프라미스가 대신 처리하므로 마치 각 함수를 순서대로 하나씩 실행하듯 (기다리는 시간도 없고 심지어 외부 서버에 데이터를 요청한다는 사실조차 잊은 채) 프로그램을 작성할 수 있습니다. 프라미스는 비동기 흐름을 숨기지만 시간 관념은 then으로 분명히 드러내기 때문에 getJSON(url)을 지역 저장소 호출 용도로 프라미스화한 getJSON(db)로 쉽게 바꿀 수 있고 그래도 코드는 정확히 똑같이 작동합니다. 이런 수준의 유연성을 **위치 투명성**location transparency이라고 합니다. 그리고 잘 보면 코드가 무인수 스타일입니다. [그림 8-7]은 이 프로그램의 움직임을 묘사한 것입니다.

---

4 역주_ 데이터 처리 중임을 웹 화면에 표시하는 장치로, 예전에는 움직이는 GIF 이미지를 많이 썼지만 요즘은 CSS 스피너를 더 많이 쓰는 추세입니다. https://projects.lukehaas.me/css-loaders를 참고하세요.

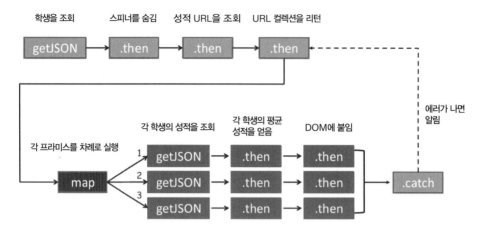

학생을 조회 　스피너를 숨김 　성적 URL을 조회 　URL 컬렉션을 리턴

각 학생의 성적을 조회 　각 학생의 평균 성적을 얻음 　DOM에 붙임

각 프라미스를 차례로 실행

에러가 나면 알림

그림 8-7 프라미스 체인의 작동 흐름. 각 데너블 블록에는 자신을 통과하는 데이터를 변환하는 함수가 있습니다. 이 프로그램은 버그도 없고 기능 요건을 모두 충족하지만, 학생별 점수를 조회할 때 폭포수 형태로 getJSON 요청을 전송하므로 비효율적입니다.

[코드 8-6]은 학생 정보를 가져와 한 번에 한 명씩 DOM에 추가하는데, 점수를 조회하는 작업을 직렬화한 까닭에 귀중한 시간을 낭비하고 있습니다. 프라미스는 브라우저의 다중 접속 기능을 활용하여 한 번에 여러 데이터 항목을 조회할 수 있는 능력도 있습니다. 요건을 살짝 바꿔, 동일한 학생 데이터 집합에 대해 총 평균 점수를 계산한다고 합시다. 이런 경우라면, 데이터를 조회하는 순서나 어느 요청이 더 빨리 도착하는지 고려할 필요가 없으므로 작업을 동시에 진행할 수 있습니다. 바로 이럴 때 쓰는 함수가 Promise.all()입니다.

코드 8-7 Promise.all()로 여러 항목을 한 번에 조회

```
const average = R.compose(Math.ceil,
    fork(R.divide, R.sum, R.length));          평균을 구하는 함수는 한 군데 이상 쓰이므로
                                               개별 함수로 분리합니다.
getJSON('/students')
    .then(hide('spinner'))                     전체 학생 점수를
    .then(R.map(student => '/grades?ssn=' + student.ssn))   한 번에 내려받습니다.
    .then(gradeUrls =>                                                학생별
       Promise.all(R.map(getJSON, gradeUrls)))                       평균 점수를
    .then(R.map(average))                                            계산합니다.
    .then(average)        학급의 총 평균 점수를 계산합니다.
    .then(grade => IO.of(grade).map(console.log).run())    IO 모나드에 넣은 값을
    .catch(error => console.log('에러 발생: ' + error.message));   콘솔에 출력합니다.
```

Promise.all을 이용하면 한 번에 여러 데이터를 내려받는 브라우저의 능력을 극대화할 수 있습니다. 이터러블^{iterable}(반복 가능) 인수에 포함된 모든 프라미스가 귀결되는 즉시 결과 프라미스도 귀결됩니다. [코드 8-7]은 두 가지 기본적인 함수형 코드의 컴포넌트를 모은 것입니다. 프로그램을 단순한 함수들로 나눈 다음, 모나드 자료형을 통해 이들을 다시 합성하여 전체 프로그램의 실행 흐름을 조정하는 것입니다. [그림 8-8]은 이 과정에서 일어나는 일들을 도식화한 그림입니다.

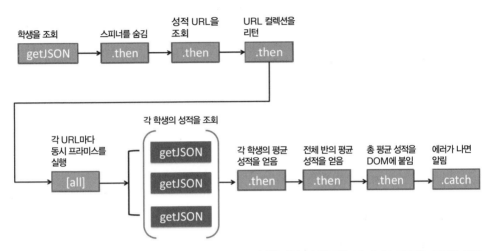

그림 8-8 Promise.all()로 선형적, 동시적인 프라미스를 연결한 체인의 실행 흐름. 각 데너블 블록에는 자신을 통과하는 데이터를 변환하는 함수가 있습니다. 이 프로그램은 병렬 접속하여 한 번에 모든 데이터를 조회하므로 효율적입니다.

그러나 모나드는 메서드 체인 구성 용도로만 쓰기엔 적합하지 않습니다. 앞 장에서 배웠듯이 모나드는 합성 용도로도 효과적입니다.

8.2.2 동기/비동기 로직을 합성

합성한 함수의 입출력을 서로 어떻게 연결할지 떠올리면, 이 함수들이 반드시 한 함수씩 선형적으로 실행되어야 한다는 사실을 어렵잖게 직감할 수 있습니다. 하지만 프라미스 덕분에, (프라미스가 없었으면 합성한 함수들로 이루어졌을) 동기 프로그램의 모양새를 그대로 유지한 채 시차를 두고 여러 함수를 나누어 실행할 수 있습니다. 조금 어렵게 느껴질 수 있는 부분이니 예를 들어 설명하겠습니다.

지금까지 이 책의 예제들은 편의상 find(db, ssn)의 동기 버전으로 showStudent를 구현했습니다. 이제부턴 특정 키(SSN)로 매핑된 객체를 저장하기 위해 **IndexedDB**[5]를 이용하여 브라우저의 지역 저장소에 의존하는 실제 비동기 버전을 작성하겠습니다. 전에 IndexedDB를 써본 적이 없어도 걱정할 필요 없습니다. [코드 8-8]에서 보다시피 find를 프라미스로 구현하기 때문에, 여기서 중요한 건 student 객체가 존재하면 이 객체로 프라미스가 귀결되며 그 외에는 버려진다는 사실입니다.

코드 8-8 브라우저의 지역 저장소를 이용한 find 함수

```
// find :: DB, String -> Promise(Student)
const find = function (db, ssn) {
  let trans = db.transaction(['students'], 'readonly');
  const store = trans.objectStore('students');
  return new Promise(function(resolve, reject) {        조회한 결과를 프라미스로
    let request = store.get(ssn);   ←                    감쌉니다.
    request.onerror = function() {
      if(reject) {                                       저장소에서 객체를 찾다 실패하면
        reject(new Error('학생이 없습니다!'));   ←        그냥 버립니다.
      }
    };
    request.onsuccess = function() {
      resolve(request.result);   ←┐  저장소에서 객체가 발견되면
    };                            └  즉시 귀결하고 학생 객체를 넘깁니다.
  });
};
```

db 객체를 설정하는 코드는 이 책의 주제와 직접적인 상관이 없으므로 생략합니다. 인덱스 지역 저장소 API를 초기화하고 사용하는 방법은 기술 문서 https://developer.mozilla.org/en-US/docs/Web/API/IndexedDB_API를 참고하세요. 이 문서를 읽어보면 저장소 읽기/쓰기와 관련된 모든 API가 콜백 전달에 의지하는 동기적 API임을 알 수 있습니다. 그런데 각각 다른 시점에 실행되는 함수들을 어떻게 함께 합성할 수 있을까요? 지금까지 find 함수는 항상 동기적으로 작동했습니다. 다행히 프라미스는 코드를 거의 고치지 않아도 미래의 함수 합

----

5 역주_ 사용자 브라우저 내부에 데이터를 저장하는 웹 브라우저 표준 인터페이스로, HTML5부터 새롭게 추가된 추가된 개념입니다. 브라우저상에서 자바스크립트로 조작 가능한 고기능 데이터베이스입니다.

성과 동등하게 함수를 프라미스와 합성할 수 있도록 비동기 코드의 실행을 추상합니다. 우선, 코드를 구현하기 앞서 필요한 도우미 함수를 몇 가지 작성합니다.

```
// fetchStudentDBAsync :: DB -> String -> Promise(Student)
const fetchStudentDBAsync = R.curry(function (db, ssn) {
  return find(db, ssn);
});

// findStudentAsync :: String -> Promise
const findStudentAsync = fetchStudentDBAsync(db);        ◁── 이 함수를 합성에 포함하기 위해
                                                              저장소 객체를 커리합니다.

// then :: f -> Thenable -> Thenable
const then = R.curry(function (f, thenable) {       ◁── 데너블형(프라미스처럼 then 메서드를 구현한
  return thenable.then(f);                                객체)에도 연산을 체이닝할 수 있게 만듭니다.
});

// catchP :: f -> Promise -> Promise
const catchP = R.curry(function (f, promise) {     ◁── 프라미스 객체에
  return promise.catch(f);                             에러 처리 로직을 부여합니다.
});

// errorLog :: Error -> void
const errorLog = _.partial(logger, 'console', 'basic',
  'ShowStudentAsync', 'ERROR');        ◁─────── 콘솔에 에러 수준의 로거를
                                                  만듭니다.
```

[코드 8–9]는 이들 함수를 R.compose로 묶은 것입니다.

코드 8-9 showStudent의 비동기 버전

```
const showStudentAsync = R.compose(                    에러가 나면 모두
  catchP(errorLog),           ◁──────────────────      여기서 잡힙니다.
  then(append('#student-info')),   ◁─────────────      then은 모나드 map 함수와
  then(csv),                                            같습니다.
  then(R.props(['ssn', 'firstname', 'lastname'])),
  chain(findStudentAsync),   ◁──
  map(checkLengthSsn),           동기/비동기 코드가 서로 맞물려 굴절되는
  lift(cleanInput));             지점입니다(잠시 후 설명)
```

프라미스로 합성하는 것이 얼마나 강력한지 잘 보여주고 있군요. [그림 8–9]에서 보다시피 findStudentAsync를 실행하면 전체 프로그램은 나머지 함수들을 계속 실행하기 위해서 비동기 함수가 데이터를 호출자에게 되돌려줄 때까지 기다립니다. 여기서 프라미스는 비동기 영

역으로 들어가는 일종의 관문 노릇을 합니다. 함수가 내부적으로 어떤 비동기 로직을 구사했는지, 어떤 콜백을 썼는지 등은 철저히 베일에 감싼 채 선언적인 포즈를 취합니다. 따라서 동시에 실행되진 않지만 나중에 함수 조합기로서의 본색을 드러낼 함수를 서로 붙여놓은 무인수 프로그램들을 합성하여 조정할 수 있습니다.

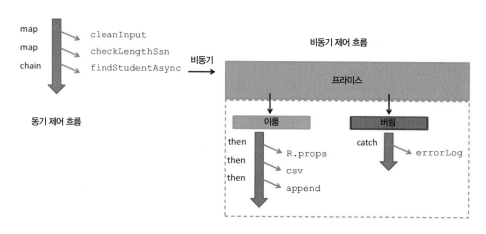

그림 8-9 동기 코드에 비동기 동작을 합성하면, 프라미스형의 범위 내에서 시간 종속적이면서 잇달은 이벤트 순차열로 코드 진행이 바뀌는 프로그램상의 굴절 지점이 생깁니다.

에러 처리 로직도 추가되어 있습니다. 올바른 SSN을 인수로 프로그램을 실행하면 showStudentAsync('444-44-4444')는 학생 레코드를 정상적으로 페이지에 추가하지만, 만약 프라미스가 버려지면 에러는 프로그램을 죽 타고 안전하게 전파되다가 결국 catch 절을 만나 다음 메시지를 출력합니다.

[ERROR] 에러: 학생이 없습니다!

상당히 복잡한 프로그램이긴 하지만, 여러분이 이 책에서 배운 합성, 고계함수, 모나드, 컨테이너화, 매핑, 체이닝 등의 다양한 개념들을 조합하여 함수형 스타일을 가꿔나갈 수 있었습니다. 더욱이 데이터를 손에 넣을 때까지 대기/양보한다는 발상은 대단히 강력한 개념이라서 ES6부터는 일급 시민으로 선보일 정도로 발전했습니다.

8.3 느긋한 데이터 생성

ES6의 가장 강력한 특성 중 하나는, 어떤 함수를 끝까지 실행하지 않아도 데이터 제공을 잠시 중단한 상태로 다른 함수들과 더불어 작동시키는 능력입니다. 그래서 육중한 자료구조를 당장 꼭 처리할 필요 없이 느긋하게 데이터를 생성하는 매개체로 함수를 활용할 수 있는 다양한(사실상 무한한) 기회가 생깁니다.

한편으로는 (지금까지 map, filter, reduce 등으로 해왔듯이) 비즈니스 규칙에 따라 변환된 대량 객체 컬렉션을 두는 것도 가능하지만, 다른 한편으로는 데이터를 생성하는 방법에 관한 규칙을 명시하는 방법도 있습니다. 예를 들어 함수 x => x * x는 수학적으로는 전체 제곱수(1, 4, 9, 16, 25, ...)를 나타내는 명세입니다. **제너레이터**^{generator}(생성기)는 이런 명세를 독특한 구문으로 표기합니다.

제너레이터 함수는 function*라고 표기하는, 언어 수준에서 지원되는 장치입니다(네, 애스터리스크(*)를 붙인 함수입니다). 이 신종 함수는 역시 새로운 키워드인 yield를 만나면 함수 밖으로 잠시 나갔다가 자신의 보관된 (전체 지역 변수가 바인딩된) 콘텍스트를 찾아 다시 돌아오는 독특한 움직임을 보입니다(함수 실행 콘텍스트라는 용어가 낯설게 느껴지면 7장을 다시 참고하세요). 일반적인 함수 호출과 달리, 제너레이터 함수의 실행 콘텍스트는 잠정 중단했다가 언제라도 재개할 수 있어서 제너레이터로 다시 돌아올 수 있습니다.

느긋한 평가 언어는 프로그램의 요건에 맞게 임의의 크기로 리스트를 생성할 수 있습니다. 자바스크립트도 그런 부류의 언어라면 다음 코드처럼 쓸 수 있었겠죠(물론, 개념이 그렇다는 겁니다).

```
R.range(1, Infinity).take(1); //-> [1]
R.range(1, Infinity).take(3); //-> [1,2,3]
```

7장에서 보았듯이, 자바스크립트는 조급한 평가 언어라서 R.range(1, Infinity)를 실행하면 브라우저의 함수 스택이 넘쳐흘러 에러가 날 겁니다. 제너레이터는 함수를 호출하는 시점에 내부적으로 이터레이터 객체를 생성하여 느긋함을 부여하고, 이터레이터는 매번 yield를 호출할 때마다 호출자에게 데이터를 돌려줍니다(그림 8-10).

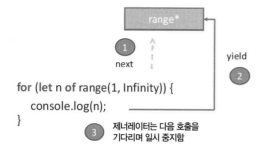

```
for (let n of range(1, Infinity)) {
    console.log(n);
}
```

next ① ② yield

③ 제너레이터는 다음 호출을
기다리며 일시 중지함

그림 8-10 for..of 루프에서 range 제너레이터를 실행하면, 루프를 반복할 때마다 제너레이터는 일시 중지하고 새 데이터를 산출합니다. 이렇게 보면, 제너레이터는 이터레이터와 의미상 비슷합니다.

다음은 아주 긴 숫자 리스트 중 처음 세 원소만 취하는 코드입니다.

```
function *range(start = 0, finish = Number.POSITIVE_INFINITY) {
  for(let i = start; i < finish; i++) {
    yield i;        ◁── 호출자로 돌아간 후에도 지역 변수의
  }                      바인딩 상태를 모두 기억합니다.
}

const num = range(1);
num.next().value; //-> 1
num.next().value; //-> 2
num.next().value; //-> 3

// 또는                     제너레이터는 이터러블 형식이라서 여느 배열처럼 루프 블록 내에 둘
                           수 있습니다(자세한 설명은 잠시 후). ES6부터는 제너레이터 전용 루
for (let n of range(1)) { ◁── 프문 for..of가 도입됐습니다.
  console.log(n);
  if(n === threshold) {   ◁── 프로그램이 무한 루프에 빠지지 않게
    break;                     한겻값을 체크합니다.
  }
}//-> 1,2,3,...
```

제너레이터를 이용해서 무한 수열에서 원하는 개수만큼 숫자를 취하는 느긋한 프로그램을 작성하면 다음과 같습니다.

```
function take(amount, generator) {
  let result = [];
  for (let n of generator) {
    result.push(n);
```

```
      if(n === amount) {
        break;
      }
    }
  return result;
}
take(3, range(1, Infinity)); //-> [1, 2, 3]
```

제너레이터는 몇 가지 한계는 있지만 작동 방식이 여느 함수 호출과 아주 비슷합니다. 제너레이터가 값을 생성하는 로직을 함수에 담아 제너레이터의 인수로 전달하면 됩니다.

```
function *range(specification, start = 0,
  finish = Number.POSITIVE_INFINITY) {

  for(let i = start; i < finish; i++) {
    yield specification(i);    ◁────  생성된 값 각각에 대해
  }                                   specification 함수를 적용합니다.
}

for (let n of range(x => x * x, 1, 4)) {    ◁──  제너레이터는 동작 방식이 여느 고계함수와 같아 원하는
  console.log(n);                                로직을 인수에 담아 보낼 수 있습니다. 예제에서는
}//-> 1,4,9,16                                   제곱수를 생성하라고 제너레이터에게 지시합니다.
```

제너레이터는 재귀적으로도 사용할 수 있습니다.

8.3.1 제너레이터와 재귀

일반 함수 호출과 마찬가지로 제너레이터도 다른 제너레이터를 얼마든지 호출할 수 있습니다. 중첩된 객체 집합을 평평한 모양으로 만들고 싶을 때(트리를 순회할 때 이상적이죠) 아주 유용한 특성입니다. 제너레이터는 for..of 루프문으로 반복할 수 있기 때문에 다른 제너레이터에게 위임하는 건 마치 두 컬렉션을 병합한 전체 컬렉션을 반복하는 것과 비슷합니다. 3장의 사제 관계 그래프를 다시 보겠습니다(그림 8-11).

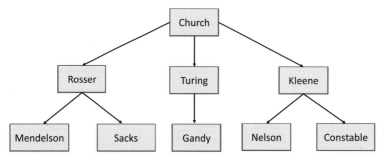

그림 8-11 3장의 사제 관계 그래프. 노드는 학생 객체를, 간선은 '~의 제자' 관계를 나타냅니다.

이 트리의 가지에 담긴 데이터는 제너레이터를 이용하여 손쉽게 모형화할 수 있습니다.

```
function* AllStudentsGenerator(){
  yield 'Church';

  yield 'Rosser';
  yield* RosserStudentGenerator();        ← yield*로 다른 제너레이터에게 위임합니다.

  yield 'Turing';    ←                     이런 식으로 다른 제너레이터를
  yield* TuringStudentGenerator();         교차 배치합니다.

  yield 'Kleene';
  yield* KleeneStudentGenerator();
}

function* RosserStudentGenerator(){
  yield 'Mendelson';
  yield 'Sacks';
}

function* TuringStudentGenerator(){
  yield 'Gandy';
  yield 'Sacks';
}

function* KleeneStudentGenerator(){
  yield 'Nelson';
  yield 'Constable';
}
                                           루프문 자체가 마치 하나의 커다란
                                           제너레이터인 양 반복됩니다.
for(let student of AllStudentsGenerator()){ ←
```

```
    console.log(student);
  }

  /* 실행 결과:
  Church
  Rosser
  Mendelson
  Sacks
  Turing
  Gandy
  Sacks
  Kleene
  Nelson
  Constable
  */
```

제너레이터 역시 내부적으로는 독특한 의미가 있지만, 재귀는 함수형 프로그래밍의 요체이기도 하므로 필자는 제너레이터의 작동 방식이 일반 함수 호출과 매우 흡사하며 자기 자신에게 위임하는 것도 가능함을 밝히고 싶습니다. 같은 트리(각 노드에는 Person 객체가 있습니다)를 이번에는 재귀로 탐색해볼까요?

```
function* TreeTraversal(node) {
  yield node.value;
  if (node.hasChildren()) {
    for(let child of node.children) {
      yield* TreeTraversal(child);    ◁──┐ yield*로 자신에게
    }                                     │ 도로 위임합니다.
  }
}

var root = node(new Person('Alonzo', 'Church', '111-11-1231'));  ◁──┐ 3장에서 이 트리의
                                                                    │ root 객체는
for(let person of TreeTraversal(root)) {                            │ Church 노드라고
  console.log(person.lastname);                                     │ 했습니다.
}
```

코드 실행 결과는 Church, Rosser, Mendelson, Sacks, Turing, Gandy, Kleene, Nelson, Constable로 변함 없습니다. 지휘봉이 다른 제너레이터로 넘어간 후, 작업이 끝나면 다시 호출자로 돌아오는데요, 보다시피 당초 떠난 지점과 정확히 동일한 위치로 이동합니다. 그러나 for..of 루프 입장에서 보면 데이터가 소진될 때까지 안에서 이터레이터를 열심히 호출했을 뿐, 재귀가 일어났다는 사실조차 모릅니다.

8.3.2 이터레이터 프로토콜

제너레이터는 또 다른 ES6 신제품인 **이터레이터**iterator와 밀접한 관계가 있습니다. (배열 등의) 여느 자료구조처럼 루프로 반복시킬 수 있는 것도 이터레이터 덕분이지요. 제너레이터 함수는 내부적으로 이터레이터 프로토콜에 따라 yield 키워드로 값을 반환하는 next() 메서드가 구현된 Generator 객체를 반환합니다. 이 객체의 속성은 다음과 같습니다.

- done: 제일 마지막에 이터레이터가 전달되면 true, 그 외에는 false로 세팅됩니다. 즉, false는 이터레이터가 아직 도중에 다른 값을 생산할 수 있음을 의미합니다.
- value: 이터레이터가 반환한 값입니다.

제너레이터의 내부 작동 원리는 이 정도만 알아도 충분합니다. 다음은 range 제너레이터를 원시 형태로 구현한 코드입니다.

```
function range(start, end) {

  return {
    [Symbol.iterator]() {      ← 반환된 객체가 (이터레이터 프로토콜을 구현한)
      return this;                이터러블임을 나타냅니다.
    },
    next() {
      if(start < end) {
        return { value: start++, done:false };   ← 제너레이터의 주요 로직입니다. 더 생성할
      }                                             데이터가 있으면 yield된 값을 가진 객체를
      return { done: true, value:end };          ← 반환 후 done 플래그를 false로 세팅하고,
    }                                               더 생성할 데이터가 없으면 done 플래그를
  };                                                true로 세팅합니다.
}
```

이렇게 제너레이터를 구현하면 특정한 패턴이나 명세를 따르는 어떤 종류의 데이터라도 만들어낼 수 있습니다. 가령 제곱수 제너레이터라면 다음과 같이 만듭니다.

```
function squares() {
  let n = 1;
  return {
    [Symbol.iterator]() {
      return this;
    },
    next() {
      return { value: n * n++ };
```

```
      }
    };
  }
```

이터레이터와 이터러블의 자세한 사용법은 https://developer.mozilla.org/en-US/docs/ Web/JavaScript/Reference/Iteration_protocols를 참고하기 바랍니다. 자바스크립트에는 내부 속성 @@iterator를 이용해서 이터러블 객체로 취급할 수 있는 것들이 많습니다. 가장 쉬운 예로 배열이 그렇지요.

```
var iter = ['S', 't', 'r', 'e', 'a', 'm'][Symbol.iterator]();
iter.next().value; // S
iter.next().value; // t
```

심지어 문자열도 반복이 가능합니다.

```
var iter = 'Stream'[Symbol.iterator]();
iter.next().value//-> S
iter.next().value//-> t
```

필자는 데이터를, 이벤트나 값들을 이산적인(띄엄띄엄 떨어져 있는) 순차열^{discrete sequence}로 만드는 스트림으로 바라보는 습관을 여러분에게 권장합니다. 지금까지 죽 배워온 것처럼 이런 값들은 순수 고계함수의 순차열에 흘러들어 여러분이 원하는 모습으로 바뀝니다. 이와 같은 사고 방식은 근본적으로 매우 중요해서 (함수형 프로그래밍에 기반을 둔) 리액티브 프로그래밍이라고 불리는 또 다른 프로그래밍 패러다임으로 발전했습니다.

8.4 RxJS를 응용한 함수형 리액티브 프로그래밍

웹 애플리케이션 생태계에서 AJAX의 출현은 일대 혁명을 가져왔습니다. 웹의 한계에 도전할수록 데이터는 물론 더 긴밀한 상호작용을 원하는 사용자의 기대 수준 또한 높아졌지요. 애플리케이션은 버튼 클릭, 텍스트 필드 입력, 마우스 움직임, 손가락 제스처, 음성 명령 등 다양한 경로로 유입되는 사용자 입력을 처리할 수 있어야 하고, 무엇보다 일관된 방식으로 사용자와 소통하는 일이 중요하게 부각됐습니다.

이 절은 비동기 프로그램과 이벤트 기반 프로그램을 우아하게 엮는 **RxJS**라는 리액티브 라이브러리를 소개합니다(설치 방법은 부록에 있습니다). RxJS는 이 장 전반부에서 설명했던 함수형 프라미스 기반의 예제와 비슷한 방식으로 작동하지만, 더 높은 수준의 추상화를 제공하며 더 강력한 연산을 제공합니다. 일단 여러분은 옵저버블 개념을 이해해야 합니다.

8.4.1 옵저버블 순차열로서의 데이터

옵저버블observable은 **구독**subscribe 가능한 모든 객체를 가리킵니다. 애플리케이션은 파일 읽기, 웹 서비스 호출, DB 쿼리, 시스템 통지 푸시, 사용자 입력 처리, 원소 컬렉션 탐색, 단순 문자열 파싱 등으로 비롯된 비동기 이벤트를 구독할 수 있습니다. **리액티브 프로그래밍**reactive programming 은 모든 데이터 제공원data provider을 Rx.Observable 객체를 통해 **옵저버블 스트림**observable stream이 라는 단일 개념으로 일원화합니다. 스트림이란 **시간의 흐름에 따라 발생하는 이벤트의 순차열**입니다. 값을 추출하려면 구독은 필수입니다. 예제 코드를 봅시다.

```
Rx.Observable.range(1, 3)
  .subscribe(
    x => console.log(`다음: ${x}`),
    err => console.log(`에러: ${err}`),
    () => console.log('완료!')
  );
```

> subscribe 메서드는 3개의 콜백 함수(순차열의 각 원소를 처리하는 함수, 예외가 나서 중단시키는 함수, 얌전히 끝내는 함수)를 받습니다.

코드를 실행하면 1, 2, 3 세 숫자 범위로부터 옵저버블 순차열을 생성합니다. 맨 끝에서 스트 림이 완료되었음을 알 수 있습니다.

```
다음: 1
다음: 2
다음: 3
완료!
```

이번엔 앞서 보았던 제곱수 제너레이터 함수를 이용해서 값 스트림을 채워보겠습니다(유한한 제곱수를 생성하기 위해 매개변수 n을 추가합니다).

```
const squares = Rx.Observable.wrap(function* (n) {
  for(let i = 1; i <= n; i++) {
    return yield Observable.just(i * i);
  }
});

squares(3).subscribe(x => console.log(`다음: ${x}`));
```

```
다음: 1
다음: 4
다음: 9
```

두 예제를 보면, 어떤 자료형이라도 Rx.Observable을 이용해서 스트림으로 바꿀 수 있으므로 다루는 방식도 똑같다는 사실을 짐작할 수 있습니다. Rx.Observable로 어떤 옵저버블 객체라도 감싸거나 승급하면 관찰된 값에 상이한 함수를 매핑/적용해서 원하는 출력을 얻도록 변환할 수 있습니다. 결국, 모나드입니다.

8.4.2 함수형 리액티브 프로그래밍

Rx.Observable 객체는 함수형과 리액티브, 두 프로그래밍 세상을 하나로 묶습니다. 이 객체는 5장의 map, of, join 등 최소한의 모나드 인터페이스에 해당하는 구현체와 스트림 조작에 특화된 메서드를 여럿 거느립니다. 다음 예제를 봅시다.

```
Rx.Observable.of(1,2,3,4,5)
  .filter(x => x % 2 !== 0)
  .map(x => x * x)          ◁──────────────────── 짝수는 걸러냅니다.
  .subscribe(x => console.log(`다음: ${x}`));

//-> 다음: 1
     다음: 9
     다음: 25
```

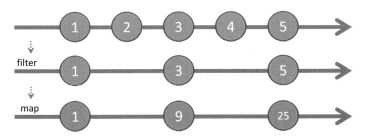

그림 8-12 옵저버블 수열에 filter, map 함수를 적용하는 과정

함수형 프로그래밍 책을 한 번도 읽어본 적 없는 독자라면 리액티브 프로그래밍 학습에서 가장 어려운 부분이 '리액티브 사고방식'이라고 느낄 것입니다. 하지만 리액티브으로 사고하는 것도

도구만 다를 뿐, 함수형 사고방식과 크게 다르지 않습니다. 이미 절반은 끝낸 셈이죠. 겹치는 부분도 실제로 꽤 많아서 인터넷에 떠도는 리액티브 프로그래밍 관련 문서가 대부분 함수형 프로그래밍 기법을 설명하는 것으로 시작할 정도입니다. 스트림을 이용하면 코드를 선언적으로, 연산을 체이닝하는 형태로 작성하게 됩니다. 이렇듯 리액티브 프로그래밍은 함수형 프로그래밍과 유사한 경향이 있어서 급기야 **함수형 리액티브 프로그래밍**functional reactive programming (FRP)이란 용어까지 출현했습니다.

추천 도서

리액티브 프로그래밍은 2013부터 꾸준히 상승세라 관련 자료는 차고 넘칩니다. 필자는 이 책에서 리액티브 프로그래밍을 가르칠 의도는 없지만, 리액티브 프로그래밍이 실은 비동기 및 이벤트 기반 문제에 함수형 프로그래밍을 적용한 패러다임이라는 사실은 밝히고자 합니다.

리액티브 프로그래밍과 FRP를 더 깊이 연구하고픈 독자는 스티븐 블랙히스와 앤서니 존스가 공저한 『함수형 반응형 프로그래밍』(한빛미디어, 2017)을 참고하세요. 함수형 프로그래밍에서 RxJS를 사용하는 방법이 궁금한 분들은 폴 대니얼스Paul Daniels와 필자가 함께 쓴 『RxJS in Action』(Manning, 2017)이 유용할 것입니다.

옵저버블의 개념을 이해했으니 RxJS로 사용자 입력을 한번 처리해봅시다. 다양한 입력원으로부터 이벤트를 붙잡아 사용자와 소통하는 경우에는 코드가 복잡하게 뒤얽혀 흐름을 따라가기 어려울 때가 많습니다. 다음은 SSN 필드 입력값이 올바른지 검증하는 간단한 예제입니다.

```
document.querySelector('#student-ssn')
  .addEventListener('change', function (event) {
    let value = event.target.value;
    value = value.replace(/^\s*|\-|\s*$/g, '');
    console.log(value.length !== 9 ? '맞음' : '틀림'));
});
//-> 444 맞음
//-> 444-44-4444 틀림
```

change 이벤트가 비동기로 발생하기 때문에 어쩔 수 없이 콜백 함수 하나에 비즈니스 로직을 몰아넣었습니다. 이 장 앞부분에서도 얘기했지만, 페이지에 있는 버튼, 필드, 링크를 하나하나 이벤트 처리 코드로 쌓아 올리면 코드를 확장하기 곤란해집니다. 재사용성을 늘리려면 콜백에서 주요 로직을 끌어내 리팩터링할 수밖에 없습니다. 로직을 추가할수록 점점 복잡해지지 않으려면 코드를 어떻게 확장해야 할까요?

비동기 코드에서 그랬듯이, 기존 이벤트 기반 함수와 함수형 프로그래밍을 억지로 끼워 맞추어 잘 굴러 가길 기대할 순 없습니다. 패러다임 자체가 다르니까요. 프라미스로 함수형과 비동기 함수의 부조화를 해결했던 것처럼, 이벤트와 함수형 두 세계를 접목하기 위해 Rx.Observable로 추상화 계층을 둡니다. 사용자가 학생 SSN 입력 필드를 수정할 때 발동하는 change 이벤트를 리스닝하는 예제 코드를 스트림으로 모형화하는 것입니다(그림 8-13).

그림 8-13 SSN 입력 필드에서 발생하는 change 이벤트를 구독하여 SSN의 이벤트 값들을 하나의 옵저버블 스트림으로 취급합니다.

이 점을 이용하면 명령형 이벤트 기반 코드를 FRP로 리팩터링할 수 있습니다. 이벤트를 구독하고 비즈니스 로직은 모두 순수함수로 구현하는 겁니다.

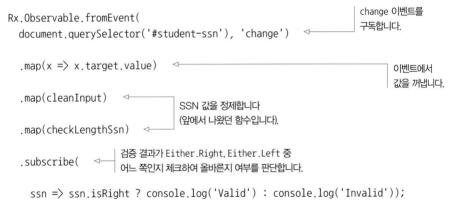

위 코드는 앞 장들과 같은 함수를 쓰기 때문에 subscribe에 전달된 값을 Either로 감싸서 올바른 입력값이면 Right(SSN) 또는 Left(null)를 담습니다. 선형적인 비동기 데이터 흐름을 체이닝하여 이벤트를 처리하는 건 RxJS가 가장 잘하는 일이지만 이뿐만이 아닙니다. 자신의 강력한 API에 프라미스를 통합하여 만사가 비동기로 움직이는 프로그래밍 모델도 지원합니다.

8.4.3 RxJS와 프라미스

RxJS는 모든 프라미스/A+ 호환 객체를 옵저버블 순차열로 변환할 수 있습니다. 즉, 실행 시간
이 긴 getJSON 함수를 감싸 귀결 시점에 그 값을 스트림으로 바꾸는 것이지요. 미국 거주 학생
들을 정렬하는 다음 예제를 봅시다.

```
Rx.Observable.fromPromise(getJSON('/students'))
  .map(R.sortBy(R.compose(R.toLower, R.prop('firstname'))))
  .flatMapLatest(student => Rx.Observable.from(student))
  .filter(R.pathEq(['address', 'country'], 'US'))
  .subscribe(
    student => console.log(student.fullname),
    err => console.log(err)
  );
//-> Alonzo Church
    Haskell Curry
```

> 모든 학생 객체를 대소
> 문자 구분 없이 이름 순
> 으로 정렬합니다.

> 하나의 학생 객체 배열을
> 옵저버블한 학생 순차열로
> 바꿉니다.

> 미국에 살지 않는
> 학생은 걸러냅니다.

> 결과를 출력합니다.

차이점도 있지만, 이 코드에는 여러분이 프라미스를 공부할 때 배운 내용들이 상당 부분 포함
되어 있습니다. 에러 처리 로직을 subscribe에 집중시킨 점을 눈여겨보세요. 만약 웹 서비스
접속이 끊기거나 하여 프라미스가 이뤄지지 않으면 에러를 죽 전파해서 에러 콜백 출력을 호출
할 것입니다(이런 일은 모나드가 제격이죠).

```
Error: IO Error
```

별문제가 없다면, 학생 객체 리스트를 (이름순으로) 정렬 후 flatMapLatest로 보내고 이 함
수는 다시 response 객체를 학생의 옵저버블 배열로 바꿀 것입니다. 최종적으로, 미국에 살
지 않는 학생을 스트림에서 걸러내고 결과를 출력합니다. RxJS 도구 세트에는 정말 무궁무진
한 기능들이 많습니다. 이 책에선 그저 수박 겉핥기만 했을 뿐이지요. 자세한 정보는 https://
xgrommx.github.io/rx-book를 참고하세요.

지금까지 필자와 여러분은 이 책에서 함수형 프로그래밍을 응용하여 컬렉션 처리, AJAX 요청,
DB 호출, 사용자 이벤트 처리 등 갖가지 자바스크립트 난관을 헤쳐왔습니다. 이제 여러분은
함수형 기법의 이론과 실제를 겸비하게 되었으니, 머지않아 마음속 깊이 함수형으로 사고하며
실무에 직관적으로 적용할 수 있게 될 것입니다!

8.5 마치며

- 프라미스는 오랫동안 자바스크립트 프로그래머들의 골머리를 앓아온, 콜백 중심적인 설계를 함수형으로 해결하는 방안입니다.

- '미래의' 함수를 프라미스로 합성, 체이닝하면 일시적으로 의존 관계가 형성된 코드의 잡다한 저수준 로직을 추상할 수 있습니다.

- 제너레이터는 비동기 코드에 접근하는 또 다른 방안으로, 느긋한 이터레이터로 데이터를 쓸 수 있는 시점에 내어주는 프로그래밍 장치입니다.

- 함수형 리액티브 프로그래밍은 프로그램의 추상화 수준을 높여 이벤트를 논리적으로 독립된 단위로 다룰 수 있게 합니다. 덕분에 개발자는 복잡한 구현 상세에 시달리지 않고 본연의 업무에 전념할 수 있습니다.

이 책에서 사용한
자바스크립트 라이브러리

A.1 함수형 자바스크립트 라이브러리

자바스크립트는 하스켈 같은 순수 함수형 언어가 아니기 때문에 진짜 함수형 언어의 핵심인 커링, 합성, 메모화, 느긋한 평가, 불변성 등을 흉내 내려면 서드파티 라이브러리를 프로젝트에 가져와서 쓸 수밖에 없습니다. 함수형 라이브러리를 이용하면 이를 직접 구현할 필요 없이 비즈니스 로직 구현에만 전념하고 라이브러리가 알아서 코드를 조정하도록 맡길 수 있습니다. 이 절은 지금까지 등장한 함수형 라이브러리를 열거합니다. 이들 라이브러리가 하는 일은 다음과 같습니다.

- 간단한 함수로 코드를 작성하게 유도하는 고수준 유틸리티 함수와 언어의 부가적인 요소를 제공함으로써 표준 자바스크립트 환경과의 격차를 줄입니다.
- 클라이언트 자바스크립트에서 브라우저 종류에 따라 기능적으로 차이가 없도록 합니다.
- 커링, 합성, 부분 계산, 느긋한 평가 등의 함수형 프로그래밍의 기법들의 내부를 일관된 방향으로 추상합니다.

집필 시점 기준으로 브라우저, 서버(노드JS) 환경에서의 설치 방법 등을 라이브러리마다 모두 설명했습니다.

A.1.1 로대시JS

과거 함수형 자바스크립트 프로그래머들이 널리 사용해왔고 백본JS 같은 주요 자바스크립트 프레임워크의 디펜던시인 언더스코어JS(http://underscorejs.org/)에서 갈라져 나온 유틸리티 라이브러리입니다. 로대시JS는 아직도 언더스코어 API를 계속 따라가고 있지만, 내부 코드는 성능 향상을 위해 완전히 재작성됐습니다. 이 책은 주로 모듈화 함수 체인을 구성할 때 로대시JS를 썼습니다.

- **버전**: 3.10.1
- **홈페이지**: https://lodash.com/
- **설치 방법**
  - **브라우저**: <script src="lodash.js"></script>
  - **노드**: $npm i --save lodash

A.1.2 람다JS

함수형 프로그래밍 전용 유틸리티 라이브러리로, 함수 파이프라인을 생성할 때 쓰기 편합니다. 람다JS의 함수는 모두 불변적이며 부수효과가 없습니다. 또 모든 함수가 자동 커링을 지원하며, 매개변수를 커링, 합성하기 편하게 배열합니다. 람다JS엔 속성 렌즈 기능도 있는데, 이 책에서도 객체 속성을 불변 상태로 읽고 쓸 때 렌즈를 썼습니다.

- **버전**: 0.18.0
- **홈페이지**: http://ramdajs.com/
- **설치 방법**
  - **브라우저**: <script src="ramda.js"></script>
  - **노드**: $npm install ramda

A.1.3 RxJS

RxJS는 리액티브 프로그래밍 패러다임을 구현한 라이브러리입니다. 옵저버/이터레이터 패턴과 함수형 프로그래밍의 좋은 아이디어가 결집된, 비동기/이벤트 기반의 프로그램을 작성할 때 유용합니다.

- **버전**: 4.0.7
- **상위 프로젝트 홈페이지**: http://reactivex.io/
- **홈페이지**: https://github.com/Reactive-Extensions/RxJS
- **설치 방법**
  - **브라우저**: www.jsdelivr.com/?query=rxjs 등의 자바스크립트 저장소에서 필요한 패키지를 내려받습니다. 이 책 예제의 실습을 위해서는 rx-async, rx-dom, rx-binding 패키지가 필요합니다.
  - **노드**: $npm install rx-node

A.2 기타 라이브러리

이 책은 로깅, 테스트, 정적 코드 분석처럼 소프트웨어 개발에 부가적으로 필요한 기능을 몇몇 비함수형 라이브러리에서 빌려 썼습니다.

A.2.1 Log4js

Log4js는 다른 언어에서 Log4j(자바), log4php(PHP) 등으로 구현한 것과 동일한 Log4X 디자인을 따르는 클라이언트 측 로깅 프레임워크입니다. 엔터프라이즈 수준의 로깅을 할 때 주로 사용하며, 일반적인 console.log보다 훨씬 강력합니다.

- **버전**: 1.0.0
- **홈페이지**: http://stritti.github.io/log4js/
- **설치 방법**
  - **브라우저**: <script src="log4.js"></script>
  - **노드**: $npm install log4js

A.2.2 QUnit

QUnit은 강력하면서도 가벼운, 쓰기 편한 자바스크립트 단위 테스트 프레임워크입니다. 제이쿼리 같은 유명 프로젝트도 이 라이브러리를 사용하며, 어느 자바스크립트 코드라도 테스트할 수 있습니다.

- **버전**: 1.20.0
- **홈페이지**: https://qunitjs.com/
- **설치 방법**
  - **브라우저**: <script src="qunit-1.20.0.js"X/script>
  - **노드**: $npm install --save-dev qunitjs

A.2.3 시논JS

시논JS는 자바스크립트용 스텁/모의 프레임워크입니다. 이 책에선 QUnit과 결합시켜 모의 콘텍스트 및 API로 테스트 환경을 보강하는 용도로 썼습니다.

- **버전**: 1.17.2
- **홈페이지**: http://sinonjs.org/
- **설치 방법**
  - **브라우저**

    <script src="sinon-1.17.2.js"X/script>

    <script src="sinon-qunit-1.0.0.js"X/script>

  - **노드**

    $npm install sinon

    $npm install sinon-qunit

A.2.4 블랭킷JS

블랭킷JS는 자바스크립트 코드의 실행률을 산출하는 도구입니다. 기존 자바스크립트 단위 테스트에 코드 실행률 통계치를 추가로 얻고자 사용합니다.

코드 실행률은 단위 테스트를 한번 흘릴 때 전체 코드 중 실행되는 코드의 비율(%)로 구합니다. 다음 세 단계로 작동합니다.

1. 소스 파일을 로드한다.

2. 코드에 추적 라인을 덧붙인다.

3. 테스트 실행기에 걸어 실행률 상세 통계치를 냅니다.

- **버전**: 1.1.5

- **홈페이지**: http://blanketjs.org/

- **설치 방법**

    - **브라우저**: <script src="blanket.js"X/script>

    - **노드**: $npm install blanket

A.2.5 JSCheck

JSCheck은 더글러스 크록퍼드가 개발한, 명세 중심(속성 기반)의 자바스크립트용 테스트 라이브러리로, 하스켈의 퀵체크 프로젝트에서 영감을 받았습니다. 무작위 테스트 케이스를 생성하여 함수 속성을 검증합니다.

- **홈페이지**: http://www.jscheck.org/

- **설치 방법**

    - **브라우저**: <script src="jscheck.js"X/script>

    - **노드**: $npm install jscheck

한국어판 부록: 예제 실습 안내

B.1 노드JS 설치 및 QUnit 테스트

이 책의 저자가 배포한 예제 소스 코드는 노드JS의 npm으로 QUnit을 실행하여 단위 테스트하는 것을 전제로 작성되었으나, 이에 관한 별도의 안내가 없어 노드JS를 처음 사용하는 독자들은 조금 당황스러울 수 있습니다. 그래서 역자가 윈도우 운영체제 기준으로 노드JS 설치부터 QUnit 테스트를 실행하는 과정까지 간략히 설명하고자 합니다(다른 운영체제도 환경이 조금 다를 뿐 전반적인 내용은 같습니다).

이 책의 소스 코드를 꼭 npm에서 QUnit을 실행해야 할 필요는 없지만, 실무에서 TDD(테스트 중심 개발) 방식으로 개발을 진행하면 여러모로 유용하니 참고하시기 바랍니다.

1. 먼저 예제 코드가 압축된 파일을 깃허브 저장소(https://github.com/nililee/functional-programming-js)에서 내려받아 적당한 곳에 압축을 해제합니다. C:\functional-programming-js-master 경로에 풀었다고 가정하고 설명하겠습니다.

2. 브라우저에서 https://nodejs.org/ko/에 접속하여 자신의 운영체제에 맞는 노드JS 설치 파일을 내려받습니다. 내려받은 파일을 실행하여 기본 옵션으로 [Next] 버튼을 계속 눌러 설치를 완료합니다. 역자는 8 버전에서 테스트했습니다.

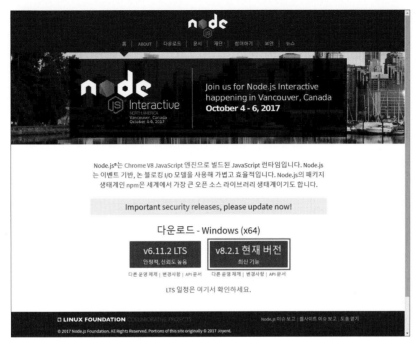

노드JS 다운로드 페이지

3. 노드JS 설치가 모두 끝나면, 윈도우 명령 프롬프트(cmd)를 실행하고 예제 파일이 위치
한 경로(C:\functional-programming-js-master)로 이동합니다. 여기서 다음과 같이
npm install 명령을 입력하면 몇분 후 필요한 npm 모듈을 모두 내려받습니다.

```
C:\functional-programming-js-master>npm install
npm notice created a lockfile as package-lock.json. You should commit this
file.
npm WARN fp-js-manning@2.0.0 No repository field.
npm WARN fp-js-manning@2.0.0 No license field.
npm WARN optional SKIPPING OPTIONAL DEPENDENCY: fsevents@1.1.2 (node_
modules\fsevents):
npm WARN notsup SKIPPING OPTIONAL DEPENDENCY: Unsupported platform
for fsevents@1.1.2: wanted {"os":"darwin","arch":"any"} (current:
{"os":"win32","arch":"x64"})

added 285 packages in 16.779s
```

설치된 모듈은 C:\functional-programming-js-master\node_modules 폴더에 다음과
같이 생성됩니다.

모듈이 저장된 폴더

필요한 모듈은 C:\functional-programming-js-master\package.json 파일에 이미 저자가 다음과 같이 나열했습니다. package.json 파일은 자바 개발자에게 친숙한 ANT의 build.xml, 메이븐maven의 pom.xml 파일 정도에 해당한다고 보면 됩니다.

```json
{
    "name": "fp-js-manning",
    "description": "Code samples for Functional Programming in JavaScript",
    "version": "2.0.0",
    "devDependencies": {
        "@reactivex/rxjs": "^5.0.0-beta.11",
        "babel-preset-es2015": "^6.13.2",
        "blanket": "1.2.3",
        "jscheck": "0.2.0",
        "lodash": "4.14.2",
        "performance-now": "^2.0.0",
        "qunitjs": "^2.3.3",
        "ramda": "0.22.0",
        "rxjs": "^5.0.0-beta.11",
        "rxjs-es": "5.0.0-beta.11",
        "sinon": "1.17.5",
```

```
      "sinon-qunit": "2.0.0"
    },
    "babel": {
      "presets": [
        "es2015-node5"
      ]
    },
    "scripts": {
      "ch01": "qunit src/ch01/tests.js",
      "ch02": "qunit src/ch02/tests.js",
      "ch03": "qunit src/ch03/tests.js",
      "ch04": "qunit src/ch04/tests.js",
      "ch05": "qunit src/ch05/tests.js",
      "ch06": "qunit src/ch06/tests.js",
      "ch07": "qunit src/ch07/tests.js",
      "ch08": "qunit src/ch08/tests.js"
    }
  }
```

4. package.json 파일 끝부분에 저자가 npm 스크립트를 실행하기 편하게 지정해놓았기 때
   문에 각 장별 단위 테스트를 실행하려면 npm run-script ch01 식으로 명령을 입력하면
   됩니다. 결과 텍스트의 마지막 # pass, # fail 오른쪽 숫자가 각각 성공, 실패한 단위
   테스트 개수를 의미합니다.

```
C:\functional-programming-js-master>npm run-script ch01

> fp-js-manning@2.0.0 ch01 C:\functional-programming-js-master
> qunit src/ch01/tests.js

로대쉬JS 버전: 4.14.2
TAP version 13
HELLO WORLD
ok 1 1장 > 코드 1.1 함수형 printMessage
HELLO WORLD HELLO WORLD HELLO WORLD
ok 2 1장 > 코드 1.2 printMessage를 확장
<p>444-44-4444,Alonzo,Church</p>
ok 3 1장 > 코드 1.3 부수효과를 일으키는 명령형 showStudent 함수
444-44-4444, Alonzo, Church
ok 4 1장 > 코드 1.4 showStudent 프로그램을 분해
90
ok 5 1장 > 코드 1.5 함수 체인으로 프로그래밍
1..5
# pass 5
```

```
# skip 0
# todo 0
# fail 0

C:\functional-programming-js-master>npm run-script ch02

> fp-js-manning@2.0.0 ch02 C:\functional-programming-js-master
> qunit src/ch02/tests.js

TAP version 13
ok 1 2장 > 불변 값 객체 갖고 놀기
ok 2 2장 > 객체를 깊이 동결
ok 3 2장 > 렌즈 갖고 놀기
ok 4 2장 > 부정 함수
ok 5 2장 > 불변 세터
1..5
# pass 5
# skip 0
# todo 0
# fail 0
```

B.2 브라우저 콘솔창에서 실습

근래 출시된 크롬 등의 브라우저는 개발자 도구를 기본 지원합니다. 따라서 다음과 같이 실습
용 HTML 파일을 별도로 만든 뒤, 서버 없이 간단히 실행하여 이 책의 예제 코드를 콘솔창에서
실행해볼 수도 있습니다.

```html
<!DOCTYPE html>
<html>
<head>
    <title>나의 실습</title>
    <meta charset="UTF-8">
</head>
<body>
    <!-- 라이브러리 -->
    <script type="text/javascript" src="../js/lib/jquery.js"></script>
    <script type="text/javascript" src="../js/lib/lodash.js"></script>
    <script type="text/javascript" src="../js/lib/ramda.js"></script>
    <script type="text/javascript" src="../js/lib/qunit.js"></script>
    <script type="text/javascript" src="../js/lib/sinon.js"></script>
```

```
<script type="text/javascript" src="../js/lib/jscheck.js"></script>
<script type="text/javascript" src="../js/lib/blanket.js"></script>
<script type="text/javascript" src="../js/lib/rxjs.js"></script>

<!-- 모델 -->
<script type="text/javascript" src="../model/Person.js"></script>
<script type="text/javascript" src="../model/Student.js"></script>
<script type="text/javascript" src="../model/Address.js"></script>
<script type="text/javascript" src="../model/Empty.js"></script>
<script type="text/javascript" src="../model/Wrapper.js"></script>
<script type="text/javascript" src="../model/monad/Either.js"></script>
<script type="text/javascript" src="../model/monad/Maybe.js"></script>
<script type="text/javascript" src="../model/monad/IO.js"></script>

<!-- 도우미 -->
<script src="../js/helper.js"></script>

<script>
    "use strict";

    const run = R.compose;
    const curry = R.curry;
</script>

</body>
</html>
```

위 코드와 같은 식으로 C:\functional-programming-js-master\src\ch01\index.html 파일을 만든 다음, 크롬 브라우저에서 이 파일을 엽니다. 그다음 F12 키를 누르면 개발자 도구가 표시되는데 여기서 Console 탭을 클릭하면 코드를 실행할 수 있습니다.

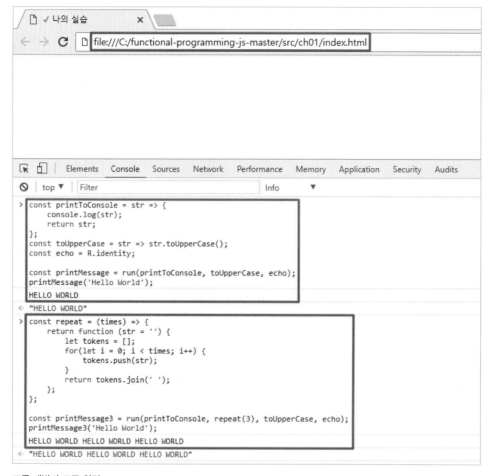

크롬 개발자 도구 화면

자바스크립트 코드를 실행하는 방법은 매우 다양하고, 브라우저를 이용한 방법은 그중 간편한 한 방법에 불과합니다. 여러분 각자에게 가장 편한 실습 방법을 찾아 재미있게 학습하기 바랍니다.

INDEX

INDEX

INDEX

INDEX

INDEX

INDEX

INDEX

INDEX

INDEX